10~18岁 青春叛逆期

父母引导女孩的

沟通细节

Qing Chun Pan Ni Qi Fu Mu Yin Dao Nü Hai De Gou Tong Xi Jie

雷坚◎编著

中国纺织出版社

内 容 提 要

青春期是女孩成长的关键期，对生理、心理、学习、情感、人际交往等问题有着诸多困惑，最容易迷失自我，叛逆不训，走向歪路，也最难沟通和引导。

本书是一部青春期女孩教育实例指导书，通过一个个典型的案例，帮助父母了解青春期女孩的迷惘和焦虑，打开叛逆期女孩封闭的心门，深度剖析女孩的种种心理，指导父母用最有效的方法有针对性地与女儿沟通，帮助父母解决青春期女孩成长过程中的各种难题。教女孩懂得爱护自己、保护自己，使女孩主动远离各种不良诱惑，让其成功地度过这个充满危险的阶段，成长为健康、快乐、阳光的孩子！

图书在版编目（CIP）数据

10～18岁青春叛逆期，父母引导女孩的沟通细节 / 雷坚编著. — 北京：中国纺织出版社，2015.9 （2023.5重印）
ISBN 978-7-5180-1745-4

Ⅰ．①1… Ⅱ．①雷… Ⅲ．①女性—青春期—家庭教育 Ⅳ．①G78

中国版本图书馆CIP数据核字（2015）第140305号

责任编辑：闫　星　　责任印制：储志伟

中国纺织出版社出版发行
地址：北京市朝阳区百子湾东里A407号楼　邮政编码：100124
销售电话：010—67004422　传真：010—87155801
http://www.c-textilep.com
E-mail：faxing@c-textilep.com
中国纺织出版社天猫旗舰店
官方微博http://weibo.com/2119887771
三河市延风印装有限公司印刷　　各地新华书店经销
2015年9月第1版　2023年5月第17次印刷
开本：710×1000　1/16　印张：16.5
字数：216千字　定价：29.80元

前言

　　青春期是人生中最美好的时期，亦是决定女孩一生的关键期。青春岁月如鲜花般美丽，如钻石般珍贵。然而，青春期的女孩有花一样的娇美，也有无所不在的叛逆之心。于是，父母迷茫了，该如何引导青春期的女孩呢？

　　曾经活泼开朗的女儿，现在变得多愁善感；曾经乖巧听话的女儿，现在变得叛逆；曾经与男同学扎堆儿的女儿，现在却谈恋爱了……面对青春期女孩的变化，父母感到手足无措，他们很想成为女孩人生路上的引路者，却不知从何处着手。

　　女孩进入青春期，身体慢慢出现变化，她们脸上长出了"痘痘"，"好朋友"开始光顾……许多女孩开始陷入困惑，所以很多西方心理学家将青春期看作女孩发展的危险期。女孩到了青春期，身心发展充满着各种矛盾，她们的儿童心理模式被打破，而成人心理模式又尚未建立。

　　青春期是一个儿童走向成人的过渡期，意味着女孩将离开父母、家庭的监护，摆脱对成年人的依赖，成为独立的个体，是心理断乳的关键时期；在这一时期，女孩的精神生活充满矛盾和冲突，处在一种十分不稳定、不平衡的状态，经常会被情绪困扰。青春期处在竭力摆脱童年时期的幼稚状态，是向成熟社会化的快速发展、过渡的时期。在这一时期里，女孩的意志、个性、能力、品质等人格因素得到充分发展，其发展结构对女孩未来的学业、事业、婚姻、家庭等方面能够造成重大影响。

　　青春期不但是女孩身体发生重大变化的时期，更是女孩学习能力的快速提高期。这一时期，女孩的记忆力超强，她们总是将注意力集中在自己感兴趣的事情上，并且十分专注。假如父母可以引导女孩将学习当作兴趣，那么青春期女孩的学习成绩会迅速提高。

　　在青春期，父母应该以什么样的方式对待女孩呢？教育专家认为，堵不如疏，管不如爱，教育不如引导。假如父母不能正确对待女孩这种独立性的需求，她的逆反情绪及行为就会慢慢演变成逆反性格，影响其未来的生活。作为青春期女孩的父母，应尊重和保护女孩的独立性，理解和宽容女孩的过失，倾听女孩渴望自由的心理倾向，支持女孩的愿望和理想，鼓励女孩做自己喜欢的事情，引导女孩的自主性、独立性朝着健康的方向发展，使青春危险期转为安全期。

本书是一本关于如何引导青春期叛逆女孩的书，分别从心理、身体、人生观、价值观、性格、沟通等方面来阐述青春期女孩的各种问题，并给予了心理指导。文中所选取的都是青春期叛逆女孩的生活案例及父母的担忧与烦恼，以"家长的烦恼—案例分析—心理支招"三步为策略，致力于为各位父母出谋划策，从而有效地引导青春期女孩的健康成长！

编著者

2015年1月

目录

第11章　青春叛逆期能力拓展：父母要为女孩创造多方面发展的机会~~ // 167

第12章　价值观的培养：教导女孩缩减欲望，不被虚荣控制~~~~~ // 187

第13章　人生观引导：教导女孩坚守信念，让青春精彩灿烂~~~~~ // 203

第 1 章

引领孩子走入青春叛逆期，别让女儿对你关上心门

人们常说，青春期是心理问题成堆的时期，处理好这些问题，既需要青春期女孩子自身的心理调节，又需要靠父母的关心和疏导。当然，父母只有了解了青春期女孩的叛逆心理，才可以对症下药。

"再不要什么事都管我了"——引导孩子度过心理断乳期

家长的烦恼

露露今年12岁了，刚上初中一年级。其实，小时候的露露是一个非常听话的孩子，不过这种情况现在已完全变了。上初中后，露露嚷着："要买手机。"妈妈解释："你还是一个孩子，要手机干什么呢？"露露才不管这些："我现在可不是小孩子了，我是初中生了，我们班里每个人都有手机，为什么我不能有手机？"另外，她还学会了打游戏，晚上经常玩到很晚才睡觉。

不仅如此，妈妈还不能说她，只要妈妈一批评她，她就一本正经地说："我已经长大了，请你不要干涉我的生活好吗？"

从表面上看，虽然青春期女孩已经是一个小大人了，但是由于其心理和生理并未发展成熟，所以青春期女孩在这一阶段容易情绪化。当她有喜、怒、哀、乐的情绪时，通常不会选择向自己父母表达，而且时常会抱怨父母不理解自己。如果父母做出激烈的行为，比如总是追问孩子，胡乱指责孩子或对孩子态度冷漠都会增加孩子的逆反情绪。通常把女孩青春期称之为"心理断乳期"。

当女孩的年龄还小时，她们很容易依赖父母，以父母为榜样。一旦女孩进入初中之后，即进入青春期，女孩最显著的特点是，生理方面发生快速变化，产生"我是成年人"的感觉。而在心理方面，由于自我意识的快速发展，女孩子在这一阶段进入心理断乳期，在心理上要求摆脱父母、渴望独立，要求自己能够被人当作成年人，自己的愿望和人格得到充分的尊重。处于这一阶段的女孩比较反感父母的过分关心、监护、说教，容易产生逆反心理。

心理支招

女儿步入"心理断乳期"，开始对家庭、对学校甚至对社会产生了很强的叛逆心理。她渴望被成人的世界认同，她渴望通过叛逆的行为来向世界表示自己已经长大了。不过，叛逆也正暴露了她的幼稚和不成熟，就好像是给自己贴了一个标签，告诉别人她在长大中、在躁动中寻找一种叫独立的东西。这时父母要耐心等女儿长大，给予她理解并小心呵护她。

1.迎接女儿进入"心理断乳期"

心理断乳期的真正含义是摆脱对父母的孩子式的依恋，走向精神层面的成熟与独立。所以，父母应把爱女儿的重点放在帮助她们完成从女孩儿到成人的转变上。父母对女儿心理断乳期的倾向应持欢迎态度，这意味着是孩子在走向成熟。

2.鼓励女儿自主独立

父母要把女儿的某种离心倾向理解为她的精神在朝着独立自主的方向发展。在心理断乳期，女儿对同龄的朋友的兴趣会越来越浓，而对父母的依赖则会不断减少。或许父母会觉得女儿变心了，实际上交朋友是女儿在精神上独立于父母过程中的一种补偿。假如女儿有适当的朋友，就不至于由于心理断乳而过度失落。

3.引导女儿走出叛逆的消极面

父母应根据女儿的心理特点，从行为和心理上进行引导，教育的方式要多样化。采用平等对话的方式，让女儿把心里话说出来，然后父母把自己的观点、经历讲给她听，让女儿自己进行比较，父母不要采取简单、粗暴的方式，要因势利导。

4.信任女儿

父母首先要尊重女儿的人格，孩子觉得自己已经长大了，有能力处理好自己的事情。这时可以充分利用女儿的这种想法，把家里的一些事情和孩子一起商量、处理，听取、征求女儿的意见；对于女儿生活、学习中出现的问题，尽量让她自己去解决，不过，父母也可以提出自己的意见，告诫女儿；当女儿遇到困难和失败时，应多鼓励和安慰，及时给予赞扬。而父母犯了错误，也要勇敢承认，尽可能改正。

5. 尽量避免与女儿发生冲突

当女儿发脾气时，父母应保持冷静；当争论激烈时，父母应转移话题或采取冷处理的方式，避免女儿萌发对立情绪，使逆反心理更强烈。事后可在合适的时候，父母可以心平气和地指出女儿的错误和不当之处，使女儿积极克服幼稚、爱冲动的坏习惯。

6. 鼓励女儿参加集体活动

广泛结交朋友，在集体活动中丰富、充实自己的精神生活，发展"自我"意识，正确、客观地评价自己，以培养女儿活泼开朗的性格、真诚待人的品德，让女儿能够顺利度过心理发展的这一重要时期。

7. 尊重女儿的权利

父母要转变观念，尊重女儿的权利，承认她是一个独立成员，平等相待，对女儿的评价要做到恰如其分，不要将女儿与其他孩子相比。在与女儿相处时，要与女儿建立起朋友式的友谊，尊重她的自主权与隐私权，尊重、理解、爱护她，多指导、少指责，多帮助、少干涉。

"为什么我总那么悲观"——引导女孩摆脱消极情绪

家长的烦恼

杨妈妈的女儿文文今年14岁，她比较敏感，性格比较外向，比较恋旧，跟老同学、好朋友分别时总会舍不得。四年级转学之后，文文总是想念过去的老同学，不喜欢与新同学交往，直到一年之后才渐渐融入新的班级。即便上了初一之后，也总是念叨小学同学，认为初中同学比不上小学同学，似乎又要很长时间才能适应新环境。

最近杨妈妈发现女儿十分消极，很是悲观，懒得学习，没有一种积极正确的人生观，经常流露出人终究是要死的，无论怎么努力都没有用，不管自己如何努力，最后都是一样的结局。杨妈妈经常听到女儿说："妈妈，我不想你们死，不想爷爷、奶奶离开我们，人如果永远不死就好了。"杨妈妈感到很无奈，这孩子究竟是怎么了？

青春期的女孩动不动就喜欢说"不"，而且经常是你说什么她都会说"不"。心理学研究表明，这是孩子独特的表示自立的正常方式。当孩子开始说"不"，是他形成自我认知的开端。而当生活里的某些事情或某些要求与其个体的兴趣、需要和愿望等不一致的时候，孩子就会产生消极情绪，诸如抵触、对抗、哭闹等。

与成年人一样，孩子的情绪也有消极和积极之分。在孩子大约1岁左右，他们的情绪就开始分化；2岁时出现各种基本情绪，也就是生气、恐惧、焦虑、悲伤等消极情绪和愉快、高兴、快乐等积极情绪。积极的情绪对孩子的身心发展可以起到促进作用，有助于发挥孩子内在的潜力；消极的情绪则可能让孩子心理失衡。

心理支招

对青春期女孩而言，产生情绪是一件很正常的事情。当一个成年人发脾气的时候，旁边的人会安慰他，或者会知趣地离开他。但是，当一个女孩发脾气的时候，她常受到的却是父母的斥责，甚至是挨打，这其实是极不公平的。所以，一旦女孩有了消极情绪，父母需要做的是理解、帮助，而非责备、训斥。

1.引导女儿宣泄消极情绪

心理学家认为，孩子在生活中产生的消极情绪，应以合适的渠道发泄出去。情绪一旦产生，宜疏导而非堵塞。当孩子遭遇难过的事情，宣泄出来，可以减轻精神上的压力。所以，在现实生活中，当女儿遇到挫折或感到不愉快的时候，父母可以让她不受压抑地通过言语或非语言的方式表达自己的情绪，这样可以减轻女儿心理上的压力。

2. 理解女儿

在女儿生气的时候，父母可以用温和的语气开导她，让她知道父母了解她的感受。父母可以告诉女儿，生气时可以做什么，不能做什么，允许她以合适的方式宣泄情绪。在适当的时候，多给女儿讲一讲自己在面对人生的挫折和艰难困苦时，是如何解决困难和战胜挫折的。毕竟女儿年龄比较小，很少经历创伤和挫折，在这方面父母就是孩子的榜样。若是父母能跟女儿多聊这方面的话题，势必会对她产生积极的影响。

3. 引导女儿说出真心话

倾诉是一种合理的方式，父母可以引导女儿把她在学习中遇到困难或挫折时的感受告诉自己，同时给予她同情、理解、安慰和支持。孩子对父母有很大的依赖性，父母对女儿表现出的同情或宽慰能够缓解甚至是消除孩子的紧张情绪。即便是在女儿倾诉的内容不合理的情况下，父母也要耐心地听下去，至少应保持沉默，等女儿倾诉完毕后，再与她讲道理。

4. 善于发掘女儿的优点

父母要善于发掘女儿的优点，同时将这些优点与女儿熟悉或崇拜的先进人物、英雄人物的优点相比拟，让她在内心认定自己与他们的优点一样，从而引导孩子在思想和行为上向他们学习。当女儿不断发扬自己的优点，同时自我认可和肯定慢慢养成习惯之后，其消极的情况就会得到改善。

5. 引导女儿转移注意力

转移注意力，是合理宣泄情绪的最佳途径。父母要让女儿学习在遇到冲突和挫折时，不要将注意力集中在引发冲突或挫折的情境之中，而应尽可能地摆脱这种情境，投入到自己感兴趣的活动中去。比如女儿在玩游戏中与其他孩子发生了冲突，那可以让她去图书馆看会儿书，使其在游戏中积累的负面情绪分散到其他地方。

6. 帮助女儿提高抗挫折能力

父母可以告诉女儿，生活中并不是每件事都会让自己满意，一个人总是会遇到这样或那样的挫折，生气和难过都是没有用的，而是需要有意识地控制自己的情绪，保持冷静。同时父母可以通过带女儿旅游、登山，使她开阔眼界，增强她的毅力，尽可能帮助女儿形成坚毅、开朗的性格。

"我现在不想跟你说话"——引导女儿摆脱抑郁心理

家长的烦恼

孩子小升初时是以第一名的成绩入校的，她喜欢玩游戏，结果中考前因紧张焦虑，成绩离重点高中的录取线差20分。上高中以后，她开始讨厌上学。我带着她去看心理医生很多次了，结果她的情况依然没有好转。

基于孩子的这种情况，我只好让她休学在家。后来，她的情况好些了，我让她重返学校，结果学习了不到一个月的时间，她又处于厌学状态了。平时在家里她经常会感到难过，感到无助，在情绪冲动时就摔坏东西，还表现出失眠、心慌、胆小、精力无法集中。在无所事事时只好打游戏，有时提到不如去死可又缺乏勇气。孩子现在这样子，我真是不知道怎么办才好了。

心理学家认为，本案例中的孩子是患了青春期抑郁症。与身边的同龄孩子关系差的孩子更容易患抑郁症，除了人际关系导致的抑郁情绪积累之外，学习压力大、与老师关系差、父母婚姻破裂等，都会对孩子产生很深的影响。

抑郁症主要是指以情绪抑郁为主要特征的情感障碍，它不但包含有抑郁寡欢、忧愁苦闷的负性情绪，而且有怠惰、空虚的情绪表现。不过人们经常会误以为抑郁症只会发生在有自我意识能力和情感丰富的成人身上，而不会发生在青春期的孩子身上。抑郁对孩子的身心发展非常有害，会使孩子在心理上过度敏感，对外界采取回避、退缩的态度，同时还可造成青少年的身体发育不良。

心 理 支 招

青春期孩子的世界应是缤纷多彩的，充满快乐和欢笑的，但是有的孩子在这个美好的年纪却总是郁郁寡欢。由于各种原因，很多孩子经常被抑郁的情绪所侵袭，严重者就会得抑郁症。无疑，这是一个令孩子本身和其父母都感到痛苦和困惑的问题。作为父母，应该怎么样帮助女儿远离"抑郁"的阴影呢？

1. 为女儿营造温馨的家庭氛围

心理学家认为，良好的家庭关系和家庭凝聚力是女儿健康成长的持久动力。在日常生活中，父母要控制好自己的情绪，以避免自身的负面情绪影响到女儿。学会尊重女儿，顺畅地和女儿进行沟通，为她创造一个亲密、融洽、温馨的家庭氛围，让女儿能体会到家的温暖和具有安全感。

2. 鼓励女儿多结交朋友

父母平时要真诚待人，鼓励女儿多与人交往，教会她与同龄孩子融洽相处，多组织孩子间的情感交流活动，培养女儿广泛的爱好和乐观宽容的性格，学会享受友情的温暖。比如参加运动、游戏、聊天，等等。

3. 完善女儿的人格

平时父母需要多发现女儿的优点并恰当地给予表扬和鼓励，从小培养女儿的自信心与应对困境乃至逆境的能力，教育女儿学会忍耐和随遇而安，能在困境中寻找精神寄托。

4. 对女儿适度地进行培养

平时父母要适当给女儿一些自己的时间和空间，让女儿在不同的年龄段拥有不同的选择权。不要对孩子期望太高，不要对女儿过分纵容或太过苛求，应按照她自身的能力和兴趣爱好来进行培养。

5. 给予女儿积极的心理暗示

假如女儿已经出现了抑郁症状，那父母要给予她适时的积极暗示，教导女儿理智地调节自己的情绪，纠正她认识上的偏差。父母可以让女儿做一些令她开心或振奋的事情，让愉快的事情占据女儿的时间，以积极的情绪来抵消消极的情绪，引导女儿适当的发泄内心的郁闷情绪。在必要的情况下，应及时向心理专家进行咨询，并予以积极的治疗。

6. 谨慎女儿患上"隐形抑郁症"

假如你的女儿在学校或外面时，非常活泼，回家后却总是唉声叹气，表现得异常颓废，完全与在外面的情况判若两人时，作为关心女儿的父母，就需要考虑女儿是不是患有"隐形抑郁症"的问题了。

"我总是感觉身心都很累"——帮助女儿缓解青春期压力

家长的烦恼

最近孩子写了一篇日记，名为《我最喜欢生病》——"我喜欢生病，我最期盼的就是生病。因为生病了，一家人都会把我当公主，我可以为所欲为，却没人责备我。"平时，孩子放学一进家门，就跟我说："妈妈，我今天好累呀，能不能少写点儿作业，少做些题？"孩子真是累了，从进门开始就是一副无精打采的样子，我问孩子："怎么了？"孩子喘着气说："每天作业太多了，我放学一回家就得开始写、写、写……"

上周末我打算带孩子去学小提琴，结果快到老师家门口了，孩子小声央求我说："妈妈，求你别让我学小提琴了，周末我已经上了这么多课了，我要累死了！"看着孩子乞求的眼神和失去了快乐的笑脸，我的心不由得隐隐作痛。

父母无暇顾及孩子、忙于工作、日复一日地抱怨"心太累"的时候，成人病已经降临到孩子身上了。请别让孩子"心太累"，当你的孩子有这样一些表现时，就有可能是产生了心理疲劳：不喜欢上学、不愿见老师，有的甚至一到上课时间就喊肚子疼；不愿做作业，一提做作业就烦躁，一看书就犯困，不愿翻书本；即便在没有外界干扰的情况下，注意力也不能集中，有的孩子尽管手里拿着书，却始终看不进去；不愿意父母过问学习的事情，对父母的询问保持沉默，或情绪极度烦躁；上课时常常打不起精神，课后却非常活跃，常常是"玩不够"。

很显然，这是孩子产生了心理疲劳效应。望子成龙是很多父母的夙愿，不过美好的夙愿却由于不恰当的教育方法而让这些孩子成为了"疲惫的一代"。许多父母希望在孩子身上实现自己的梦想，有的父母注重孩子的学习成绩，孩子被困于题海战术中；有的父母注重孩子的才艺培养，让孩子参加各种兴趣班。这些父母就像是拔苗助长的农民，急切地想拔高自己的苗子，却不在乎身心疲惫的孩子。

心 理 支 招

孩子产生心理疲劳的主要原因就是精神紧张和学习过量，许多孩子担心会令父母失望，加上学习压力大，由此导致心理紧张与疲劳。孩子正处于心理和身体的发育时期，过小的年龄负担不了太大的压力，长时间让孩子超负荷运转，会让孩子减少欢乐，增添疲劳与紧张感，容易产生缺乏信心、没有热情、考试焦虑等心理问题，对孩子健康人格的形成和良好品行的养成，都有极大的负面影响。

今天的孩子在物质上可以得到满足，不过他们也仅仅有物质上的满足。父母与孩子很少会有心灵的融会与沟通，不过孩子却承载了父母太多的希望。"不让孩子输在起跑线上"成为了许多父母的口头禅，孩子呱呱坠地时就定下了考大学的目标，于是让几个月的婴儿学识字，让牙牙学语的孩子学英语。辅导班、特长班让孩子应接不暇，结果孩子的书包越背越重，眼镜片越来越厚，孩子长时间的不堪重负，使得他们脸上很难有属于自己童年的纯真笑容。

1. 女儿的成长更重要

很多时候，父母要降低期望值，帮女儿减压，而不是火上浇油。比如，孩子没考好，父母可以安慰说："没关系，好好学习吧。"即便孩子再次发挥失常，父母也可以鼓励说："这样正好，你就能知道自己的不足在哪儿了。"父母应该有这样的观念：成长比成绩重要，一次考试只是孩子人生长跑中的一个阶段，一次没考好还有下次。父母需要告诉孩子，尽力就行了，不要刻意给孩子定下目标。

2. 主动走进女儿的生活

对于那些已经出现心理疲惫现象的孩子，父母要主动走进他的生活，和他多交流，给孩子一个宽松的环境。父母要多给孩子运动和娱乐的时间，给孩子们的压力找个可宣泄的出口，引导孩子用平常心看待考试成绩，用积极的心态应对学习上的各种挫折。

3. 给女儿在心理上减压

父母要根据孩子的实际情况，帮孩子明确和制订阶段性的奋斗目标，用不断取得的小成绩激励孩子，恢复孩子的自信心，让孩子在愉快的情境中消除身心的疲劳感。

4. 培养女儿的学习兴趣

父母可以调动孩子本来就有的旺盛的求知欲，让孩子感受到学习知识是件快乐的事情。引导孩子带着愉快的心情去学习，即便学习内容多、难度较大，孩子也不容易感到疲劳。

5. 增加女儿休息和玩耍的时间

学要痛痛快快地学，玩要痛痛快快地玩。这句话是对学习和生活的最好诠释。不管是孩子，还是父母，只有玩好了、休息好了，心理疲劳才会消失。情绪好了，精神饱满了，再反过来学习，才能高度集中注意力，使学习取得最好的效果。

"我对他有莫名的好感"——引导女儿轻松度过异性眷念期

家长的烦恼

张妈妈是小学六年级的班主任，最近，班里一次偶然的男女生调换位置，却引来了许多同学的哄笑，有些胆子比较大的同学竟然开玩笑说："这样就真的是绝配了。"而那位被调换位置的女生似乎也意识到了，脸红了，把头低得很低。这件小事引起了她对这些孩子的关注，有了空闲时间，她就深入到孩子当中，了解他们的学习情况和思想状况。

果然，张妈妈发现了班里有传递纸条写情书的现象，一位写作能力较好的女孩子用她细腻的文笔抒发了她对一位男生的爱意。而那些性格比较外向的男生一下课便跑到自己有好感的女孩子的班上，希望能够引起女生的注意。课间时在走廊上、教室里，经常能看到男女生之间你追我打，嘻嘻哈哈的。每当男生在操场上打篮球的时候，在操场边总是三三两两围着一些女生。"这才小学六年级的学生！"张妈妈感叹着，想到就在本校读初一的女儿，她就会忧心忡忡。

歌德曾说："青年男子哪个不善钟情？妙龄少女哪个不善怀春？"在青春期，孩子爱慕异性，这是极为正常的心理现象，每一个发育正常的青春期女孩都会有感情的自然流露。进入青春期以后，男孩女孩彼此向往、互相爱慕，是孩子心理发展的一个重要表现，这也是他们恋爱成功与婚姻美满的性心理基础。作为父母，要了解孩子在青春期的早恋情况，就应该先了解孩子心理和情感在青春期早期的发展规律。

青春期的异性情感发展需要经历三个阶段的心理过程，称为"青春三部曲"：

异性排斥期

这个阶段大概在孩子9~10岁，持续时间大约为两年。在这一阶段，孩子的身体开始出现一些青春期早期的生理变化，比如，女孩子的乳房开始发育，男孩子开始长阴毛。在孩子的潜意识里不愿意让别人发现自己身体的变化，因而产生了对异性的排斥心理。具体表现为，原来是两小无猜、互相打闹的好朋友，忽然变得生疏起来，互相回避，彼此不说话、不往来，男女界限"泾渭分明"。

异性吸引阶段

这个阶段在孩子12~13岁，将会持续两三年的时间。孩子开始对异性产生好奇与好感，渴望参加有异性参与的集体活动。他们希望能结识有共同话题的异性朋友，这是孩子们学习与异性交往的重要时期，他们往往能在活动中发现自己喜爱的异性类型。

异性眷恋阶段

这个阶段又称为原始恋爱期，是青春期发展阶段的第三个时期，大多发生在孩子15～16岁。在这一阶段，孩子们心理蕴藏着内心的强烈眷恋，但又不敢公开表露，他们只是用精神与心理的交往方式来显示自己情感的纯洁性。同时，这也是孩子们的性心理发展阶段，虽然他们的内心多了冷静与理智的成分，但是却没有办法克制自己的行为。

心 理 支 招

每一个青春期的女孩都要经历这样一个过程：排斥异性—在群体中找到自己喜爱的异性类型—期望与自己喜欢的某个异性深入交流。如果父母仔细观察女儿，就会发现她在每一个时期的不同表现。对待女儿的性心理发展历程，父母不应粗暴地界定为早恋，而是应学会理解她的这种对异性眷恋的心理需求。

1.鼓励女儿多参加群体活动

在青春期异性相吸引的阶段，父母应该鼓励女儿多参加群体活动。如果她在这一阶段没有获得更多的机会参加群体活动，在群体交往中找到自己喜欢的异性类型。那么，女儿有可能就会直接进入下一个发展阶段——眷恋某一个异性。

在现实生活中，父母总是担心女儿与异性接触，并尽可能地阻止她参加有异性参与的群体活动，殊不知这样的禁令反而会促使女儿提早进入早恋阶段。所以，父母要鼓励女儿参加对身心健康有益的活动，或鼓励女儿根据个人兴趣，发展个人爱好，这样的话，就可以分散和转移注意力，以避免早恋现象的发生。

2.引导女儿正确的与异性相处

青春期女孩子对异性有强烈的好奇心，她渴望接近异性又害怕受到来自异性的伤害。作为父母，应该理解女儿的这一心理需求，鼓励她正确的与异性朋友交往，引导女儿在交往过程中，尊重对方的人格，真诚交往、互相学习。在与异性单独接触的时候，让女儿注意分寸，嘱咐女孩子尽量不要晚上单独与男孩子约会；如果对方提出一些无理的要求，要敢于说"不"。

"我讨厌成绩大排队"——帮助女儿宣泄学习上的压力

家长的烦恼

在某中学门口，几位家长向老师诉说着自己的烦恼，一位妈妈说："女儿才上初一，已经长出两根白头发了，这可怎么办？看到孩子早生华发，自己觉得很伤心。"这话一说，引起了在场家长的共鸣。另一位母亲说："别看孩子才上初中，承受的压力并不少，学校每次考试都排名，孩子既痛恨又无可奈何。每次考试回来，总是一副愁眉苦脸的样子，我知道，孩子很担心自己的名次下降了。作为父母，看见孩子变成这样，真是很痛心啊。"

一位家长深有同感，他讲述了自己孩子的事情："我女儿今年15岁，下半年考入本地的一所重点高中，在入学几个星期后，学校进行了一次考试，女儿的成绩排名从入学时的班级前20名一下子滑落到30多名，顿时，一股无形的压力随之而来，对她来说，这样的压力是前所未有的。眼下，学生的座位也是根据学生的成绩来安排的：成绩好的学生，近水楼台先得月，在前几排就座。"

面对父母所述的情况，许多老师表示很无奈，某中学老师说："我觉得公布考试排名，对孩子来说是不利的，本来学习压力就很大，加上排名就更压得孩子喘不过气来了，做了这么多年的老师，我也深感无奈。"另一位从事了20多年教育工作者的老师认为，由于教育部门不允许中小学考试排名，目前大张旗鼓地进行排名的情况很少，只有某些学校私下进行排名。当然，按成绩排名自然会给孩子带来一种无形的压力，对此父母又该做些什么呢？

长期以来，人们习惯用"成绩排名"作为激发孩子努力学习的重要手段。孩子的成绩在班里排在什么位置，在年级里排在什么位置，属于差生还是优等生，老师和父母都能很清楚。虽然，成绩排名在某种程度上来说，这是一种挫折教育，但是，也会给孩子造成巨大的心理压力。作为父母，应该及时与女儿进行沟通，帮助她缓解压力，正确看待自己的成绩，真正达到激励孩子进步的目的。

心 理 支 招

一位深感排名压力的青春期女孩子说道："在读小学的时候，老师是不允许给学生打分数的，更不能公开成绩，老师一般用'优''良'等替代分数。谁知道一进了初中，各种排名接踵而来。为了培养我们的上进心，每逢考试，老师必定要当着全班同学的面儿，一一公布成绩和排名，这让我们这些排名在后面的学生心里很难受。"据教育专家调查发现，75％的学生对公布分数和排名次感到紧张、害怕，有不少学生听到自己的考分后会在课堂上哭起来，还有一些学生即使在课上未表现出伤心难过，回家后也会偷偷地抹眼泪。

许多父母认为"在升学压力面前，想要取消考试排名，其实并不现实"，对此，可以多方面因素综合起来考虑，以刺激女儿成绩提高变为鼓励孩子学习。成绩可以排名，以比较隐秘的方式告诉女儿，这样既能提高学生成绩，又调节了她的心理。不过，在"排名压力"面前，父母还需要采取一些教育措施，以帮助女儿抵抗压力。

1.积极引导女儿正确对待"挫折教育"

其实，排名也是一种挫折教育，在成绩隐性排名的过程中，让女儿体验到挫折，从而不断成长。初中升高中、高中升大学，有哪一次能离开考试成绩排名呢？你可以告诉女儿："如果不进行比较，怎么知道你进步了没有呢？"这样一来，如果哪次考试名次降低了，她就会奋起直追。

2.以"排名"激励女儿

当意识到女儿正在为考试成绩排名的压力而烦恼时，某位父亲是这样做的：他与女儿进行了一次谈话，先给她讲述了自己在中学阶段和参加工作后如何战胜了几次压力的故事，然后同她一起回顾了女儿在小学和初中时的"辉煌史"，以增强孩子的自信心。

最后，他对女儿说："宝贝，物竞天择，适者生存啊！你将来走入社会不可避免地会遇到竞争，要想有一番作为，就得不断提高自己的实力去战胜对手，有竞争才会有压力，只有先扛住了压力才能赢得最后的胜利。"

3.不要太关注女儿的成绩排名

面对成绩排名，女儿既然已经感觉到了压力，那就表示她有上进心。作为父母，此时就不要再给她施加压力了。父母往往忽视了自己对成绩排名的关注对于女儿来说也是一种压力。女儿考试回来后父母不要问"今天考得怎么样？"而应该说"累不累？赶快去休息一下吧"。

第2章

了解青春叛逆期的特点，引导孩子塑造阳光性格

　　青春期的女孩子性格变化大，不像之前的乖乖女。父母应该明白女儿在日常生活中发生一些变化是正常的，是青春期心理变化在行动上的体现，父母不必过分注意和担心，对女儿的某些不切实际的想法和行动不应过分压制，否则会造成女儿与父母的感情隔阂、加重孩子的心理负担。

"我就要和你对着干"——乖乖女开始成为性格叛逆孩儿

家长的烦恼

女儿一直都很乖巧，我和她一直像无话不说的朋友一样。不过昨天女儿当面顶撞让我非常生气，恨不得揍她一顿。这好端端的乖巧女儿怎么会顶撞老妈呢？

事情的起因是我给女儿报了一个补习班，她一直不太情愿去，最后几天更是坚决不去，气得我把她骂了一顿，她当时顶撞我说："你去给我报补习班时经过我同意了吗？你尊重过我吗？你这简直不像当亲妈的……"我气惨了，差点儿动手打了她，她最后坚决不去补习，我也没办法了。后来我在收拾女儿的房间时，无意中看到了她写的日记，大概内容是自己为什么不想去补课，因为一个同学都不认识，坐在教室里感觉很孤独。日记的结尾她是这样写的：爸妈从来不会考虑我的感受，只顾分数、分数，就是因为分数我失去了以往的活泼个性，我高兴爸妈如此关心我的前途，不过为什么做任何决定前都不经过我的同意呢？是国家规定我必须补课吗？我之前也没有补习过，还不一样考了前三名。我本来学习已经很累了，我不想去补习，我心情烦躁，我觉得压力大，你让我补习，我偏偏就不想去……

有一位青春期女孩对妈妈说："为什么我一听见你说学习的事情就来气呢？我知道你是为我好，但我心里很反感，或许这是一种叛逆心理。假如你不跟我说学习的事情，我很愿意跟你亲近的，而不是像现在这样，我害怕与你交流。"可以说，这是一位青春期女孩的内心独白。

进入青春期之后，女孩子在生理上发生了很大的变化，身体慢慢开始发育成熟。不过她们生理上的成熟并没有带来心理上的成熟，不少女孩子在青春期出现了叛逆心理。通常青春期的女孩子在心理特点上最希望表现出成人感，有较强的独立意识。

青春期女孩的心理特征是：

（1）情感丰富，情绪波动较大。青春期的女孩感情相对脆弱，有时开心，有时莫名其妙地伤心；对父母不愿意谈及心事，对朋友却可以敞开心扉。

（2）自我意识强。她们自我感觉像个小大人，不过思维与情感表现却还是个孩子；她们开始偷藏自己的日记本；有成人的感觉，喜欢模仿大人的行为，比如涂指甲油。

（3）讨厌父母的唠叨。不管自己是对是错，只要是来自父母的批评，她们都会反对。

心理支招

青春期女孩处于开放性与封闭性的矛盾之中，她们需要与同龄人，尤其是与异性、与父母平等交往，她们渴望他人能和自己一样敞开心扉。不过，由于每个人的性格和想法并不相同，难以满足青春期女孩的这种渴求心理。甚至，有的女孩子会把心里话诉说在"日记"里，这些日记写下的心里话，又因为好强的自尊心，不愿意被他人所知道，于是就产生了既想让他人了解又害怕被别人了解的矛盾心理，同时也是她们与父母产生叛逆的原因。

1. 把女儿当成人对待

父母应该学会平等地面对女儿，把她们当作大人看，这是最关键的问题。否则父母高高在上就不容易得到女儿的认可，得不到认可，就不容易知道她们心里究竟在想什么。不知道女儿的心事就难以对症下药，这样就达不到教育她的效果。

2. 不要总是拿女儿去跟其他的孩子比较

在现实生活中，许多父母总喜欢拿自己的女儿跟其他的孩子比较，给女儿一种强大的压力，其实这样的做法是欠妥当的。每个孩子都是独立的个体，她们各有自己的优点，只是经常会被父母忽视而已。假如父母总喜欢拿自己女儿的缺点跟别人的优点比，那会挫伤孩子的自尊心，自然会触发孩子的逆反情绪。

3. 与女儿进行日记沟通

不论是父母还是女儿，都有心情不好的时候，这时不要把气撒在孩子身上，最好的方式就是将它写到日记里，然后给女儿看。可跟女儿约好，互相看日记，便于双方互相谅解。当然，这需要事先征得女儿的同意，也可以让孩子把心事写到纸条里交给父母，使她的烦恼能在第一时间得到回复，可帮助孩子走出心理困惑。

4. 了解女儿叛逆的特点

父母可以通过了解女儿叛逆的特点，告诉她这是该年龄段的心理特征。实际上，叛逆的个性也并非全都不好，但需要引导女儿学会控制自己。假如她开始反驳父母，那证明她已经长大了。当然，父母需要告诉女儿叛逆的缺点和优点，以帮助她顺利度过青春期。

5. 倾听女儿的烦恼

实际上，叛逆时期的女儿不喜欢父母的唠叨，不过她们却喜欢向别人倾诉自己的心事。父母可以心平气和地当个好听众，她需要被倾听，这样能化解她们心中的委屈和烦恼。父母可以跟女儿一起去野外散步，或跟她一起运动，这样彼此的感觉都会很轻松。

6. 少批评，多鼓励

对正处于青春期的女儿而言，父母应该以鼓励教育为主。这个年龄阶段的孩子最反感的就是批评，假如父母经常批评她们一定会激起其内心的反感情绪。反之，假如父母善于发现她们身上的闪光点，鼓励她们、激励她们，那她们就会如父母所想的那样去努力成长。

"我不再是小女孩了"——渴望独立的女孩

家长的烦恼

女儿从小跟我一起睡，她小时候特别黏我，直到六七岁还跟我一起睡。后来为了让孩子能够独立生活，给她专门准备了一个房间。现在女儿15岁了，在读寄宿学校，偶尔会回来，因为太想念孩子，我会主动提出："宝贝儿，今天妈妈跟你睡，好不好？"这时女儿便会不耐烦地说："我这么大了，还要跟妈妈睡？传到我同学的耳朵里多丢人啊，你自己回房间睡吧，别管我了。"被女儿嫌弃的感觉还真不好受，怎么她现在跟我都不愿亲热了？

女儿有时晚上跟同学会玩儿到10点才回来，她爸爸很担心她。有一次，女儿出去玩之前，我们就问到了女儿玩耍的地址，到了晚上9点，女儿还没回来，我跟她爸爸都急了，又是女孩子，万一出点儿事情怎么办呢？我们越想越害怕，赶紧跑到女儿玩耍的地方，女儿见到我们，脸色很难看，不过还是跟着我们回来了。但是，一到家，她就开始发脾气："拜托你们不要跟着我，好吗？"我很伤心："爸妈也是担心你啊，你一个女孩子，深更半夜的在外面玩什么啊……"女儿情绪很沮丧："妈妈啊，我不是小孩子啦，我可以保护自己的，都是同学一起玩，能有什么事情啊。"说完，就跑进她的房间，留人下了无奈的我们。

为什么孩子上了初中，就变得和以前不一样了，感觉不听话了，这是许多父母都感到棘手的问题。教育专家表示，这个年龄阶段的孩子正值青春发育期，生理及心理都有很大的变化。在这个时期，父母不能再像以前那样直接干预孩子的生活而是要从思想入手，增进亲子沟通。否则，孩子容易产生逆反心理，甚至产生敌对情绪。

青春期女孩，一方面，觉得自己已经是个成年人，竭力想摆脱父母的管教，不愿意被当作小孩子，渴望有独立的人格，渴望得到父母的接纳、理解和尊重。另一方面，希望获得某些权利，找到新的行为标准并渴望变换社会角色。在这个过程中，一旦她们自主意识受到阻力，人格发展受到限制，她们就会反抗。此外，由于她们的社会经验不足，自我生活能力还比较差，尚不能完全摆脱父母，因此她们的内心会产生各种各样的困惑与焦虑。

中国的父母总是过分关心孩子的事情，一旦孩子遇到困难了，他们会比孩子还忧心忡忡；一旦孩子出现失误，他们就觉得自己有很大的责任。孩子在物质生活上依赖父母，父母在精神生活方面依赖孩子。假如父母用成年人功利的价值取向要求孩子决定取舍，当孩子的发展不能满足自己的期许时，就会产生教育职能被剥夺的焦虑感。

心理支招

父母对孩子的过分保护会产生两种极端的后果：一种是孩子对父母的指引全盘肯定，对父母过于依赖，形成思维惰性，没办法选择适合自己的生活道路；另一种是，孩子对父母的要求全盘否定，陷入盲目的亲子敌对关系中，强化了青春期的叛逆心理。此外，父母对孩子辨别能力的不认同，总是入侵孩子的私人空间，会造成孩子自我形象低下，她们会将自己许多青春期普遍存在的适应不良问题都归纳为父母的教育问题，从而激化父母与孩子间的矛盾。

1. 保持女儿独立的人格

父母和女儿都是具有独立人格的个体，谁也没有必要为了对方而牺牲自己，更不可以将自己的主观意志强加给对方。这将意味着父母与女儿之间应保持适当的心理距离，不要过于接近。父母不可能始终陪伴在女儿身边，为她的一切选择做主。为了孩子在未来能够适应社会，现在就要培养孩子独立的人格。

2. 做好与女孩子的沟通工作

心理学家认为，引导青春期的女孩子，最主要的就是做好与女孩子的沟通工作。与女儿建立良好的关系，不能忽视女儿的存在，更不能严厉地批评和强迫她，这会大大地伤害她的自尊心。有的父母总喜欢拿自己女儿的短处与别的孩子的长处做比较，这会引起孩子强烈的抗拒心理。假如当众管教女儿，那她的逆反心理会更强烈。父母只有多鼓励和表扬女儿，才能拉近彼此之间的关系。

3. 培养女儿的自主性

自主性包括独立性、主动性和创造性三方面。父母在日常生活中要注意培养女儿的自主意识，鼓励女儿自己做主，允许她偶尔做一些不明智但安全的决定，并引导孩子从错误中吸取教训。

4. 对女儿的爱不需要附加条件

父母要给女儿最纯真的爱，不过不能在"爱"的情感中附加任何条件。有的父母关心、照顾了女儿，就要求她以优异的成绩作为回报。而且，父母需要充分信任女儿，有的父母总希望随时监视女儿，知道她的所有事情，知道她的一举一动，这会让孩子十分反感，从而破坏了他们之间的信任和关系。

5. 对女儿不要强行"溺爱"

备受冷落的孩子希望能够得到父母的"关爱"，渴望得到自由的孩子却被父母强行"溺爱"，似乎不能自由呼吸。一旦女儿进入青春期，父母需要记住：不要想方设法去控制她。假如希望女儿好，就要沉下心来帮助她建立自身的价值观，以平等的方式创造、增加或转移女儿所在乎的价值，使孩子产生能够推动自己进步的行为。

"我控制不住自己"——情绪多变的女孩

家长的烦恼

女儿进入青春期之后，突然就性情大变，经常会惹得我很生气。有一次，我们一家人高高兴兴地出去玩，刚开始女儿兴致也很高，和她表弟玩得挺开心的，我还给她买了一个小礼物，她很开心，一路上都有说有笑的。吃饭时，小表弟看着女儿的礼物说他也想要同样的礼物，当时我想一会儿出去再买一个吧，当即就把女儿的礼物递给了他。这一幕被女儿看到了，刚才还在高兴的她脸上顿时没有了笑容，愣了一会儿，直接从小表弟的手上抢过礼物，转身就扔在了地上，这还不解气，还使劲儿地踩了几脚。我被这一幕惊呆了，一向听话的孩子怎么就性情大变了呢？

有一天下午，由于隔壁家的孩子在我家里玩，正巧我们马上要准备吃晚饭了。当时还是女儿邀请对方在这里吃饭的，我和她爸爸也答应下来了。在饭桌上，女儿给她爸爸夹了一块糖醋排骨，正好邻居家的孩子说："我也想吃。"于是她爸爸就将那块糖醋排骨放到了那个孩子碗中，女儿看到后脸色有些不对，默默地低头吃饭。不一会儿，我发现女儿的眼睛都红了。这孩子是怎么了？

处在青春期的女孩子，至少面临着三方面的压力和挑战：

（1）她们的身体正在迅速发育，尤其是性方面的发育和成熟，让她们积蓄了大量的能量，容易兴奋过度；

（2）她们学习任务比较重，所承受的心理压力很大。

（3）随着年龄的增长，她们渴望对社会有更多的了解，人际交往也逐渐增多，各种各样的信息纷至沓来，这就使她们需要处理的问题越来越多，越来越复杂了。

以上这三方面的压力常常交织在一起，矛盾此起彼伏。尽管孩子们的生活内容越来越丰富了，不过也不再像幼儿园、小学时那样单纯了。而这时，她们大脑的神经机制并没有发育健全，调节能力还比较差，所以面对各种压力和刺激，便很容易产生心理不平衡。青春期女孩又不像成年人那样善于控制或掩饰自己的情绪，常常喜怒皆形于色，便显得情绪忽高忽低，十分不稳定了。

心理支招

尽管说情绪不稳定是青春期孩子的心理特点，不过情绪波动较大会给孩子们的生活带来一定的影响。比如，影响与他人的关系、分散学习时的注意力，长期的恶劣情绪还会使孩子生病，父母要引导孩子学会调节自己的情绪。

1. 正面积极引导

青春期女孩的情绪易受自尊心的影响，特别是青春期的孩子自我意识快速发展，有着强烈的自尊心、爱面子，她们迫切希望自己有独特之处，并开始注重自己的外表。这些都是青春期孩子的共性，父母可以对此进行正面引导。在许多事情上应给足女儿的面子，尊重女儿的话语及隐私权，别动不动就对其进行批评说教，随便翻她的东西。

2. 不要太过在意女儿的情绪

青春期女孩的情感世界充满着风暴，情绪波动大。当她们赢得一点点成绩时，就会沾沾自喜、得意忘形；若是遇到一点儿挫折，就会悲观失望，甚至是心灰意冷。在这段敏感时期，父母应多注意观察女儿的情绪状态，少唠叨，切忌给孩子带来新的一轮刺激。假如孩子与父母的关系不错，那只要成为女儿最忠实的听众即可。

3. 鼓励女儿交友

青春期女孩有着强烈的交友意识，她们渴望结交志趣相投、年龄相仿、能够互相理解、分享生活感受的知心朋友，她们也比较在意别人眼里的自己。有时候为了平衡与协调朋友之间的关系，宁愿自己受委屈，并对别人的嘲笑、蔑视比较敏感。所以，父母避免给女儿带来不公平、委屈的感觉，更不要漠视与不管她；需要和孩子分享交友过程中的收获，而不是挑剔指责她们交友不当。即便她所交的朋友有问题，父母的指责也不会有任何效力，这样只会把孩子推到朋友身边去。

4. 旁观女儿与异性交往

在异性交往方面，青春期女孩经常是既好奇又充满困惑的。有的女孩见到异性就脸红，畏首畏尾；有的女孩活泼大方，和异性朋友交往过密。假如女儿在家里与父母沟通不畅，那她很容易找一个异性的朋友吐露心里话。这时父母不能用武力镇压，简单粗暴的打压只会把所谓的早恋逼入"地下"，孩子们会更加坚定地朝着相反的方向走去。面对这样的情况，不如采取冷处理的方式，先了解情况，再制订具体的策略，或是引导孩子正确的与异性朋友交往，或是帮孩子分析与异性之间的关系。当然，这些都需要事先征得孩子的同意。

"我总是不能被理解"——孤独的女孩

家长的烦恼

女儿今年上高一后变成了名副其实的宅女，有时候她经常会在QQ心情上发一些莫名其妙的话，比如"为什么所有人都不理解我呢？""我觉得好无聊！""我一个人好孤独！""寂寞是一群人的狂欢"等，有时我会问她："你最近有什么不开心的事情吗？"女儿则会摇摇头，吃了饭就回到自己的房间里，不是写日记，就是玩电脑。

以前她性格很开朗的，我还常常会因为她过于活泼而头疼。现在不知道为什么，她回家后话也很少说，有时我忍不住多说她几句，她就会一脸不耐烦的样子，还嫌我唠叨。

女孩子进入青春期后会感觉到许多烦恼。比如，父母的关心不再像过去那样能够打动她们的心扉了，反而会觉得唠叨刺耳；似乎老师也在她们的心目中失去了往日的威信；无论自己做什么事情都得不到他人的理解；即便平时关系挺不错的同学，现在也不会那么亲密无间、无话不谈了。而自己总有一肚子的不痛快，这该跟谁说呢？难道青春期的自己注定要是孤独的吗？

父母也会有所发现。她们常会发现自己的孩子，小时候像小鸟似的对自己叽叽喳喳地说个不停。但长大后，特别是进入青春期之后却对父母守口如瓶，不会对家长说心里话。孩子为什么会这样呢？

心理学家认为，进入青春期的女孩都有一种共性：觉得自己是大人了。她们好像一夜之间就成熟了起来，进入第二次心理断乳期的少女们总会时常感叹：没人理解我！我好孤独！为什么女孩进入青春期之后会感到特别孤独呢？由于青春期是儿童向成人转变的过渡阶段，在这个阶段，关于自己和社会的信息繁杂，她们需要不断地思考，最后才能确定自己的生活目标。

于是，这个阶段一开始，女孩们往往不知道自己想干什么、能干什么，自己是一个什么样的人。社会赋予她们的角色一下子增多了：在家要作为女儿；在学校是学生；在同学中想要成为被人接纳和肯定的人；在家庭和社会上希望能得到成年人的尊重和信任。女孩要在不同的环境中"扮演"好相应的角色，这并不是一件轻松的事情，不过她们又希望表现得特别独立和成熟。所以她们的心里开始出现矛盾：一方面，特别需要和别人探讨和交流；另一方面，又不愿意敞开心扉。

心理支招

德国心理学家斯普兰格说："没有谁比青年人从他们孤独小房里更加用憧憬的目光眺望窗外的世界了；没有谁比青年在深沉的寂寞中更加渴望接触和理解外部世界了。"这种孤独感正是青春期女孩自我意识发展的一种表现，随着年龄的增长、社会经验的丰富和自我探索的深入，青春期女孩会慢慢获得一种熟悉自己、对自己有信心、有把握的感觉，这时她们就能够独立思考，乐于交流了。

1. 客观面对女儿独立意识的发展

当女儿步入青春期，自我意识开始慢慢增强，逐渐开始重视身边的人对自己的看法时，会产生很多独特的想法和对未来美好生活的向往。不过这些想法往往会被一些父母认为是"幼稚""异想天开"，假如女儿的表现得不到众人的认同，为了不受到父母的嘲讽，她们便将自己的想法和内心的秘密封存起来，采用直接的表达方式，诸如埋怨或沉默。

所以，作为父母要遵循孩子的心理特征，不要对其严加管制，免于引发孩子想摆脱父母监护的心理抵触情绪。平时要多理解她们的心理状态，用平等、协商的口吻，疏导、引导的方法，避免使用训斥、命令和强迫的方法对待孩子。

2. 引导女儿使用"情绪分解法"

父母可以引导女儿使用"情绪分解法"，让女儿把生活中的压力与孤独罗列出来，在一一写出来之后，让女儿能惊奇地发现，只要她能逐个击破，那这些所谓的压力与孤独，就可以逐渐化解。

3. 鼓励女儿大声哭出来

医学心理学家认为，哭可以缓解人们的压力与孤独。心理学家曾给一些成年人测量血压，然后按照正常血压和高血压编成两组，分别询问其是否哭泣过。结果大部分血压正常的人都说自己偶尔哭泣，而那些高血压患者却说自己从不哭泣。当女儿因为某些事情而感到苦闷时，父母可以鼓励她大声哭出来，从而达到宣泄情绪的目的。

4. 鼓励女儿多读书

孩子在书的世界里遨游，所有忧愁、孤独和悲伤便会被抛在脑后，令一切烟消云散。平时父母需要鼓励女儿多读书，因为读书可以让她在潜移默化中慢慢地变得心胸开阔、气量豁达，不害怕压力与孤独。

"跟他人比我很不起眼儿"——自卑的女孩

家长的烦恼

小雯今年上初一，已经进入了青春期。不像同龄的其他女孩子一样，小雯的穿着打扮总是过分朴素，甚至有些破烂不堪。平时她总穿着那条带补丁的裤子，神情拘谨，动作磨蹭，半天都不说一句话。妈妈不停地问她一些问题，她却始终不愿意开口说话，问多了，她才会难为情地说："老师和同学每次夸奖我朴素、不时髦的打扮，我都恨不得能钻到地缝里，其实我是不敢穿好衣服。"

妈妈觉得很惊讶，自己平时没少给小雯买衣服，她怎么会说自己不敢穿好衣服呢？在妈妈的不断追问下，小雯才缓缓地说出了自己的心结："我个子矮，皮肤又黑，大脸、塌鼻梁、小眼睛，即便我穿再好看的衣服也不会漂亮，还不如穿朴素点儿。好看的衣服是给那些漂亮女孩穿的，我穿了，只会被别人嘲笑。"听到小雯说这样的话，妈妈被惊呆了，不知是从什么时候开始女儿变得如此自卑了？

自卑心理指的是自我评价偏低，按照心理学家阿德勒的理论，自卑感在个人心理发展中有着举足轻重的作用。阿德勒认为，每个人都有先天性的生理或心理缺陷，这就决定了人们在潜意识中都有自卑感存在，而6～11岁是决定一个人心理倾向是奋发向上还是自卑、自暴自弃的关键阶段。

小雯就是典型的自卑心理，她不敢打扮是由于自我价值感很低，总觉得自己不如别人，因而感到自卑。导致青春期女孩自卑的原因有很多，比如单亲家庭、身体肥胖、成绩不好，等等。而小雯自卑是因为自己长得胖、相貌很普通，认为自己不会被异性关注，因此不值得打扮得那么漂亮，甚至过于丑化自己，形成了破罐子破摔的心理。

实际上，许多青春期女孩都会因为身体和性格的重大变化而感到惶恐。较为极端的情况就是由于身体发育情况与别人不同而感到自卑。当她们感到自己的身体与众不同，比如像小雯偏胖时，往往就会产生与别人进行比较的心理。而且她们会变得特别敏感，有可能别人一个不经意的眼神或一句话，都会让她们变得更加自卑。小雯就是这样，在比较中为自认为的胖和丑感到羞愧，从而降低了自我价值感。

心理支招

大部分的青春期女孩有着强烈的自尊心和好胜心，希望得到别人的尊重和理解。但是，有的女孩由于长期的失败经历，常常会遭到不公平的待遇，因此其自尊心受到严重伤害，便会产生自卑心理；逐渐长大的女孩子开始用批判的眼光来看待周围的事物，对老师的简单说教，喜欢从反面进行思考，喜欢猎奇，容易产生固执、偏激的不良倾向，从而产生逆反心理；大部分女孩内心深处有需求上进的愿望，也常常努力，不过由于她们往往不能持久，反复产生某方面的问题，由于自身的惰性，经受不住外界的压力。

1. 了解女儿是因为什么原因自卑

在对症下药之前，父母需要了解女儿是因为什么原因而自卑。比如因不爱打扮而表现出自卑的女孩，她们对于能够正常绽放青春的同仁，实际上是充满嫉妒的。她们也想成为大家关注的焦点，由于贬低自己，不允许自己打扮，她们压抑自己正常的需要，用相反的方式表达自己的内心感受。越爱美越不敢表现美，越是想要人关注，越是不敢被人关注，从而形成典型的自卑心理。

2. 激励女儿，唤起她的信心

心理学家认为，假如一个孩子生活在鼓励中，她就学会了自信；假如一个孩子生活在认可之中，她就学会了自爱。比如经常对女儿鼓励说，"老师今天打电话来，称赞了你""你最近漂亮了，真是女大十八变"等。这样，女儿就会慢慢重拾自信，变得开朗起来。

3. 关注女儿的闪光点

在平时的生活中，父母要善于捕捉女儿的"闪光点"，重视为她树立自信心。良好的自信心是成功的一半，培养女儿的自信心，父母的悉心教育和热情鼓励不可忽视。尤其应注意正确对待她们，鼓励她们积极进取，遇到困难时帮助她们分析原因、给予帮助和指导，把女儿受挫的自信心重新树立起来。

4. 注重亲子沟通

青春期女孩自信心缺失，大部分原因在于家庭教育环境不良与教育方式、方法不正确。所以，作为父母应及时了解孩子不良的心理状况，采用适当的教育方式，注重亲子沟通。多鼓励和肯定孩子，引导孩子走出家门，多结交兴趣相投的朋友。一旦女儿在肯定中得到了满足，那就能增强她的自信心。

"我就是很讨厌她"——嫉妒的女孩

家长的烦恼

女儿有一个表妹，两个人只相差一个月。相比较而言，她表妹比较苗条白皙，举止也比较娴静。有一天晚上她们在一起吃饭，女儿她爸夸了表妹几句，女儿马上醋意大发，一会儿对我说："我爸爸有毛病吧？再夸人家也成不了她的女儿。"一会儿又说："真是讨厌，睫毛长有什么了不起，长得瘦又有什么了不起，就能这么讨人喜欢吗？"

我安慰女儿说："她毕竟是你表妹，你怎么能这样说人家呢？"女儿很不屑地说："什么表妹？她在学校那么受人欢迎，谁能看出我这个又黑又胖的人是她的表姐啊，长得漂亮有个屁用，还不是一样要吃饭、睡觉……"

其实不仅是青春期的女孩会嫉妒，嫉妒是各个年龄段的人，或者说所有人的人性中都存在的一个弱点。英国哲学家培根曾说："嫉妒这恶魔总是在暗暗地、悄悄地毁掉人间的好东西。"大剧作家莎士比亚也说过："您要留心嫉妒啊，那是一个绿眼的妖魔！谁做了它的牺牲品，谁就要受它的玩弄。"

心理学家认为嫉妒分为两种：一种是"激性嫉妒"，其特征是应激性，来势凶猛，容易导致突发事件；另一种是"心境嫉妒"，它与心境有关，其作用虽然缓慢但是最终却会让一个人的心境变得忧心忡忡、郁郁寡欢、备感孤寂、甚至会积愤成疾。

黑格尔曾经说过："有嫉妒心理的人，自己不能完成伟大的事业，乃尽量低估他人的强大，通过贬低他人而使自己与之相齐。"嫉妒心强的女孩子势必会因为情绪不佳影响学习。另外，因为强烈的嫉妒心的驱使，女孩子会事事争强好胜，总想给别人使绊儿，压别人一头，这样一来，也势必会在人际交往中被众人孤立。由此可以看出，嫉妒是一种不良的心理状态，对青春期女孩的健康发展极为不利。

青春期孩子的嫉妒具有明显的外露性，有时还具有攻击性、破坏性。孩子的嫉妒与成年人的嫉妒有不同之处，主要是孩子不能有效地控制自己的情感。孩子直接而坦率地表露情感，根本不考虑后果。可以说嫉妒是一种消极的心理，是对别人在品德、能力等方面胜过自己而产生的一种不满和怨恨，它是一种被扭曲了的情感。如果孩子将这种负面心理保留到以后，那孩子就难以协调好与他人的关系，难以在生活中保持心情舒畅。所以父母需要针对孩子的这一负面心理，纠正孩子的嫉妒心理。

心理支招

在学习上，当看到有同学的成绩超过了自己，心里便觉得很不舒服；当看到自己的朋友与其他同学来往密切，便会生气、心生怨恨；当别的同学获得老师的赞扬时，心中便会愤愤不平、充满妒意……这都是青春期女孩常出现的嫉妒心理，很多女孩都知道这种心理是不好的，但是又控制不住自己。对此，父母应该积极地做好引导工作。

1. 了解女儿嫉妒心理产生的原因

父母只有了解女儿产生嫉妒的原因，才能对她进行有针对性的教育。通常孩子的嫉妒心理产生的原因有三个：一是受环境的影响。假如在家里，父母之间互相猜疑，互相看不起，或当着孩子的面议论、贬低他人，会在无形中影响孩子的心理。二是孩子能力较强，不过在某些方面比不上其他的孩子。通常各方面都比较弱的孩子，他们会处于比较安分的状态，因为他们已经习惯于当弱者了。而那些能力较强的孩子，就会对别的有能力的小朋友产生嫉妒。三是不恰当的教育方式。有的父母经常会对自己的孩子说他在什么方面不如某个小朋友，让孩子误认为父母喜欢别的小朋友，不喜欢自己。这些孩子会因为不服气而产生嫉妒。

2. 倾听女儿的心理感受

女儿的嫉妒是直观的、真实的甚至是自然的，完全不似成年人的嫉妒心理那样掺杂着许多因素，它只是孩子对自己愿望不能实现而产生的一种本能的心理反应。所以，父母不要盲目的对女儿的嫉妒行为进行批评，而是应耐心倾听她心中的烦恼，理解孩子没办法实现自己的愿望所产生的痛苦情绪，以便于女儿因嫉妒产生的不良情绪可以得到宣泄。

3. 正确评价女儿

大多数孩子都喜欢受到表扬和鼓励。父母的表扬得当，可以巩固其优点，增加孩子的自信心；若表扬过度或不当，都会使孩子产生骄傲情绪，从而看不起别人。由于孩子年龄较小，自我意识刚开始萌芽，其还不会全面地看待问题，从而不能正确地评价自己和别人。所以父母对孩子的品德、能力的评价应客观正确，适当指出孩子的优点和缺点，让孩子明白每个人都有长处和短处，帮助孩子正确的评价自己。

4. 帮助女儿分析与其他孩子产生差距的原因

孩子通常不具备对事物进行全面分析的能力。孩子往往会将自己的嫉妒简单地归于自己或所嫉妒的对象，而不去考虑其他因素。所以，父母可以帮助孩子全面分析产生自己的孩子与所嫉妒对象之间的差距的原因，能否缩短这些差距，采用什么样的方法来缩短这种差距，以积极的方式缩短实际存在的差距，化解孩子内心的不平衡。

5. 对女儿进行美德教育

一般嫉妒心理大多数产生在有一定能力的孩子身上，他们觉得自己有能力，却没有受到别人的表扬，所以对那些受到关注和表扬的孩子产生了嫉妒心理。父母对此要对孩子进行美德教育，让孩子懂得"谦虚使人进步，骄傲使人落后"的道理。让孩子明白即便没有人称赞她，她的优点依然会存在，假如继续保持自身的优点，再虚心向别人学习，那她才会得到更多人的喜欢。

6. 培养女儿乐观的性格

父母应教育孩子理解人与人之间客观存在的差异性，让孩子明白每个人都有自己的优势和长处，不过每个人也都有自己的劣势和短处。引导孩子充分发挥自己的长处，扬长避短，在生活和学习中学会正视别人的优势和长处、欣赏别人的优点，从而可以学习、借鉴对方的优势，以弥补自己的不足。

7. 帮助女儿树立正确的竞争意识

大多数有嫉妒心理的孩子都有争强好胜的性格，父母要正确引导和教育孩子用自己的努力和实际能力去与别人竞争。竞争是为了找出差距，使自己进步更快和取长补短，不可以用不正当、不光彩的手段去获取竞争的胜利，将孩子的好胜心引向积极的方向。

第3章

解析青春叛逆期的行为，引导女儿的叛逆和桀骜不驯

青春期是一个女孩从幼稚走向成熟的艰难过程，必然要经历许多痛苦和烦恼。父母需要做的就是耐心等待，而不是处处、时刻"介入"，需要给女孩独立思考和做决定的机会。青春期是女孩最容易叛逆的时期，所以父母一定要有耐心去教导孩子，这样才可以让她们健康地度过青春期。

"我也有说话的权利"——如何应对与女儿的争辩

家长的烦恼

一位父亲很无奈地说："我自己是个教师，教学生从来不感到困难，但是教育女儿却不得要领。尽管我女儿很聪明，但好动，很顽皮，总是会惹我生气。我一生气就对她劈头盖脸地打骂，从小学一直打到初中。"

有一次，女儿又被我打骂了一顿。打过之后，我看了女儿一眼，不禁大吃一惊，发现她竟满眼充满了恨意。我隐隐感觉到，自己在教育孩子这件事上似乎出现了一些问题。果然，没过几天我帮女儿收拾房间，无意间看到了女儿在日记中所写的一段话，了解了她的内心世界——"今天我又被爸爸打骂了一顿，为什么总是这样？从小到大，我在他面前好像只会受尽侮辱，我似乎从来没有说话的权利。不管是什么事情，不分青红皂白，总认定都是我的错，最终我就是那个挨骂、挨打的对象。那一刻，我觉得好恨他，好恨这个家……"

看了女儿的内心独白，我意识到孩子长大了，她也有自己应有的权利了。或许，我真的是应该反省自己的教育方式了。

由于受千百年传统观念的影响，父母总会觉得小孩子见识少、阅历浅、不成熟，又是自己生养的，于是形成了"大人说话小孩子听"的定论。许多父母不允许孩子与大人争辩，他们奉行"父母之命"的传统观念。认为孩子只能对父母的话"言听计从"，是绝不允许与父母拌嘴、争辩的，否则就是"大逆不道"。实际上，随着孩子进入青春期，他们的自我意识开始被唤醒，这时父母与孩子发生争辩是一件有意义的事情。所谓争辩是争论、辩论的意思，是各执己见，互相辩论说理，这样做有利于思想沟通，通过争辩达成共识、解决问题。

汉堡心理学家安格利卡法斯博士认为，"隔代人之间的争辩，对于下一代来说，是走上成人之路的重要一步"。允许青春期孩子适当地争辩，是有助于孩子摆脱无方向状态的一种途径，可以使他们知道自己的能力和界限在何处。同时，争执可以让孩子变得自信和独立，在对抗中他们能感觉自己受到重视，知道怎样才能贯彻自己的意志。争执也表示孩子正在走自己的路，他们注意到了父母并非总是正确的。

心理学家认为，争执可以帮助青春期女孩变得自信和独立。在与父母争辩的过程中，女孩会感觉自己受到重视，知道应该怎样表达才能实现自己的想法。同时，争执也表明孩子自我意识的觉悟，正在试着走自己的路。争辩的胜利，无疑能让孩子获得一种快感和成就感，既让女孩有了估量自己能力的机会，也锻炼了她的意志力。

心理支招

父母在教育女孩的时候，经常会遇到她回嘴、反驳、顶撞等情况。面对女孩的争辩，父母明智的做法就是给她争辩的权利，认真听取她的争辩。这样父母可以从女孩的争辩中了解她发生某种行为的背景、条件以及心理动机等，从而进行有针对性的教育。

同时，让女孩争辩可为父母树立了一面镜子。父母通过听取女儿的争辩，可以检验自己的教育方法是否得当，说法是否在理。明智的父母常常不会把自己的意愿简单地强加在女儿身上，而会为女儿争辩创造一个宽松、平等的氛围。而在与女儿争辩的过程中，父母应循循善诱，以理服人，不要简单地把女儿的争辩看作是对自己的不敬。

1. 女儿争辩意味着其能力的发展

处于青春期女儿争辩的时候，往往是她最得意、最来劲儿、最高兴、最认真的时候。这样做对女儿是很有益处的。允许女儿这样做，还可以营造家庭的民主氛围，提高她各方面的能力，对女儿未来的生活也是大有好处的。

2. 允许女儿争辩

父母应该树立一种观念，允许女儿争辩，这并不是什么丢面子的事情。那种认为一旦允许女儿争辩，她就会不听话、不尊重自己，与自己为难的想法是不正确的。女儿与父母争辩，对双方都是很有好处的。

3. 制订规则

当然，女儿的争辩是应该遵循一定规则的，也就是说，不允许她胡搅蛮缠、随心所欲，而是要在讲道理的基础上进行争辩。假如女儿违法了争辩的权利，父母自然应该加以制止。当然，父母是规则的制定者，因此在制订规则时要从实际出发，合乎女儿的情况，合乎常理，否则，争辩就是不合理的。

4. 给女儿说话的权利

对于许多父母而言，给女儿说话的权利并不能轻易做到。父母在教育子女的时候，往往只能是我说你听，哪里能容许女儿争辩？所以，在给女儿争辩的权利时需要父母克服自以为是、唯我是从、只准说是、不准说"不"的单向说教思维定式，而以尊重女儿、鼓励争辩、勇于认错、善于双方进行交流的思维方式。

5. 事后反思

假如女儿因青春期叛逆思维而带来的毫无理由的争辩，父母事后可以反思：到底是自己没有尊重女儿的意愿？还是女儿确实是在胡搅蛮缠。假如是前者，那父母需要反思自己，是否真的尊重了女儿；假如是后者，那可以仔细观察女儿做出这种行为背后的真实心理，了解之后再予以相应的教育方式。

"偷看日记是不法行为"——如何谨慎对待女儿的隐私

家长的烦恼

女儿月月这学期上初一，从小学到初一，女儿在学校是同学、老师眼里的好学生，在家里是父母眼里的好孩子，学习和日常表现都没让爸爸、妈妈操过心。但是，这学期开学不久，月月妈妈发现月月好像变了。每天回家后月月不再像以前那样稍微休息一下就开始写作业，而是喜欢照镜子，学习上也变得懒散了。不仅如此，女儿的学习成绩每况愈下，女儿到底是哪里不对劲儿了？月月妈妈内心很是苦恼。

问题的根源到底在哪里呢？尽管月月妈妈对她旁敲侧击，选择比较宽松的时机，想办法与月月沟通，但月月总表现出一副若无其事的样子，而且还对妈妈说："妈妈，我平时一直不就是这个样子吗？"妈妈一直愁眉苦脸，直到有一天，为女儿月月整理房间时，看到女儿的日记本放在床头柜上，月月妈妈不由得心头一动，忍不住翻看了女儿的日记，不看则已，一看心惊：女儿喜欢上了班里的一个男同学了……就在月月妈妈合上女儿日记本的时候，女儿走进了房间……

月月责怪妈妈侵犯了自己的"隐私"权，是"违法行为"，而她妈妈则气不打一处来，本来想对此事先冷静再说的月月妈妈忍不住冲动地骂了月月一通儿。最后，月月不但不认错，而且开始与妈妈较劲儿，一个月过去了，月月也没和她妈妈说过一句话。她妈妈又急又气，父母关心孩子，难道有错吗？

在本案例中，月月妈妈不应该"见风就是雨"，青春期的女孩喜欢上某个异性同学并在日记里表达出来是很正常的现象，作为父母不应该与女儿发生正面冲突，而应选择合适的时机因势利导。现在有许多孩子有写日记的习惯，且把日记本收藏在抽屉里，有些甚至上了密码锁。这时就会让父母与孩子产生隔阂，认为孩子有意隐瞒什么事情。有的父母由于翻看孩子的日记，让孩子的自尊心备受损伤，产生这种家庭矛盾的原因是双方的。

对父母而言，女儿一天天长大，生理一天天成熟，不过心理却极不成熟。让父母非常担忧的是，女儿自以为已经是成年人，渴望人格独立，经常对父母的询问三缄其口，将日记本上锁，和同学打电话也会避开父母，很少与父母谈心里话。父母总想知道孩子为什么跟过去不一样了，他们担心自己的女儿因缺乏辨别力和免疫力误入歧途。当孩子不愿意开口的时候，父母了解女儿心理状态及交友情况的最佳办法就是看日记。

对女儿而言，自己已经长大了，有主见了，渴望独立自主，更希望得到别人的尊重和信任。她们喜欢独自思考问题，喜欢将秘密写入日记里。而且，女儿在这一时期已经明白未成年人不愿意公开的日记应属于个人隐私的范畴。当女儿知道父母偷看自己的日记，便会认为父母侵犯了自己的隐私，最终的结果是造成双方关系紧张。

心理支招

日记是女儿的隐私，父母确实不应该轻易翻看孩子的日记。不过，当孩子不愿意开口说出自己的真实想法时，有时会在日记中有所表达。假如这时父母能了解到孩子内心的真实想法，然后做出有针对性的指导，对女儿来说是很有益处的。然而，需要提醒父母的是，这是一个十分严肃的问题，父母在行动之前必须要慎重考虑，否则，就会给女儿带来不可弥补的伤害。

1. 尊重女儿

父母需要尊重女儿，改变用强迫、指责等消极方式对待女儿，给她一个独立的精神空间。父母需要花时间、有耐性，做个有修养的听众，用心倾听孩子的心声，走进女儿的世界，积极发现女儿的优点，并进行发自内心的赞扬。假如确实需要对女儿进行批评，也要私下秘密进行。父母要花精力去了解女儿的需要，和女儿进行思想、感情、生活体验等各方面的沟通，这样女儿心里有事才能愿意告诉父母。

2. 有效增进与女儿之间的感情

青春期女孩子有较强的独立意识，作为父母可以利用吃饭等一家人围坐在一起的时候，一起回忆孩子小时候的趣事，有助于建立女儿对父母的亲近感和信任感。周末与女儿一起逛街时父母需要淡化自己长辈的身份，尽可能地让女儿带着自己玩，让女儿感到自己也可以对父母产生影响，从而拉近彼此之间的距离，这样女儿才愿意对父母说出心里话。

3. 与女儿的老师建立密切的联系

父母需要加强与女儿的老师的联系，当发现女儿有什么异常行为时，可通过向班主任及其授课老师了解情况，并请他们帮忙做女儿的思想工作。女儿遇到困难，心理肯定会产生一些变化，而这些变化很容易就会表现在女儿的神情及举止上。父母关心女儿，很容易就会察觉到她心理上的变化，从而与她进行沟通解决问题，这时就无须通过翻看孩子的日记来了解她了。

4. 避免翻看女儿的日记

假如女儿发现父母在偷看自己的日记，会降低甚至失去对父母的信任感，不利于她的健康成长。如果父母实在不小心看了女儿的日记，她问起来也要说实话还要向她道歉。假如女儿想和父母交流就会如实说出自己的想法；假如父母与女儿之间有一定的透明度，女儿有机会向父母展示自己，有机会请父母帮助自己，那才是教育的上策。

5. 尊重女儿

父母要充分尊重女儿，不要野蛮地控制她。侵犯女儿的隐私，只会造成她对人的敏感，排挤周围人，情绪上容易受到波动。女儿不愿意被控制的心理，会让她不停地反抗，回避问题，从而与外界隔离，这样发展下去父母就没办法与女儿进行交流了，从而失去孩子对父母的信任。

6. 理解和支持女儿

父母要从心理上理解和支持女儿，心理上的关爱是父母给女儿最大的财富，适当地给女儿一定的空间，让她能自己解决问题，这也是锻炼女儿独立面对和解决问题的一种方式。

"我不想听"——如何应对女儿的对抗情绪

家长的烦恼

小梦读初中时，非常喜欢信息技术这门课，父母则简单地禁止她"玩电脑"，一味要求她放学回家必做多少作业、多少遍练习，因此引起了小梦的不满。既然父母在家不让她做自己想做的事情，她就故意不用功，让成绩一落千丈，明知这样做不对，小梦依然我行我素，她甚至喜欢看到父母不舒服、干着急的样子。

当父母对她说，"今天下雨了，记得出门多带一件厚外套""宝贝，你最近怎么回事儿，得抓紧学习啊，你这样，我真的不知道该怎么办啊""以后你长大了，怎么办呢？学习不好，只能打工……"等话时，小梦就会下意识地捂住自己的耳朵，大声叫道："你们说什么，我都不想听，走开啊，你们……"

当父母好心提醒孩子"降温了，带件衣服去学校"，孩子的回答却是"你好烦啊……"青春期女孩子的不听话成为了父母心中挥之不去的"痛"，她要么与父母针锋相对、吵闹顶嘴；要么对父母的话置之不理，置若罔闻；要么受到批评就甩门而去甚至上演离家出走的戏码。对于这样的孩子，父母选择了"打骂"，但越是打骂，孩子反而越叛逆，越是会与父母对着干。

青春期女孩子叛逆，产生对抗情绪，这是一种独特的心理现象，也是一种必然的生理现象。青春期女孩的心理随着年龄段的变化而变化，第二性征的出现给她的心态造成了冲击，她面对自身的变化经常会感到不知所措，从而产生浮躁心态和对抗情绪。青春期女孩心理呈现青春期心理的特殊性，她觉得自己已经像个成年人了，所以在面对问题时她们经常表现出幼稚的独立性，采取一些偏激的或是强烈的反应。

由于自我意识和好奇心的增强，又由于社会、媒体的冲击，促使青春期女孩对许多事物产生兴趣，便要通过表现个性、追逐潮流来满足自我意识和好奇心。社会和家庭的传统教育的一些弊端，阻碍了她自身发展的需求，成为了对抗情绪产生的源头。

心理支招

青春期女孩为自身的独立作准备，所以她想在心理上跟自己的父母分离，表现出来的就是强烈的独立意识。心理学家认为，孩子青春期的亲子对抗是有积极意义的，只是每个孩子的性格不一样，独立意识不同，许多父母的都没准备好，孩子只是出于父母的自身意愿而存在着。面对青春期的亲子对抗，父母的改变应该比孩子更多。

1. 尊重女儿的"心理断乳期"

心理学家认为，12~16岁是孩子的"心理断乳期"，随着孩子接触范围的扩大、知识面的增加，她们的内心世界丰富了，容易对父母产生"逆反心理"。她们认为自己已经长大了，对社会、人生有着与父母不同的看法，不要父母处处管着自己，于是开始时时顶嘴、事事抬杠。

2. 理解和接纳女儿

女儿出现的一系列身心变化，她自己也是始料不及、难以控制的，这时尤其需要父母的理解和接纳。千万不要看到女儿的一些变化，或者发现女儿的反常行为就大呼小叫、惊慌失措，更不要打骂训斥、横加指责。否则，只会加剧女儿的逆反心理，增加与父母的隔阂。

3. 父母要改变自己的教育模式

父母要改变自己说话所用的语气、措辞、态度及行为。传统的教育方式已经证明没什么效果，所以不管你从哪方面改变，都会比重复传统的教育方法多一个成功的机会。但也不要认为改变后女儿就会马上听话，她会用无数次的试探来看父母是否能够坚持。

4. 尊重和信任孩子

情绪本身不是问题，真正需要处理的是情绪导致出现的事情或问题。父母假如可以跳出在女儿面前的权威怪圈，从女儿成长的长远角度来看，和女儿平等地做朋友是更为理智的教育方式。由于朋友之间的平等关系，能让彼此之间的沟通更流畅，这样就不会为"听话与否"的问题与女儿产生分歧。

5. 父母要提高自身的影响力

父母对女儿的影响力来源于知识和榜样的力量。在平时生活中，父母要不断地学习，提高自身对知识的积累，通过渊博的学识让女儿信服。以身作则，言行一致，注重自身修养，树立自己的威信，成为女儿的榜样。即便是在与女儿交流时，也要做到心平气和、态度和蔼。

6.对女儿多忍让

青春期女孩子比较叛逆，父母不要硬碰硬，不要跟女儿争高低，认为胳膊总是拧不过大腿的，对女儿应适度忍让。假如与女儿发生冲突，作为父母应该懂得忍让，让孩子先能顺利地度过青春期，因为它毕竟是女儿的人生必经路。

7.对女儿多赞美、少批评

教育家认为，好孩子都是夸出来的，恰到好处的赞美是父母与女儿沟通的兴奋剂、润滑剂。父母对女儿每时每刻的了解、欣赏、赞美、鼓励会增强女儿的自尊心、自信心。父母应该记住这样一句话：赞美鼓励使孩子进步，批评抱怨使孩子落后。

8.给女儿一个自由的空间

有时候女儿会专注于感兴趣的事情而忽视了父母所说的话，这完全是在情理之中的。父母应适地当多给女儿留一个属于她们自己的空间。这样孩子才有时间或胆量做自己喜欢做的事情，假如父母可以及时给予称赞，还将有利于女儿将来的发展。

9.让女儿认识到什么样的行为是自己应该做的

多听话便会少用脑，这容易让女儿产生依赖的性格，不管对女儿的智力发展还是自主能力、创造能力的培养都非常不利。因此，最好的办法不是要女儿听话，而是要帮助女儿认识和感觉到什么样的行为是她自己应该做的，并且让其从中感受到许多乐趣。

"我讨厌老师"——如何应对女儿仇视老师的心理

家长的烦恼

心理咨询师接听了这样一个电话："我姓王，我正在为女儿雯雯的事情揪心，她到一所重点中学上初中之后，原来喜欢学习、成绩不错的她英语成绩越来越差，我已经连续好几次被老师请到学校去了。与孩子聊天中我发现，雯雯的英语成绩下滑和她的英语老师有关系，雯雯说，'她一看到英语老师就烦，根本不想听英语课，也不想写英语作业'。但是，经过我的观察，那位英语老师是一位特别负责任、相当优秀的老师"。

　　心理咨询师问道："你问过雯雯吗？她为什么不喜欢英语老师？"王先生回答说："我问她为什么不喜欢英语老师，她很生气地说，'英语测验，我错了个单词，英语老师罚我每个单词抄写十遍；平时上课的时候，英语老师明明知道我没掌握好语法，但每次遇到有语法问题的时候，他总是要提问我，害得我当众出糗；还有，每天他都要布置一大堆作业，烦都烦死了。'你说，这该怎么办呢？我该怎么改变她对老师的看法呢？"

　　对这样的案例，心理咨询师模拟出了这样一段亲子对话——

　　孩子生气地说："英语测验，我错了三个单词，英语老师罚我每个单词抄写十遍，太过分了，我不喜欢这样的老师。"父亲关注地说："错了三个单词，老师罚你抄写十遍，如果是我也会烦心的，我上学的时候，就和你有同样的感受。"孩子问："您上学时也是这样？"父亲回答说："是啊，当时也认为老师是在罚我们，不会的题目也要再做几遍；卷面出错的题目，还要反复练习，大多数学生对老师的这种做法都有意见，不喜欢这么做的老师，结果功课越来越差。"孩子好奇地问："那您对老师没意见？"父亲回答说："和你现在一样啊，也不满意，但想到学习是自己的事情，如果我做得对，老师就没机会罚我啦。于是，我更加努力学习，后来才有机会考上大学的。"

　　孩子不喜欢老师、仇恨老师是导致孩子厌学的直接理由，但是，孩子为什么会那么讨厌老师呢？有的孩子没有得到老师的重视，在课堂上老师很少提问他，没有给孩子一定的学习机会；有的孩子对某科目的学习缺乏兴趣、成绩不好，即使老师没有批评、责备他，他也不喜欢这个科目的授课老师；还有的孩子因为违反纪律问题或者犯错误受到了老师的批评，使得孩子滋生出"仇视"老师的心理；有的孩子则是被老师冤枉过，但老师又没认真地承认自己的失误，使得孩子对此耿耿于怀，心里委屈而产生怨恨情绪。

心理支招

在生活中，有些青春期女孩不喜欢某一位老师，就不愿意上那位老师的课，做作业也会勉强应付，结果师生关系恶化，孩子的学习成绩直线下降。对此，父母束手无策。所谓"亲其师，信其道"，如何才能使孩子与老师亲近起来呢？

1. 不要指责女儿

如果女儿不喜欢某位老师，不要批评指责她。你需要及时与孩子沟通，耐心询问她"为什么你不喜欢那位老师"了解女儿不喜欢那位老师的真实原因，在倾听过程中，父母不要急于表达自己的态度，而是要关注她的心理活动，给孩子一个发泄、倾诉的机会。

2. 对女儿进行尊师教育

了解了女儿不喜欢某位老师的真实原因之后，父母要对女儿进行尊师教育，告诉孩子："老师也是人，和我们一样，难免会有缺点、错误，他也是不完美的。可能老师的某些观点有所欠缺，可能误解了你，这是可以理解的。如果仅仅因为老师的这些缺点而不尊重他，这是不对的。不管怎么说，老师是长者，是值得你尊敬的。"

3. 主动多与老师进行沟通

另外，父母要主动多与孩子的老师进行沟通，向老师询问女儿在学校里的表现，取得老师的帮助和支持。同时，设法让老师多关心自己的孩子，包括提问、鼓励、表扬。另外，在批改作业时尽量详细一些，如有可能主动找孩子谈谈心，等等。这样，孩子很快就会改变对那位老师的看法。

4. 妙用激将法

老师大多喜欢那些成绩优异的学生，而对那些个性比较强的孩子，父母可以妙用激将法："老师不是不喜欢你吗，你就学好他教的课气气他。"这样，孩子成绩好了，与老师的关系自然就会好起来。

5. 认真倾听女儿的心声

当父母发现女儿对老师有抵触情绪的时候，需要给她创造一个宽松、自由的，可发表意见的氛围。例如，问："你觉得老师为什么不喜欢你？"让孩子能毫不隐瞒地讲出老师批评自己的原因，以及自己的态度和接受批评的心情。父母应认真倾听，采取适宜的解决方法。

6.引导女儿学会换位思考

一旦发现女儿对某位老师产生抵触情绪之后，父母应引导孩子站在他人的角度考虑问题和处理问题。比如，用"如果你是老师，有学生在课堂上开小差，你会怎么办？"类似的问题，创造情景让孩子亲身体会老师的难处，这样能有效地改善师生关系，减轻或避免孩子对老师的抵触情绪。父母切忌在尚未明白事实真相之前就粗暴地批评女儿或对某位老师表示不满，这样不能使女儿得到教育，不能缓解师生之间的矛盾，反而只会增加女儿心中的抵触情绪。

"我讨厌你管着我"——如何管教处于青春期的女儿

家长的烦恼

女儿今年15岁了，最近总是喜欢和我顶嘴，明明无理还要争辩。平时让她干什么事情，她总是等我发了脾气才会行动，而且时常挂在她嘴边的一句话就是——"要你管我？"

女儿平时不愿意跟父母交流沟通，处处与父母对立，不是频繁地发脾气并与父母争吵，就是乱扔衣服、不写作业，有时还会逃学、夜不归宿。父母没说两句话，女儿就会摔门而去，或者说："得了，得了，我什么都懂，一天到晚瞎数落，我不需要你们管！"在学校与同学的关系也不和睦，说话尖酸刻薄。老师教育她时，嘴皮都说破了，她依然不动声色。父母为此都愁死了，不知道该怎么办。

心理学研究表明，进入逆反期的孩子独立活动的愿望会变得越来越强烈，他们觉得自己已经不是小孩子了。他们的内心很矛盾：一方面想摆脱父母，自作主张；另一方面又必须依赖家庭。这个时期的孩子，由于缺乏生活经验，不恰当地理解自尊，十分希望别人把他们看作成人。

假如这时父母还把他们当成小孩子来看待，对其进行无微不至的关怀，经常唠叨、啰唆，那孩子就会感到厌烦，感觉自尊心受到了伤害，从而萌发出对立的情绪。假如父母在同伴和异性面前管教他们，其"逆反心理"会变得更强烈。

心理支招

许多父母经常抱怨孩子越来越不听话了，整天不想回家，不愿意与父母说心里话，做事比较任性。而孩子却认为，父母一天到晚唠唠叨叨，规定这不许、那不准，真是讨厌。显然，父母与子女是在对着干。

1. 正确地"爱"女儿

父母应该意识到对女儿过分的溺爱，实际上是害了她。父母应对女儿既要爱护又要严格要求，对孩子不合理的要求不能无原则地迁就。假如孩子的企图第一次得逞了，之后就会习惯性地由着自己的性子来，到时候父母想管教亦是无能为力的。当孩子生气时，父母应避免大声斥责。这时可以让孩子做一些能吸引他的事情，稳定其情绪，转移其注意力。等到孩子的情绪稳定之后，再耐心地教育他。

2. 对女儿应采取温柔的方式

父母不能因为女儿是自己生养的，想打就打、想骂就骂，把它当成是件很正常的事。其实这样的教育方式恰恰错了，效果会适得其反。父母可以换个角度思考，站在孩子的立场教育孩子，正确处理突发事件。父母应以情感人，以理服人，毕竟小孩子一时半会儿会想不通，需要留给他们一些思考的时间。

3. 冷静地面对女儿的逆反心理

通常女儿不太懂得控制自己的情绪，当她对父母的管教不服气时，她可能情绪会比较激动，可能会冲父母发脾气，可能会有过激的言语和行为，这时父母千万不要跟着孩子一起着急，要想办法控制孩子的情绪，可以先把事情暂时放一放。即便孩子顶嘴，父母再生气也要保持冷静，控制好自己的情绪，不能一看到孩子顶嘴就火冒三丈，甚至对孩子拳脚相加。因为这样做不仅无助于问题的解决，反而会强化双方的对立情绪，孩子会更加不服气，父母会更生气，这样只会激化矛盾，不利于事情的解决。

4. 与女儿聊天

当孩子有了逆反的苗头时，要与孩子进行一次亲切的聊天，明确告诉她逆反心理是一种消极的情绪状态，父母、老师、同学都不会喜欢，会影响自己的人际交往。长时间下去，孩子会变得蛮横无理、胡作非为，不利于自己身心和谐、正常地发展。父母可以告诉孩子：对孩子的逆反，做父母的有多担心和顾虑，让她感受到她的逆反心理给身边的人造成的思想负担很重。

5. 父母的教育方式要保持一致

在面对孩子的教育问题，父母要保持一致的思想。不能父亲这样说，母亲又那样说；父亲在严厉地教育孩子，母亲却在一边护短。面对孩子的教育问题，父母可以先制订好策略，保持口径一致后，再与孩子进行交流。

6. 批评女儿要有技巧

不讲方法、不分场合地批评孩子，孩子犯了一个错误就会把她过去的种种错误全都翻出来，随意地贬低和挖苦孩子，教育孩子时连同她的人格一起做出批判，这些是很多父母的通病，也容易引起孩子的逆反心理。减少孩子的对立情绪，父母不能滥用批判，批评孩子前先要弄清事情的原委，分清场合，更不要贬低孩子的人格，批评孩子时要照顾孩子的情绪。而且，好孩子都是夸出来的，对孩子要多些表扬少些责怪，经常想想孩子的长处，关注孩子的点滴进步，寻找孩子身上的闪光点。这样一来，孩子平时受到的表扬和鼓励多了，犯错误时也容易接受父母的批评。

7. 尊重女儿独立的要求

有的父母出于对孩子的关心，一心一意地想让孩子在自己的庇护下长大成人，而进入青春期后的孩子开始有强烈的独立自主的要求，对父母强加给她的想法和观念十分不满，从而产生逆反心理，容易与父母产生冲突。对于孩子的合理要求，父母要支持尊重，不要对孩子发号施令，以免让孩子产生抵触情绪，对孩子要尽可能地用商量的口吻，如"我认为""我希望"，以此改善孩子与父母的关系，减少孩子的逆反心理。

8.倾听女儿的想法

父母要善于营造聆听的气氛，让家里时时刻刻都能有一种"聆听的气氛"。这样孩子一旦遇到重要的事情，就会和父母商量。父母需要抽出时间陪伴孩子，比如，利用共进晚餐的机会，留心听孩子说话，让孩子觉得自己备受重视。父母需要做的是顾问、朋友，而不是长者，只是细心倾听、协助抉择，而不插手干预，仅仅是提出建议即可。

第4章

掌握青春叛逆期的教育要点，选用恰当的方法不和女孩较劲儿

在家庭教育中，女孩和男孩是有差别的，而且对于女孩的教育存在着许多观念上的误区，这些都是父母需要避免的。尤其是对于青春期的女孩，父母更需要讲究教育方法，千万别和青春期的女孩较劲儿。

推动孩子自立——放手对女儿的溺爱

家长的烦恼

王妈妈的女儿长得特别漂亮，所以她从小对女儿就百般呵护。有一次，王妈妈在上班时突然想起孩子早上的脸色有点儿不好，她不禁问自己："她会不会是感冒了？或者是生了别的毛病？"她越想越担心，于是马上放下手中的工作，请假后急急忙忙地赶到幼儿园里。结果，她看到自己的孩子正在那里开心地玩呢。

长大后，只要孩子一出门，爸爸妈妈便会十分担心，假如能陪伴肯定不会让她单独出门，就担心她会遇到危险、被人欺负，或是被其他孩子给带坏了。但爸爸妈妈的付出，孩子并不领情。时间久了，孩子觉得失去了自由，遇到这样的情况，爸爸妈妈该怎么办呢？

女孩从小需要被宠爱，但父母不能溺爱。"爱子如杀子"是几千年古人传下来的经验，它不是一句空话，要正确的爱，孩子才会有自己的天地和观点。父母不要把自己的人生观、价值观、审美观强加给孩子。对孩子不合理的要求也予以满足，父母应该做的是对孩子既严格，又要给她们一片宽松的天地，正确引导孩子的思想，教育孩子坚强地面对生活。

溺爱会让父母经常保持脆弱的神经，而这样的"脆弱"会连累孩子。父母经常性地担忧会感染孩子，让孩子也变得胆小怕事。而父母对孩子的关心面面俱到、无微不至，这样做的结果是惯坏了孩子，导致他们对家庭，特别是对母亲过分依赖，并慢慢形成懦弱、胆怯和忧郁的性格，不但使孩子的独立生活能力差，而且难以很好地与周围的人相处。

父母是女儿的第一任老师，一旦父母对孩子采取溺爱、迁就的教育方式，将女儿放到比父母还重要的位置，包办或代替她做一切事情。那时间长了，女儿就会变得以自我为中心，这样的孩子往往比较懦弱，而且不会考虑别人的感受。甚至，有的孩子在提出的要求得不到父母的响应时就会采取极端的方法，在孩子看来，自己的要求就是命令，而父母以前从来没有拒绝过自己，孩子在潜意识里根本就没有"自己得不到的东西"的想法。

心理支招

父母对孩子的溺爱，大体有以下几种：（1）特殊待遇。给孩子吃独食、过生日，让孩子充满优越感，变得自私、没同情心，不会关心别人。（2）过分关注。由于父母的过分关注，孩子经常会无所适从，不但其主动性会受到影响，而且将会更加以自我为中心。（3）凡事包办代替。家里的大小事父母都包办代替，即便孩子可以做的事情，父母也都全权处理了。（4）小病大惊。孩子有一点点小病小痛，父母就会失去镇静，变得大惊小怪的。

1. 对女儿不要搞特殊对待

在家里，每位成员都是平等的。假如任何时候都给女儿特殊的待遇，有什么好东西都给她留着，会让女儿感觉自己是高人一等的。这样一来女儿就会感觉到自己的特殊地位，习惯于高高在上，长大后肯定会变得自私，缺乏同情心，不关心他人。

2. 不要以女儿为中心

在许多家庭里都习惯以女儿为中心，家里的事物安排几乎都会围绕她。即便是客人来，所谈论的也都是关于女儿的话题。这样太关注女儿，以她为中心，孩子便容易骄傲。女儿会觉得自己才是家里的中心，因而会更加肆无忌惮。

3. 别总是满足女儿的要求

父母对女儿的要求需要认真考虑，不能女儿要什么就给什么。有的父母总是担心她会生气，所以就会对女儿百依百顺。对孩子的要求总是有求必应，必然会养成孩子不珍惜物品、追求物质享受、浪费金钱等不良性格。

4. 对女儿不能全权包办

许多父母担心女儿做不好事情，于是几乎所有的事情都会代替孩子去做，结果导致孩子到了十一二岁还需要父母洗衣服，十三四岁了还不会做简单的家务。在这种溺爱下长大的孩子不但不会变得勤劳，而且也会缺少同情心和上进心。

5. 对女儿不宜过分保护

实际上女儿并不是天生就娇弱，往往是父母对孩子过分的保护，结果导致孩子胆子越来越小。假如父母在确保孩子安全的情况下，少一些担忧，多一些鼓励，即便在孩子摔倒之后也不要大惊小怪，而是平静地对孩子说："宝贝，没事，赶紧起来，妈妈知道你最勇敢了。"这样孩子就会自己爬起来，也不会变得懦弱胆怯了。

6. 别总是袒护她

许多时候，女儿在外面和别的朋友发生了争执，这时有的父母总是偏向、保护自己的孩子，而不管孩子是否做得对。而在许多家庭里，一旦孩子受到父母的惩罚，爷爷、奶奶总是会出面替孩子说话，时间长了，孩子就会将家里对自己管教较松的人当作自己的"保护神"。这样的结果不但会导致孩了性格扭曲，甚至会影响到家庭和睦。

7. 尽量把女儿接到父母身边来

许多父母因为工作繁忙，往往会把刚出生没多久的女儿交给爷爷、奶奶或外公、外婆带。这种隔代的抚养，往往会造成对女儿的过分溺爱，通常在这种环境下长大的孩子要比那些从小由父母带大的孩子更加娇生惯养。所以，在女儿记事以前，要尽可能地将孩子接到父母身边来。

青春期遇上更年期——如何帮助女儿走出心理怪圈

家长的烦恼

15岁的小文很委屈地说："妈妈从去年开始就好像忽然变了一个人似的，每天怀疑这个怀疑那个，总是翻看我的手机、日记本、抽屉，每次都说是帮我收拾房间，却总是把我的房间翻得乱七八糟的。而且妈妈变得非常敏感，我在家说什么话、做什么事，她好像都看不顺眼，有时莫名其妙地就会骂我一顿。有一次同班一个男同学打电话问我作业的事，我妈妈听见是男生的声音就揪住不放，在电话里一个劲儿地追问人家的名字、家庭住址，以及为什么要给我打电话……我都快要崩溃了，我现在根本不想回家，不想跟妈妈生活在一起，只想走得远远的。为什么让我来看心理医生，我觉得她才最应该去看心理医生，我实在忍受不了跟她一起生活了。"

妈妈满腹委屈地说："我这样做难道错了吗？她这样的年龄正是学习的关键时期，她就不应该去谈恋爱，我是她妈，我不管她，谁管她？"

母亲和女儿都没有错，而是青春期遇上了更年期。母亲和女儿都处于动荡的两个人生阶段，在原本就狭小的家里，坏情绪的张力是极大的，一旦两者碰撞到一起，就会发生各种矛盾冲突。

青春期是女孩生理发育上的突变期，个体的生理发育迅猛，在一系列生理变化的推动下，个体的心理进入了飞速发展和变化的时期，特别是以智力的发展、自我意识的增强、性意识的觉醒和发展，以及情感的丰富和矛盾为特征。智力的发展和自我意识的增强，使女孩独立意识空前高涨，希望摆脱控制，要求自己做主。而性意识的觉醒和矛盾的情感体验，会让其母一时无法适应，本能地加强对孩子的监控，于是就会产生母女间的冲突。

受中国传统文化影响的父母是拥有极强的家庭权威感的，遭到孩子的挑战自然是不会甘心的。特别是现在独生子女的父母，在孩子小的时候，往往过于宠爱，让孩子养成了坏脾气，到了青春期更是会感觉失控。而社会的快速发展，令两代人的观念和行为方式的差距拉得更大，没办法互相认同，这使亲子之间更容易起冲突，再加上父母也处于更年期，若发生冲突就会如火星撞地球，最后闹得不知该如何收场。

心理支招

青春期女孩表现出叛逆心理，渴望自由、无拘无束、有自己的思想，而大多数更年期的父母焦躁、烦闷，遇到不如意的事情就易脾气急躁。当孩子做错事或是有看不顺眼的地方，就会一顿责骂，有的甚至会对孩子拳脚相加。父母的爱心需要体谅，孩子们尚未健全的心灵更需要保护。一旦伤及孩子的自尊心、好胜心，那愤怒、羞耻的情绪就会随之而来，轻则生气，重则会离家出走。

这会让更年期的父母难以理解，"为什么我们一心为她好，她却这样对我们，还离家出走，我们到底有哪点儿对不起她"。人与人之间最重要的是沟通，是理解，孩子把自己的想法说给父母听，父母也要配合孩子，给他们创造一个宽松的空间可以畅所欲言，不要给他们太多的压力。孩子毕竟是孩子，阅历尚浅，有许多方面还需要父母多包容。

1. 和女儿做朋友

父母毕竟是成年人，在家庭中处于主导地位，应率先从自己的言行上作出表率，发出和平的信号，赢得女儿的理解，平复女儿的情绪。父母要和女儿建立平等的关系上，学会和女儿做朋友，尊重女儿，信任她，给女儿适当的空间去做自己的事情。比如，进女儿的房间要先敲门，不要追查女儿的电话和日记等；当女儿想要和同学们出去玩或者做一些自己喜欢的事情，在能确保女儿安全的前提下，问问女儿的需求，为她提供她所需要的帮助。

2. 学会倾听女儿的心里话

父母一定要学会倾听女儿的心里话，听听女儿在学校的趣事，听听女儿讲讲自己的理想，说说自己的朋友及兴趣爱好，等等。站在女儿的角度，跟上时代发展的步伐，去了解女儿感兴趣的事物。这样做一方面有助于了解女儿的心理状态，另一方面可以找到和女儿更多的共同语言，与她建立起沟通的桥梁。

3. 鼓励和支持女儿

父母要学会鼓励和支持女儿，每天需要找出女儿表现良好的方面。不管大小事，都需要在言语和行动上支持与鼓励女儿。俗话说，好女儿都是夸出来的，不是挑剔出来的。一味地指责和挑剔，只能让女儿感觉到自己一无是处，对家感到恐惧和怨恨。

4. 不要总盯着女儿的成绩

父母不要总紧盯着女儿的学习成绩不放，紧张和焦虑并不利于学习成绩的提高，反而易导致女儿厌学。允许女儿的成绩有起伏，鼓励和帮助孩子自己寻找解决问题的办法。女儿在学校里有老师每天监督其学习，父母需要做的是在家为女儿创造一个轻松愉悦的成长环境。当女儿心理健康、积极向上，父母又对她信任、支持、尊重和理解，女儿会懂得应该做什么，怎么去做的。

5. 与女儿签订协议

父母不妨和女儿签订一个协议，相互约定几项具有操作性的条例，然后积极地去执行。比如，当父母发现自己情绪不稳定或女儿情绪不稳定时，双方各自先冷静一段时间，之后再互相心平气和地进行交流。允许女儿和父母犯错误，不过犯错误的一方需要及时向另一方道歉，并争取下次改正，等等。

6. 爸爸要做好"和事佬"

当更年期的母亲遇到青春期的女儿时，就需要父亲在家庭中充当重要角色。在母亲与女儿之间，父亲就是润滑剂和监督者，监督母亲和孩子之间遵从所签订的协议，并积极执行。毕竟，一个和谐温暖的家庭环境，可以有效地平复青春期和更年期的心理动荡。

叛逆女遇上唠叨妈——避免对女儿过度说教

家长的烦恼

妈妈早早地起床后一边收拾房间，一边为孩子准备早餐。早上6：30，牛奶、面包准时放在桌子上，妈妈就开始一遍一遍地叫孩子起床。不知妈妈叫了多少遍，一直到快7：20了，孩子才懒洋洋地起来。胡乱地刷牙、抹了两把脸，孩子坐到饭桌前用最快的速度对付着这顿早餐。

这时妈妈在为她整理房间，收拾脏衣服，嘴里还不停地唠叨："你看看你，多大的孩子了，还总是把房间搞得特别乱。早上也不早点儿起来收拾收拾，喊你起床都要喊很多遍，现在知道早餐凉了吧。吃饭慢点儿，别那么急，当心噎着……如果你早点儿起来就不会这样了……"

孩子对妈妈的话充耳不闻，只顾把吃的、喝的填进肚子里，然后用手背抹抹嘴，抓起妈妈早已经为她放到客厅沙发上的书包，转身就往外走。妈妈追在孩子的身后喊着："急什么呀，就吃这么儿口呀，一上午的课呢，会饿的。哎，上学的东西都带齐了吗？别又落点儿什么，每天都得让人提醒……"

唠叨，基本上表现为机械地重复陈词滥调，类似的话需要反复说很多遍，而且几乎是每天都在说，就好像一只讨厌的苍蝇在嗡嗡地飞一般。对于父母的唠叨，直听得孩子耳朵里"磨"出了老茧，身心也被折磨得急躁不安，容易使孩子心烦意乱，没办法进入正常的学习状态。而且，父母唠叨的内容大部分指向的是孩子的弱点和缺点，没完没了的数落和冷嘲热讽，大多是"不许这样""不要那样"等，让孩子感觉她不受尊重。

而且，父母过分的唠叨会让孩子产生自我保护式的逆反心理，他们会采取消极对抗、沉默不语，甚至与父母针锋相对。心理学家认为，没有十全十美的孩子，也没有十全十美的父母，假如父母苛求完美，唠叨个没完，让孩子感到厌烦，结果是父母无论说什么，孩子都听不进去。

心理支招

心理学家认为，父母总反反复复地说同样的话，会让孩子产生一种习惯性的模糊听觉。即明明在听，却怎么也听不进耳朵里去，这是长时间重复听同样的声音而产生的一种心理上的不在乎。重复性的唠叨只会让孩子心烦，同时对父母的唠叨产生依赖感，渐渐地，父母不唠叨，孩子的事情就做不好；而批评性唠叨容易加重孩子的心理负担，让孩子对自己越来越缺乏信心，甚至会产生强烈的逆反心理；随意性的唠叨会让孩子养成注意力不集中的习惯，孩子对需要记住的事情也经常当成耳边风。

尽管父母有责任对子女的不当言行及思想进行批评教育，不过一定要注意方式，不要没完没了地唠叨。因为唠叨不仅起不到效果，反而会产生许多负面影响。

1. 切勿对女儿信口开河

父母在对女儿进行说教时，切勿信口开河。比如，规定女儿做好作业再开饭，不过有的父母尽管讲了此话，但心里又担心女儿会肚子饿，就会对她说："你饿不饿？快吃快吃，饭都凉了。你到底还想不想吃饭？"这种自相矛盾的话，反映出父母"说话不算数，没有威望"的特点。所以，父母在开口前要经过一番理智的思考，不能信口开河。

2. 对女儿不要采用命令式的唠叨

父母多和女儿说悄悄话，说话时尽量低声，这是家庭关系和谐的一个重要因素，同时有利于避免造成紧张气氛。假如让女儿做某件事情，可以用亲切的语言在她耳边轻轻地告诉她，特别是对于年纪较小的女孩子。事实上，悄悄地说一句话要比大声呵斥的作用大得多。

3. 不要对女儿每件事都唠叨

尽管父母喜欢对女儿讲话，不过许多话并没有说到点子上。正所谓事无巨细，如果对每件事情都反复强调与叮嘱，反而会搞得家庭不得安宁，父母为女儿不听话而生气，孩子在繁杂的语言环境中安不下心来做功课，结果往往会适得其反。

4.女儿需要指导,而不是唠叨

父母的指导应是言简意赅的、亲切的,这是一种促进、鼓励女儿独立处理问题的方法,被指导的孩子情绪稳定,心情愉快。而唠叨带有责怪、警告的成分,导致经常对女儿表现出不尊重和不信任的态度。唠叨让女儿厌倦、反感、苦闷,会让孩子形成行为惰性,不说几次,孩子就不会去做,导致一种恶性循环。

针尖对麦芒——如何化解与女儿之间的矛盾

家长的烦恼

妈妈说起女儿的不是时就气不打一处来:"我们一起吃着饭,她就开始说起了班上某个男生的事情,说什么足球踢得好,人也长得英俊,成绩也很好,还说她们班里的女生都快被他迷疯了。上次考试没考好,我就觉得她有原因,原来是因为这个。"

女儿小萌毫不示弱:"我平时都不怎么跟我妈交流,她总是听风就是雨,然后唠叨个没完。那天吃饭觉得妈妈心情还不错,就跟她聊了几句班里的事情,谁知道还没说完,她就生气地说,'不把心思放在学习上,你管人家男生干什么?你看你这样,能有什么出息'!我听了觉得特别委屈,我和妈妈讲这件事情是觉得好玩,谁知道她突然就翻脸了。"女儿小萌越说越伤心,"虽然我自己的成绩在班级排前三四名,但妈妈就是不满意,每次看到考试卷子就开始埋怨我,一直能埋怨到下次考试成绩出来,然后换个话题再继续埋怨。"

妈妈对女儿的表现也很伤心:"我也不知道为什么总觉得她别扭,总觉得她不够努力,不够优秀,一旦她做的事情和我预想的不一样,我就生气,有时甚至会感到绝望,她好像故意在跟我作对,我让她做的事,她总是找理由不做,还时不时地给我脸色看,她以前很听话的。"

母亲说自己和女儿之间的矛盾是现在家里的"主要矛盾"，痛苦万分的母亲向心理咨询师咨询后，给女儿写了一封道歉信——"由于你弄丢了东西、在课堂上说话、成绩下降、剪了一个妈妈不喜欢的发型、和同学煲电话粥，妈妈是多么粗暴地对待了你，大声地责骂你……女儿，感谢你的宽容，即便我刚刚责骂完你，你还是会待在我身边亲热地叫我妈妈；感谢你的存在，让妈妈意识到在生活中的责任。我多么希望我们母女二人能够永远和睦相处，成为彼此最亲密的人……"

在家庭的传统教育中，孩子听父母的话是理所当然的事情，父母往往不太尊重孩子的意见。经常是父母决定很多事，包括填报高考志愿、找工作和选媳妇等所有孩子的人生大事，扼杀了孩子的个性，最后让孩子成为没有主见的人。随着社会的不断进步，现在的孩子变得越来越有自己的看法了，不再对父母的意见唯命是从了。于是，父母与孩子容易产生矛盾。

心 理 支 招

父母和女儿解决矛盾的方式，不管是在目前还是在以后都会直接影响到孩子和其他人相处的态度。假如父母常常以蛮横或暴力的方式去解决问题，由于她在家里没有学到正确的解决矛盾的方法，在她进入青春期后就会产生很多问题。而在每天充满争吵、暴力或回避矛盾的家庭环境下长大的孩子，通常不懂得怎么样去解决和同龄人、和父母之间的分歧。

1. 不要对女儿做无原则的让步

当矛盾产生的时候，有的父母表现得过于宽容，因为他们不想伤害女儿的感情，更不愿意听到女儿说："我恨你们。"通常这类父母在其年幼时受到过严厉管教，所以会采取完全相反的教育方法。这类父母会十分感慨地说："我希望女儿觉得她的父母都是平易近人的，就像她的朋友一样，她在我们面前可以无拘无束、自由自在地生活。"在与女儿发生冲突时，这类父母有时不得不对孩子做出让步，因为这类父母不想破坏和孩子建立起来的良好关系。

不过，无原则的让步会使女儿养成以自我为中心的性格，变得调皮捣蛋，难以控制，成年后会成为一个自私自利的人。父母要用纪律约束她才会让女儿成为一个懂得自律的人。在女儿情绪暴躁的时候，父母要想办法让她安静下来，习惯对女儿说"不"，让女儿知道，并非什么时候都是她说了算，使她慢慢地学会为别人着想和尊重父母。

2. 不要一味地回避与女儿的矛盾

当女儿在学校里考试作弊被老师抓到之后，若她的父母说："我的孩子是不会这样做的。"这样的父母通常不愿意正视孩子所犯的错误，当问题出现时，他们的第一反应就是回避问题。青春期女孩具有叛逆性，要说服她们并不是一件容易的事情，有许多父母不愿意和女儿正面交锋，而是采取冷处理、回避矛盾的方法。尽管适当的降温是一件好事，不过假如一味地回避矛盾，其结果就是女儿长大后不懂得如何正面解决矛盾，这是错误的做法。

父母要习惯和女儿面对面地解决矛盾，假如现在忽略矛盾的存在，那结果是令人难过的。由于问题没有马上得到解决，会让父母的心情变得焦虑和压抑，这种不良情绪积聚到一定的时期就会像火山一样爆发，会使父母把怒火发泄在孩子身上，结果只会加深孩子的对抗情绪，把事情弄得更糟。

3. 避免专制地解决矛盾

有些父母会经常大声斥责女儿，甚至使用羞辱和恐吓的方式，尽管大多数父母并不认同这样的做法，但他们就是控制不住自己的情绪。在这样的家庭教育下成长起来的女儿，长大后会走向两个极端：要么成为一个专横跋扈的人；要么成为一个恐惧矛盾的胆小鬼。当父母愤怒地责骂女儿时，可以想一想自己愤怒背后的意愿。假如女儿在自己情绪不佳时顶撞自己，不妨暂时离开一会儿，等自己的心情平静后再与她继续讨论，这样会收到良好的效果。

父母可以用简单的话语表达自己的要求，毕竟长篇大论的谈话会慢慢演变成批评和指责，会让孩子生厌。父母可以简单地说，"是做作业的时候了""你该整理一下床了"，或者干脆不说话，只是在孩子看得见的地方贴上字条就行了，这样的方式会让孩子感到自己受到了尊重，心里也会比较容易接受父母的意见或建议。

4.与女儿商量

当父母和女儿的意见发生冲突的时候，采用和女儿商量的方式更容易被孩子接受，女儿会从中学会怎样客观地看待问题。比如，"你可以帮我把东西拿回来吗？""你可以再仔细地考虑一下吗？"商量型的家庭教育是双方都要做出合理的让步，采取折中的方法，不过需要掌握好退让的原则，切不可放弃父母的权力。父母可以把不可商量的事情列出来，比如"尊重个人隐私""先做作业，后玩""晚上10点以前睡觉""每个月的零花钱有定额，不能超支"等，让女儿预先知道这些原则，当你和女儿商量时就有据可循、掌握主动权了。

5.引导女儿怎么做

引导型的家庭教育方式是解决父母和女儿之间的矛盾的最好方法，可以平静、明确地指出女儿行为的后果。父母可以说，"你要怎样做，才能干什么""如果你不这样做，我就会那样做"等，这样的话听起来合情合理，不带任何恐吓成分，让女儿明白要对自己的行为负责。

要成为引导型的父母，你对女儿的要求越具体越好，比如，"在周末收拾好你的房间后才能出去玩"，父母的要求越具体，女儿就越愿意按你的要求去做。假如女儿还是不听话，那父母就要把自己的话付诸行动，让她明白父母是说话算数的，自然父母的威信也就能树立起来了。

亲子关系紧张——如何升温与女儿的关系

家长的烦恼

父母最近很头疼，他们与女儿小璐的距离越来越远了，平时女儿放学回家就直接到自己的卧室，吃饭时他们想和她多说几句话，小璐也只是敷衍几句就了事了，吃过饭之后，便又回自己的卧室。父母想叫她一起看电视，小璐也只说不想看就走了。

父母思考了很久，不知道到底是从什么时候开始和女儿的关系越来越差，也不知道关键问题到底在哪里。父母去学校询问过她的老师，但老师给出的建议也没有让他们的关系有好的起色，每天家里的气氛都是很严肃或冷漠的。

父母极力想改变这种现状，但是苦于毫无头绪。

现代社会，随着越来越多的青春叛逆期女孩子的出现，且青春叛逆期限在不断地延长，这主要是因为父母们不懂如何走进女儿的心里，如何和女儿们正确地交流。每当孩子遇到问题，想向父母们咨询、交换意见，只不过或许是表达方式的问题，有些父母便会一味地教训和打骂。这样不正确的沟通方式，只会让父母和孩子之间的距离越来越远。

实际上，想要改善与女儿的关系并不难，只要父母愿意去理解、宽容、尊重和关注她。随着年龄和阅历的增长，女孩开始有自己的想法，尽管她们暂时没办法分辨出想法的好坏，不过她们的天性比较敏感，假如父母没办法给予她们理解、宽容、尊重和关注，她们就会关注自己，甚至产生逆反心理，造成父母和女儿的关系疏远。

不过无论女儿与父母的关系如何，女儿都渴望被父母关注，也需要父母对她的人生进行正确引导。一旦父母和女儿的关系变得疏远，女儿便会开始怀疑自己的能力，对人生观、价值观都会产生质疑，导致其性格大变。

父母与女儿关系疏远的话，会造成许多负面影响，比如女儿提早进入青春期、早熟等，心理上也会产生强烈的自卑感。不管女儿独立与否，内心都渴望得到父母的关怀、肯定和认同。假如父母与女儿关系不好，女儿内心自卑的种子会不断萌芽、成长，甚至影响到正常的生活。

心理支招

青春期女孩有一些想法，或许并不成熟，考虑也不太周全，这时做父母的尽管有责任和义务去避免孩子犯错，但是更应该小心地顾及她的感受，愤怒、指责、批评甚至打骂最容易伤害父母与女儿之间的感情。

父母想要与女儿的关系升温，可以参考以下几种方法。

1. 注重亲子教育

女儿非常在乎父母是否能全身心地投入到关注她们的成长中，有的父母尽管与女儿常年在一起，不过不一定与她常常沟通。大多数父母都以忙为理由，忽视亲子教育。父母的亲子教育应走在生理、心理发展的前面，因此父母应全身心地投入到对女儿的教育中，不断学习，提升教子能力，才可以赢得女儿的尊重和爱戴。

2. 与女儿成为朋友

在女儿的心中，非常希望妈妈成为知己，爸爸成为自己最好的朋友。因此想要与女儿关系升温，不仅要理解、宽容、尊重和关注女儿，还应该想办法成为女儿的朋友。

3. 平等进行情感交流

人是有感情的动物，女孩也不例外。父母在平时应该多注重和女儿进行情感交流，不要因为是父母就觉得放不下面子。女孩子因为不够理性，因此许多事情考虑得并不全面，这时假如可以得到父母的帮助，她就会对父母产生崇敬和感激之情。

4. 多花时间陪伴女儿

父母即便工作再忙，也要抽出一定的时间来和女儿交流，能经常听听女儿的想法，了解女儿在学习和生活中的困扰，并帮助她解决这些困扰。父母需要花很多时间来关注女儿在成长过程中的细节，有些细节是会影响女儿健康成长的，因此千万不能忽视。与女儿交流多了，亲子间的关系自然而然就改善了。

5. 尊重女儿

有些父母看到女儿犯错，便会当起"法官"，而女儿的内心世界丰富多彩，她有自己的看法和观点，父母应积极地影响、教育女儿，了解其内心。这意味着父母要与女儿成为朋友，经常沟通。

6. 让女儿知道父母的关心

让女儿知道她的行为，以及父母对女儿的关心。比如女儿放学后很晚回家，父母可以告诉女儿"你这么晚才回家，我会担心你的安全"。父母和女儿可以利用"互换角色"的游戏，让女儿了解彼此的处境和感受。当家庭面对困境时，父母也可以坦白地告诉女儿，让女儿明白谅解，那女儿自然就懂得感恩。

7. 给女儿提供一定的自由空间

父母最大的挑战就是怎么样平衡好与女儿保持亲密关系的同时，给予女儿一定的私人空间。这确实不容易做到，不过这对于那些越来越大的青春期女孩而言，是必需的。

8. 敢于向女儿认错

许多父母明明知道自己的做法是不对的，也不会向女儿承认错误，认为这是丢面子的事情。假如父母发现自己有错误和缺点，需要及时承认，在适当的时候，应向女儿表达自己的歉意。告诉女儿，父母与她一样，正在努力成为一个更好的人。这不但能给女儿起到很好的榜样作用，也会给女儿传达一个信息：做错事要勇于承认错误，承担责任。

9. 不吝惜赞美女儿

当女儿做了正确的决定或事情时，父母要及时表扬她。赞扬会让女儿觉得自己的决定和成功是受到重视的，同时自己的能力是得到肯定的。当女儿犯错时，也不要采用打骂等简单粗暴的方式惩罚她，而是要与女儿讲事实、摆道理，通过交流让女儿认识到自己的错误。这并非是对女儿放任不管，对女儿的错误需要严肃指出，并做出相应的解释，让女儿明白自己错在什么地方，需要怎么改正，最终使问题得到很好的解决，在很大程度上也改善了亲子间的关系。

第5章

看透青春叛逆期的早恋心理，
为孩子建立正确的恋爱观

早恋是青春期女孩在成长过程中遇到的一个比较常见的问题，许多女孩子在这个阶段曾经遭遇过这样的问题。不过，在父母的正确指导和自己的努力下，她们都顺利地克服了困难，度过了那段苦涩的岁月。因此，父母最需要的就是保持冷静的头脑，正确引导女儿看待早恋问题。

"我对异性朋友有莫名的好感"——对女儿做好早恋的预防工作

家长的烦恼

最近，张妈妈无意中浏览到这样一条帖子"为孩子找性家教的进来看"，具体内容是"本人，男性，曾尝试做过两次性家教，分别对一名初一男生和一名高一男生进行性心理辅导。对于青少年性教育，我可以给你的孩子带来丰富的性知识，使他们避免过早的两性接触，让他们顺利完成学业"。

看见这条帖子，张妈妈心中一动，她坦言："如果他是一位女孩，我一定会让她给自己的女儿补补课。女儿进入青春期以后，突如其来的生理变化常常让孩子手足无措，但又不好意思问父母。我女儿现在正在上高中，她爸爸每天忙着做生意，照顾孩子的生活起居以及督促孩子学习的担子就落在了我的身上。虽然说我们母女两人平时相处得比较融洽，但性教育这个敏感的问题让我觉得很棘手，由于两代人之间的代沟，有些话不好意思开口。如果有和孩子年纪相仿的人能跟孩子谈这个问题，正确引导孩子，就再好不过了。"张妈妈继续说，"上个学期期末考试之前，女儿跟我说，班里有个男生喜欢她，但她不喜欢这个男生。我当时就跟女儿说，如果喜欢那个男生，就应该和他在学习上互相帮助，互相鼓励，千万不要荒废了学业。在说这些话的时候，我虽然表面看起来很坦然，但心里却是忐忑不安的，担心女儿跟那个男生发展下去。我知道跟女儿说这些不会起太大的作用，但是又不知道该怎么来引导孩子。我觉得在早恋这个问题上一定要给孩子打好预防针。"

青少年教育专家称，处在青春期的女孩子，她们在与同性同龄人形成亲密朋友关系的同时，由于性的萌动而导致对异性的关注和产生爱恋的感情。而且，在青春期这种关注会不断增强，以至于对某些特定的异性产生爱慕之情。

其实，这本身是一件很正常的事情，父母不要一味地担心与干涉。父母应该信赖女儿，尽量以朋友的身份、平等的身份与她谈心，引导女儿处理好感情问题，培养女儿约束自己的能力。

女孩子早恋大多是青春期朦胧、单纯的爱，她们对两性之间的爱慕似懂非懂，根本不知道如何去爱，只是觉得和对方在一起很开心，感觉到对方对自己有吸引力。这样的情感缺乏成年人在谈恋爱时对家庭、政治、经济等多方面的深沉而理智的考虑。一般情况下，女孩子早恋得较早、较多，这可能与女孩子发育比较早有关系。而大量早恋的案例表明，女孩子早恋成功者实在太少，两个人随着在各方面的不断成熟，由于性格、理想等方面的变化会引起感情的变化，如此的感情缺乏稳定性。当然，这些也是父母担心女儿早恋的原因之一。

心理支招

随着人们生活水平的普遍提高，青春期女孩子得到了更充分的营养供给，再加上社会环境有形无形的"性"刺激，使得许多女孩子性成熟的年龄提早到来，导致了现在青春期女孩子谈恋爱的年龄越来越早。对这样的情况，父母应该有一定的思想准备，不能采取"自然教育"的方式，任其发展，更不能粗暴对待。在早恋这个问题上，父母应该及时给女儿打好"早恋"的预防针。

1. 对女儿进行性教育

家庭教育包括很多方面，父母千万不要将某些教育推给学校，而是需要自己亲力亲为。当女儿进入了青春期，父母应该对她进行性教育，以及适当的恋爱、婚姻教育，打好早恋的预防针。如果发现女儿有早恋的苗头，不要慌张，而是要对她进行热情的帮助，不妨对女儿说："哪个少年不钟情，哪个少女不怀春，我是过来人，在你这个年纪，会特别喜欢一个男生，这是很正常的，但这样的喜欢只能保持在友谊的层面，不能成为恋爱，因为你们正处于长身体、学知识的黄金阶段，心理、生理发展尚未成熟，如果因为早恋而荒废学业，这是非常可惜的。"

2.冷静面对女儿的早恋

某些父母发现女儿早恋了，就责骂她，甚至冲到学校及对方的家中，或者向亲戚朋友诉苦，结果把整件事情搞得满城风雨。其实，如果发现女儿早恋，最好的办法就是理解她，耐心倾听女儿的诉说，给她热情、严肃的忠告，运用"冷处理"的方式。

"我喜欢他，但他不喜欢我"——引导女儿走出寂寞单恋

家长的烦恼

这天，李妈妈急匆匆地跑进朋友开的心理诊所，上气不接下气地说："不好了，我女儿离家出走了！"朋友端来了一杯开水，关切地问道："怎么了？出什么事情了吗？"李妈妈喘了一口气，才缓缓道来："我也是看了孩子的日记才知道整件事情的原委，我女儿今年刚上初二，9月，班里转来一名外地的学生，他是一名高个子男生。女儿对他印象很好，而那名男生有一个习惯，每次路过女儿桌子的时候，总是用一只手按在女儿的桌面上，同时总是面带微笑，这让女儿觉得很温暖。而那名男生主动与女儿搭话时，经常会向她问一些难题，因为我女儿在班里学习成绩一向不错。"停顿了一会儿，李妈妈继续说，"后来，那名男生还主动拿着饭盒找女儿一起吃饭，女儿觉得他的一举一动，都表示他喜欢上了自己。就在国庆节的时候，男孩去了西安，买了几个石榴仙子的吉祥物，回来时送给了女儿一个，说是可以当钥匙链儿，女儿以为这是他给自己的定情物。但是，没过多久，女儿发现他又与同班的另一名女生坐在一起吃饭，时而说笑，时而打闹，女儿觉得那男生背叛了自己，气得不上学，也不回家。"

经心理医生分析，案例中的女孩子所患的是典型的钟情妄想症。心理医生说："青春期女孩子得这种病的人很多，只是轻重不同而已。"而直到女孩子

正式开始心理治疗之后，她还偷偷地告诉医生"我坚信他一直喜欢着我，我把他当成自己唯一喜欢的人"，但这一切，那位男生并不知情。而给女孩子诊断的医生说："这是明显的钟情妄想症，是青春期女孩子很容易出现的症状，这种症状的特点就是确认有异性喜欢自己，而且把这位异性当成是自己唯一喜欢的，甚至认为对方不能与其他人交往。这个女孩子在与那名男生交往的时候，还经常想象着要与他一起私奔。她羞于向那名男生表达，一直埋在心里，精神受到打击后她已经出现精神分裂的症状了。"

在青春期，女孩子性心理开始成熟，思想活跃，尤其对异性更加敏感。有的女孩子知道自己心仪的异性并不喜欢自己，但耳朵里却会经常出现幻听的现象，她不希望对方再喜欢其他人。面对青春期苦涩的"单恋"，许多女孩子能够正常处理：有的女孩子把好对他人的好感深埋在心底；有的女孩子则大胆表白，遭到拒绝后能够使自己的内心平静下来；有的女孩子发现自己喜欢的异性"喜欢"上其他人后，反而会努力学习，把这种感情挫折当作自己学习的动力。而少数女孩子则跟案例中的女孩子一样，会患上了钟情妄想症。

心理支招

情感受挫是青春期女孩子会遇到的问题，较多的则是有早恋倾向的问题，比如苦涩的单恋。教育家苏霍姆林斯基曾说，"教育要善于把握分寸，要有敏锐、体贴入微的态度，以便让爱情作为一种能使人高尚的珍贵情态，进入成长的年轻一代的精神生活中去"。对待女儿苦涩的早恋，父母不要对她讥讽、责骂，而是应理解女儿，引导她慢慢地走出"单恋"的泥沼。

1. 引导女儿正确看待"单恋"

父母可以告诉女儿"进入青春期的女孩子，对异性存有好感，这是正常的心理现象，是生理和心理发育的结果。如果某个异性同学表现很优秀，引起你更多的注意和好感，这说明你是一个追求成功的女孩子。你对异性怀有单方面的好感，这并没有错，但错在你自己没有把握好度，过了这个度，你就会想入非非，自寻烦恼了。如果你觉得对方很优秀，那么，你更应该珍惜时间、努力学习，让自己变得跟他一样优秀"。

2.了解女儿"单恋"的原因

心理学家认为，感觉只是人们认知客观事物中的一种初级形式，它所反应的只是事物的个别属性，有时往往会对事物产生不正确的反映。对此，父母可以询问女儿"你喜欢对方的哪些方面"，了解孩子单恋的原因以后，要及时告诉她"你这种产生在感觉基础上的爱恋，并不是真正的爱情，不要过分相信自己的感觉，免得作茧自缚"。

"我的心思不在学习上了"——别让早恋影响孩子的学习

家长的烦恼

一位苦恼的妈妈讲述了自己女儿早恋的事情：我女儿今年16岁，刚刚上高一，她从小学到初中学习成绩都很优秀，现在也是班里的前几名。但是，前不久，我发现她喜欢打扮自己了，穿衣服也时髦起来，越来越讲究了。结果，学习成绩直线下降。期中考试的时候，她在班里的排名还不错，但是到了高一期末考试的时候，就出现了一门功课不及格。而其余的几门功课也都是六七十分，我到学校询问女儿的学习情况时，老师反映说孩子有早恋现象，她跟男同学走得很近。

一听这话，我就束手无策了，只能在时间上控制她，我在学校看见了几回，被我及时制止了。有时候，家里有男同学来电话，我就给挂了。其他办法我也想不出来，我不知道该怎么办？我问她的时候，开始她不承认。现在，她总算是默认了。我打听了一下，跟她恋爱的男同学是她们班里的团支部书记，两人都很优秀。在学校老师也没办法，现在两个人的学习成绩全都下降了。其实，如果两个人的成绩都提高了，我可能就会睁一只眼闭一只眼了。可现在两人的学习成绩都下降了，我使用强硬的方法不行，不强硬也不行，我怕孩子被耽误了，但是却一点儿办法也没有。

对此，心理医生是这样分析的：在青春期，大多数女孩子都会陷入对异性的眷恋期，但是，这会不会成为影响学习的早恋行为，需要具体分析。如果已经影响了孩子的学习，那么，父母应该想办法解决。就你女儿的状况，现在两人的学习成绩都已经下降了，下个学期又会怎么样呢？以前，一个是团支书，一个是班长，两个在一起挺合适，但是，两人成绩都下降了，感情本来是互相仰慕，现在成了互相悲悯，还会合适吗？当然就会不合适了。

在上面这个案例中，涉及"早恋到底影不影响孩子的学习"这一问题。对于这个问题，众说纷纭、褒贬不一。一位心理学家表露了自己的观点："对于'早恋影响学习'这个说法，我一直持怀疑态度。可能许多中国父母不知道，在西方国家根本没有早恋的说法。相反，在中学阶段，老师和父母都非常支持异性之间的交往，甚至，在美国男孩子很早就接受如何追求女孩的训练了，而女孩同样也很早就学习如何吸引男孩……"

当然，恋爱是需要时间的，就好像一个人喜欢下象棋一样，如果孩子总是沉溺于下象棋，那么，他的学习成绩肯定会受到影响。不过，早恋带来的"副作用"跟早恋遭受中国父母的普遍反对也有很大的关系。

心理支招

当所有的父母都在担心自己的女儿因早恋而影响学习成绩的时候，美国社会学协会公布了一项研究结果：青少年有情侣关系，甚至发生性行为对他们的学业不一定只会产生负面影响。而一位正在上大学的中国女孩子也表示："不一定，也可以有好的影响，我有亲身经历，彼此之间可以互相鼓励，约定一起考取哪所好的学校，平时考试之后互相帮忙分析是哪里错了，帮助纠正，学习中不懂的地方可以互相探讨、研究，这可以让枯燥的学习生活更加有趣，减少厌学情绪。即使最后没能在一起，但也可以是美好的回忆。"

这样看来，似乎女儿早恋不一定只会为学习成绩带来负面影响。但是，到底女儿早恋会不会影响学习，这还得因人而异，以及父母对她的引导程度。

1.引导女儿将"早恋"转化为"互相帮助"

父母如果发现女儿早恋了，并且对方是一位很优秀的男孩子。那么，你可以试着告诉女儿："我先不管你们的关系如何发展，起码应该使双方都成为全面发展的好学生。如果你们有感情互相理解的话，把这种互相理解转变成为互相帮助、互相鞭策，使自己进入更好的学习状态。"

2.让女儿明白什么叫责任

如果早恋让两个孩子的成绩都下降了，那么，这时父母有责任告诉女儿明白其中的利害关系。积极引导女儿走出早恋，告诉她："现在你年纪还小，你的主要任务是学习，如果因为早恋而耽误了学习，最后，你可能会成为一个无所事事的人，这样的一个人能给对方幸福吗？现在他的学习成绩也下降了，你觉得这样对他好吗？你现在应该好好学习，等你长大了有了能力，再来承担这份责任，好吗？"

"我失恋了，我很心痛"——帮助女儿走出失恋阴影

家长的烦恼

最近，《失恋33天》这部电影很火，在某事业单位工作的陈妈妈说自己是来"审片"的。陈妈妈今年40多岁了，她的女儿正在上高一。前不久，她的女儿喜欢上了班里的一个男生，但那个男生却对她没那个意思，这使得陈妈妈的女儿感到很苦恼。女儿给那个男孩子送了礼物、表了态，但最终还是失败了。本来，女儿的性格很开朗，近段时间却总是为"失恋"而痛苦。

上周末，女儿回家一直嚷着要看电影《失恋33天》，说同学们都看了，而自己也正好失恋了。听到电影名字陈妈妈觉得怪怪的，于是，她自己来"审片"，看这部片是否适合孩子看。看完整部电影之后，陈妈妈觉得可以同意女

儿的要求，她说："这部片子适合正处于青春期的懵懂男女观看。恋爱是人生的必经阶段，而失恋也是大多数人都将遭遇的事情，有准备总比没准备好。现在的孩子普遍对爱情都抱有过高的美好期望，一旦失恋会受伤很深，我不希望女儿因此而受很大的伤害。"最后，陈妈妈表示，下个周末自己将带着女儿去电影院观看这部电影，希望女儿能早日走出"失恋"的阴影。

在案例中，我们可以看出陈妈妈是一位开明的母亲，而且，带着女儿看电影走出"失恋"的阴影也是一种不错的解决办法。对于中学阶段处于青春期的女孩子来说，她们需要的不仅仅是学习知识和技能，还有情感体验方面的内容。青春期的女孩子会遭遇感情问题，比如失恋。其实，"失恋"这个字眼儿有些牵强，因为有的女孩子还没有真正恋爱过就向父母宣布自己"失恋"了。这样的"失恋"并不是成年人的失恋，而是对一份懵懂感情的失落感。因此，与其把女孩子的感情遭遇看成是一次"失恋"，不如引导女儿当成这是心性成长的必然过程。

心理学家建议，如果女儿能与异性交往，会让孩子的情绪与情感都能得到补偿，这样更有利于她们成年后的人际交往及婚姻生活。不过，青春期女孩子早恋的现象，不可避免地会带来一系列的感情问题。曾经有一位16岁的高中女生去医院就诊，她最初只说自己胃疼，但怎么都治不好。后来，她才告诉心理医生，自己失恋了。心理医生表示："失恋导致孩子的情绪焦虑，从而引起了抑郁，长时间的精神紧张导致了胃疼。青春期的孩子心理不成熟，感情不顺利就会自责，觉得这都是自己的错，这样会让她们感到烦躁、心慌。而且，孩子羞于开口，不愿意跟父母、同学诉说自己的感情问题，只能压抑在自己的心中，时间长了既伤身又伤心。"

心理支招

早恋的现象越来越多，同时，失恋的女孩子也多了起来。对于父母来说，既然无法禁止女儿去恋爱，那不妨想办法帮助她们走出失恋的阴影，以避免孩子受到更大的伤害。跟成年人一样，女孩子失恋后往往会感到很痛心，情绪低落必然会影响她的身心健康和学习。父母应该鼓励孩子像成人一样面对失恋，这也是一种人生的磨练。

1.引导女儿正确认识"失恋"

一位哲学家曾说，"人只有经历过一次真正的失恋的痛苦和折磨，才会进一步成熟起来"。对此，父母可以引导女儿正确地认识"失恋"，面对失恋的现实、检点自己的行为，重新评估对方的人格，从中吸取经验和教训，促进心理的发展和成熟。告诉女儿："孩子失恋并不是一件坏事，这是一种自然的社会现象，等你有本事了、长大了，你会有更多更好的选择。爱情并不是生命的全部，为了失恋而搞垮身体、影响学业，这是很不值得的"。

2.让女儿感受到家庭的温暖

女儿失恋了，应该让她转移注意力，让她感受到家庭的温暖。比如，带女儿出去散散心，或者出去玩一次，最简单的方法是做一顿她最爱吃的饭菜。这样的行为能让女儿知道，即使失恋了，家人永远是关心自己的，这样她心理上就不会觉得孤单和苦闷。

3.引导女儿转移注意力

在女儿失恋后，父母要引导她将时间和精力转移到学习上来。告诉女儿"作为青少年，你们正处在学习知识的黄金阶段，要尽可能地把更多的时间放在学习上。恋爱会浪费你的时间，还会伤害彼此，而且十分影响你的心态，影响到你平时的学习"。

"他向我表白了，我该怎么办"——指导女儿正确应对异性的追求

家长的烦恼

李妈妈讲述了这样一件事——

那天，我帮女儿打扫房间时无意中碰到了桌子，有一本书掉了下来。我赶紧捡了起来，却发现地上有一张粉红色的信笺，难道这张信笺是夹在这本书里的？我想了想，打开了信笺，原来这是一封情书，"某某，犹豫了好久，还是决定给你写这封信……你不要猜测我是谁，我只是一个默默喜欢你的男孩子，我很普通，普通到你可以忽略我……希望你每天都那么快乐"。一看到那潦草的字迹，我就猜出这是一个男孩子写给女儿的情书。我心里又是高兴又是担心，高兴的是女儿在班里原来那么受欢迎，担心的是女儿会怎么处理呢。前不久，我才跟女儿谈过一次话，给她打好了早恋预防针，女儿也拍着胸脯向我保证"妈妈，我不会早恋的，如果我遇到了感情问题，一定会跟您说"。

晚上，女儿像往常一样回到家，但我发现她有些心神不定，时而望着我，好像有话要说。果然，晚饭之后女儿来厨房帮我收拾碗筷，低声跟我说："妈妈，我收到了一封情书，该怎么办呢？"我没直接说拒绝他，而是问女儿："那你喜欢那个男孩子吗？"女儿摇摇头，我心里有底了，对女儿说，"那么，你应该委婉地拒绝他，告诉他，现在你们年纪还小，最主要的任务是学习……"

在成长的岁月里，几乎任何一个处于青春期的女孩子，都有可能碰到异性的追求，这是一种正常的现象。对女孩而言，随着青春期的情窦初开，对异性产生渴望，并在暗中祈祷爱神的降临，这属于正常的。但是，让孩子感到麻烦的是，不少女孩在与异性的交往中，常常会遭遇到"落花有意，流水无情"的情况，自己中意的人未必会喜欢自己，而那些自己不喜欢的人却偏偏对自己有好感。孩子在面对这种情况的时候，常常会感到手足无措，不知道如何拒绝对方，也不知道如何保护自己。

心理支招

在青春期女孩子有这样一个心理特点：害怕失去朋友。人天生就害怕孤独，孩子也是一样的。在她们看来，自己交到一个知心的朋友很不容易，她怕拒绝了对方连朋友都没得做，所以，在对待异性求爱时往往会犹犹豫豫，当断不断；还有的孩子不懂得拒绝的技巧，他们不会开口拒绝他人，当然，这与孩子有没有胆量没有关系。那是因为孩子们不习惯说"不"，觉得说"不"很别扭，但又不会委婉地拒绝他人，最后，只好自己忍着不说。

如果女儿意外地收到异性求爱的纸条儿、信件，父母应指导女儿正确对待、冷静处理，建议女儿向对方明确表达自己的态度。

1. 引导女儿正确对待异性的追求

如果女儿收到了异性的求爱信件，父母可以建议女儿表明自己的态度，比如"我们现在年龄还小，还处于求知阶段，我不应接受这份感情"。只要对方晓之以理，都会尊重这样的选择。父母需要提醒女儿"在给对方答复的时候，一定要态度明确、坚决，不能含糊其辞，让对方产生误解"。

2. 引导女儿尊重对方的感情

另外，父母需要告诉女儿，要尊重对方的感情，比如"不喜欢一个人没有错，一定要尊重对方，不要轻易将对方的信件、纸条公布于众，更不要当众嘲笑对方，这样会伤害对方的自尊心，还会使事情变得复杂起来"。

3. 引导女儿正确地应对无理的纠缠者

如果女儿碰到那种无理纠缠或以死相威胁的异性，父母需要告诉女儿见机行事。比如，可以暂时先假装答应对方，先稳住对方的情绪，然后把这件事情告诉老师，让老师给对方做思想工作。在使用这种拒绝方法的时候，父母需要女儿记住一点，"暂时答应对方要求的时候，只能做口头承诺，绝不能答应对方不合理、更进一步的要求"。

> **"我对英俊的男老师有莫名的好感"——引导女儿正确看待对老师的崇拜**

家长的烦恼

王妈妈最近发现女儿特别不对劲儿，吃了饭就跑进自己的房间，有时还会把门反锁上。经常是夜深了，女儿房间里的灯还亮着。在王妈妈问女儿时，女儿会理直气壮地说："我在看书啊，做功课啊，你怀疑什么？以前我不主动学习，你也着急，现在我自己知道学习了，你也着急，妈妈你到底怎么了？"看书？做功课？王妈妈有些怀疑。

有一次，王妈妈无意中发现女儿的门没锁，打算进去看看，一探究竟。结果发现了女儿的一个日记本，只见日记本上写着这样一些话："这学期我们换英语老师了，他是刚刚大学毕业的帅小子，看起来非常阳光，就好像林志颖一样，我非常喜欢……""今天英语老师亲自给我讲解习题，他离我是那么近，近到我可以闻到他身上的古龙香水味……""今天晚上我又梦见英语老师了，梦见我们一起逛街，一起看电影，我觉得好幸福……"

看到这些内容，王妈妈呆住了，看来孩子喜欢上了男老师，这可怎么办呢？

针对这种女孩子喜欢男老师的特殊情况，心理学家认为，"造成女孩子迷恋男老师最主要的原因，还是父母和女儿之间缺乏必要的信任和交流"。有可能是王妈妈和女儿长期缺乏交流，而导致了父母和孩子之间缺乏信任。王妈妈因为和女儿不沟通，所以对于女儿的情感萌发表现得相当茫然。

心理支招

为什么女孩子会喜欢男老师呢？实际上在青春期，许多女孩子经常会把某位老师的形象当成自己梦中的理想对象，甚至把男老师对自己的关心当成是爱慕的理由。女孩子正处于青春期，正好是情感空间开放的时期，对异性格外关注。青春期是特殊的时期，每个女孩子都会经历这个时期，每个女孩子都有自己爱慕的对象，这是许多女孩子情窦初开的原因。

在学校圈子比较窄，学习、吃饭、运动成为大部分女孩子的生活轨迹，在这样单调的生活圈子里，女生每天所见到的异性就是男老师和男同学。而男老师成熟、沉稳，尤其是一些风度翩翩的年轻男老师，更是会赢得女孩子的青睐。有可能是由于女孩子潜意识中渴望得到父母的关爱，把对父母的期望转移到了关爱自己的老师身上，并且对老师产生了很强的依赖感。

1.了解女儿青春期的生理特点

女儿正处于青春期，在这个时期生理发育较快，心理发育跟不上生理发育的速度，生理上的成熟让她觉得自己长大了，对异性开始产生好感，愿意与异性接触，想引起异性的注意，这些都是正常的生理现象，父母应加以引导。

2.引导女儿正确对待男老师的情感

父母担心女儿早恋，而暗恋男老师会影响学习。告诉女儿，对男老师的情感是一种崇拜的感情，而非异性之间的感情。假如女儿对男老师确实有异性间的爱慕之情，父母也不必过分焦虑，可以联合老师，对孩子进行青春期的正确引导，消除女儿暗恋男老师的心理问题。

3.引导女儿与老师正常交往

女儿暗示母亲喜欢老师，有一看到老师就脸红的感觉。针对这种情况，婚姻情感心理咨询师建议其母亲了解青春期女孩子的特点和相关知识，与女儿沟通，对女儿青春期进行指导，让她客观面对。还可以通过女儿、老师、异性朋友都参加的集体活动，培养她与异性正常交往的能力，将师生关系正常化。

"没有看住孩子，她恋爱了"——如何应对女儿的早恋

家长的烦恼

半年前，张妈妈发现刚上高一的女儿有些不对劲儿。每天放学后，她就钻进自己的小房间，还把门也锁了起来。平日里，女儿与父母之间的交流很少，也就是在饭桌上的只言片语。而这个月以来，从小就不用父母操心学习的女儿成绩忽上忽下、起伏不定。那天晚上，张妈妈无意中撞见女儿跟一个男生回家，那男生高大帅气，看样子两人很聊得来。

发现了女儿的秘密，张妈妈和张爸爸都感到很吃惊，其实，女儿恋爱与父母有一定的关系。平日里，张妈妈花了很多时间在购物和打麻将上，而张爸爸

则忙于公事与应酬，他们对女儿的学习状况很少过问，只是每天给女儿一些钱。

这无意的发现让张妈妈意识到自己的失职，为了多了解孩子，"看"住孩子，张妈妈痛下决心，不再和"麻友"在牌桌上相会，而张爸爸也尽量早点儿回家与女儿谈心。每个星期，父母和女儿还定期出去郊游或购物。随着家庭气氛的和睦，女儿与父母之间的交流也多了起来。半年以后，张妈妈发现女儿能以同学的身份与那位男生相处了，学习成绩也提高了不少。高中毕业，两人分别考上了国内的两所重点大学。

孩子早恋了怎么办？许多父母发现孩子早恋，或者怀疑孩子早恋，往往会慌了手脚。现代社会的竞争日益激烈，父母担心孩子早恋会影响学习成绩、影响个人前途，又担心孩子越轨对身体造成终生的伤害。在这种情况下，父母很难冷静处理，在极端焦虑中通常会采取一些不理智的做法，比如，盯梢、翻看孩子的日记、手机，等等。但是，父母如此粗暴的行为反而会造成孩子更严重的"逆反"心理。

对于青春期的孩子，他们已经到了"晓之以理"的年龄了。父母若是跟他讲人生的发展方向、人生的意义，只要讲得有道理，对孩子是能够起作用的。早恋是每个孩子成长过程中都可能面临的问题，父母不要把它当作洪水或猛兽。在上面这个案例中，张妈妈的做法就很值得提倡，在发现孩子早恋的时候，做父母的要多反省自己，耐心倾听孩子的心声，给予孩子更多的关爱。这样，孩子才可以从早恋的经历中成熟起来。

心理支招

在心理学中，有一个睡眠效应：当事情在发展过程中遇到难题的时候，不要采取强制的手段，而是要给出一段冷静的时间，之后再去解决，问题往往会迎刃而解。早恋的女孩子通常会想办法找机会和自己的朋友在一起，她们越是经常接触越是不容易分开，对此，父母不妨劝说女儿先理智地分开一段时间，先将这份感情冷冻起来，这样有助于帮助女儿做出正确的选择。

1. 向女儿坦言自己的忧虑

有时候，女儿并不知道父母在担心自己，而且，早恋的女孩子尚未形成成熟的爱情观，她需要父母的引导。在这样的情况下，父母可以向女儿坦言自己的忧虑，包括对她学习状况的担心，对她情感状况的忧虑。父母可以跟女儿说，"恋爱可是人生的一件大事，你对你们的事情认真考虑过吗？感情问题，可不是一件简单的事情，这么快就决定与他确立恋爱关系，是不是早了一点儿？"

2. 与女儿温和地交流

害怕父母知道自己的恋情，这是早恋女孩子惯有的心理。一般情况下，只要父母一说到早恋问题，女儿就会产生戒备心理。所以，父母在与女儿谈感情问题的时候，需要控制自己的情绪，不能粗暴对待，而是需要心平气和地与她交流，就好像朋友聊天一样。而且，在倾听的过程中，父母不要做任何评价，即使觉得气愤、可笑也不要表现出来，这样她才能对你说真话。

3. 与女儿做一些"约定"

如果你已经想尽了办法，女儿还是不能放弃早恋，不能停止与异性朋友的约会。这时，父母也不要着急，你可以与女儿之间约定一些事情，比如，在约会时不要做与年龄、身份不符的行为；不要跟他去一些阴暗、封闭的场所。当然，与女儿的这些约定，并不是放纵她早恋，而是避免女儿缺乏早恋指导而失控。

"我对中性的女孩更有好感"——引导孩子走出同性的困惑

家长的烦恼

一位满脸焦虑的妈妈走进心理咨询室，开口便讲述了自己女儿的事情——

我担心自己的女儿有同性恋倾向，从小我女儿的身体就比较娇弱。那时候，我担心孩子在学校会受其他同学的欺负，就拜托了班里的女同学帮忙照顾女儿。就这样，女儿开始更多地接触女同学，从来不与男孩子打交道。当我尝试着问女儿："你怎么一个异性朋友都没有呢？"女儿回答说："我觉得只有女生才最了解、体贴女生。"如此的回答让我吓了一跳，我开始慢慢地注意女儿的同性朋友了。

我发现，和女儿玩得比较好的女同学是那种乖乖的学生，其中有打扮得很中性的女生。这让我心里很不安，我试探着问女儿："你的朋友为什么喜欢中性打扮？"女儿像开玩笑一样回答说："这样可以更好地照顾我啊。""可是，你们这样，会……不会……咳咳……走得太近了？"我说话有些吞吞吐吐，女儿白了我一眼："这算什么，我们班里玩得好的女生还在一起拥抱、亲吻呢。"听了女儿的话，我真是吓坏了，我担心她有同性恋的倾向了。

一直以来，早恋现象被不少父母当作"洪水猛兽"，现在，孩子的爱恋不仅存在于异性之间，很有可能还存在于同性之间。对这样的情况，许多父母表示"宁愿自己的孩子与异性恋爱，也不愿孩子卷入同性恋中"。但是，到底哪种是同性恋倾向呢？如果孩子有了同性恋倾向，父母该怎么办呢？

我们来分析一下青春期孩子同性恋倾向的心理特点：其实，那些具有同性恋倾向的孩子在面对自己的情况时，多是自责和愧疚的，她们对"同性恋"的认识还不够全面，往往带有自己的主观判断。她们很容易把"同性恋"与肮脏、丑恶、艾滋病等负面的事情联系在一起，认为"我是一个心理有问题的人"。

心理支招

那么，造成这些女孩子有同性恋倾向的原因是什么呢？

许多女孩子模仿恋爱，一旦失败了，就有可能导致自己性取向的变化，转移到同性间关系密切的伙伴。还有的孩子则是家庭因素造成的，大多为独生子女，父母只是忙于工作，不注意孩子的心理教育，只看重孩子的学习成绩，从小到大坚决反对孩子与异性交友、学习、玩耍，因此，孩子的朋友圈里全是同性。有的孩子长期生活在父母不和的家庭中，父亲常年在外不关心家庭，孩子从小到大所接触的都是母亲，导致她对男性的恨意，进而更多地愿意接触同性。

1. 如何判断女儿有同性恋倾向

一位心理医生告诉我们："我曾经接触过一对有同性恋倾向的孩子，她们每天形影不离，而且行为过激，不管在什么场合，她们都会拥抱、亲吻，这样古怪的行为受到了其他同学的强烈排斥与疏远，她们为此感到很苦恼。她们告诉我，'她们拥吻时并没有性方面的冲动感觉，只是模仿言情电视剧里的亲热镜头，觉得挺新奇好玩的'。其实，她们也并不是真正的同性恋，这样的行为是阶段性的。她们所在的班级全是女生，因此，她们缺少与异性交往的机会。"如此看来，女儿是否有同性恋倾向，并不是靠简单的行为、装扮可以判断的。

2. 鼓励女儿多与异性接触

如果发现女儿有同性恋的倾向，你需要用自己的语言以及方式去努力改变女儿的性取向。比如"不要经常和女生在一起""多和男生交流交流"，等等。鼓励女儿多与异性接触，这样，时间长了她会慢慢地改变自己的性取向。

3. 引导女儿心理健康发展

在女儿成长的过程中，有的父母喜欢将女儿异性化装扮，或者让她长期只和异性朋友玩耍，都有可能会使女儿产生过多的异性心理，淡化自己的性别，在性别的心理认同上产生模糊感。对此，父母要引导女儿发展健康的心理，不要因为想要儿子，就将原本是女孩的女儿异性化装扮。

第 6 章

**解开青春叛逆期对性的困惑，
引导女孩树立自我保护意识**

青春期是孩子们的花季，更是孩子们的雨季。家庭性教育越早越好，特别是对女孩子的自我保护意识，应该尽早灌输。及早让女孩子懂得自我保护，她们就不会再随便地让别人触及自己的身体，这将会避免许多不幸的事情发生。

别让孩子从不良渠道了解性——青春期性教育的方法

家长的烦恼

一位母亲焦急地向心理咨询师诉苦，原来自己正在上初二的女儿早恋了，当她严肃地批评女儿的时候，女儿却反问她："我为什么不能交男朋友？"心理咨询师问她："你对女儿进行过性教育吗？"母亲摇摇头："这些东西怎么好对孩子说呢！"

显而易见，对女儿性教育的忽视与传统的偏见导致了女儿的早恋和母女俩的对立。

北京的一所大学对4个年级的学生进行了一次随机抽样调查，从影视作品、互联网、书报、杂志上获取性知识的占81%，而从父母那里获取的只占0.3%，少得实在是可怜，约30%的母亲在女儿来月经之前没有告诉孩子月经是怎么回事儿和如何处理。很多父母没有性教育的经验，甚至自己就是性知识的"文盲"，当孩子问及性知识方面的问题时，她扭扭捏捏，总是说些模棱两可、似是而非的话，即便有性知识的家长，也不敢和孩子开展关于性知识的对话。

据新闻报道，英国多塞特郡普尔市一名13岁男孩和一名14岁女孩偷吃禁果后，导致这名女孩怀上身孕，生下了腹中的胎儿，因此男孩13岁就当上了爸爸，一举成为英国最年轻的父亲之一。诸如此类的事例并不仅仅只存在于英国，世界各地层出不穷的关于少年爸爸、少女妈妈的新闻，震惊了世界。

中国父母在对孩子的性教育上有几个明显的误区：（1）许多父母由于自己在成长过程中没有接受过性教育，因此他们按照自己的成长经验，认为孩子不需要性教育。（2）父母对性的问题持回避以及排斥态度，他们担心说多了会诱导孩子，说少了又怕说不清楚。（3）认为性教育是青春期教育。（4）有的父母平时穿衣服不太注意，经常在家里穿着暴露的衣服，结果孩子耳濡目染，没有性别意识。

心理学家认为，性教育绝不是可有可无的，它的影响将伴随着孩子的一生，就好像弗洛伊德所说，"你今天的状况和幼年有关"。父母应该意识到儿童性教育的重要性，必须摒弃过去谈"性"色变的态度了，必须改排斥为循循善诱，即便尴尬也不容回避这个严重的问题。

心理支招

在孩子青春期，尽管学校会开设一些专门的课程，不过父母并不能对孩子的性教育就此停止，反而需要更加放在心上，协助孩子度过青春期。进入青春期的年龄，女孩在10岁左右，男孩在12岁左右。

这一阶段父母可以引导孩子通过别的方式，比如运动来释放能量，减少其自慰的次数，不要给青春期孩子穿太紧的衣服，比如牛仔裤，建议穿宽松的裤子。父母可以多给孩子拥抱、拍肩膀等动作，给孩子一些亲密的触碰，有助于减轻孩子因青春期身心变化而带来的焦虑。

1. 教会女儿正确的名称

对于性教育，父母要教会女儿正确的名称，这是生理方面的科学知识。假如父母不好意思直接对女儿说，最好是能提供青春期生理发育的有关书籍给她看，或是和女儿一起上网查阅相关的资料。尽可能地教会女儿身体各个部位的正确名称，如阴蒂、阴唇等，这将有利于父母与女儿更精确和方便地交流性方面的问题。而身体上各部位的正确名称，有助于向女儿解说什么是性侵犯，女儿也可以清楚地向父母诉说，是否遭遇过性侵犯之类的事情。

2. 不要消极地等待女儿发问

父母觉得女儿不问这些问题，实际上没必要等待女儿发问时才开始谈论。父母可以利用身边或社会上发生的事情，或是与性教育、性犯罪相关的新闻报道，以及电视情节等，与女儿一起讨论，这样就会比较自然。没有必要特意严肃地与女儿谈性教育，这样双方都会感到尴尬。甚至父母也可以说说自己青春期经历的事情，向女儿阐述自己对一些问题的看法，也可以倾听女儿的一些看法，可避免一些问题的发生。

3. 向女儿坦然承认自己的无知

有时面对女儿提出的问题，确实不知道该如何回答，或根本就不知道，这也没有关系，向女儿坦然承认自己不知道。最好的办法就是与女儿一起查资料，或是向内行人士请教，去寻找答案。通过这些事情可以让父母在女儿面前树立诚实、好学、为孩子解决问题的好榜样。

4. 父母在女儿面前要做好标榜

父母应注意女儿从自己身上得到的非语言信息，比如夫妻之间的互相尊重、忠诚、共同承担家务、尊老爱幼、助人为乐、文明礼貌、诚实守信，等等，这些都会通过父母的行为传递给女儿。

5. 尊重女儿的隐私

隐私的概念应该开始从对女儿进行性教育时起就灌输给她，告诉女儿，生殖器是人的隐私部位，在没有得到自己允许的情况下，其他人无权看或摸这个部位，告诉女儿不要摸其他人的生殖器。这意味着尽可能早的尊重女儿的隐私愿望，当她们长大时就能完全尊重她们的隐私了。即当女儿上学时不要搜查她们的房间，不要偷看她们的日记和信件，不要背地里监视她们。允许女儿有她们自己的想法和做法，也可以有自己的小秘密。

6. 引导女儿正确做决定

发展女儿做决定和自我判断的能力是性教育的一个十分重要的内容。女儿做出的有关性的决定，多数情况下是自己私下里做出来的，即父母并不在场。随着女儿年龄的增长，遇到的情况和做出的决定也会变得更加复杂，比如与什么样的异性交往、怎样交往，如何尊重和保护同性朋友等，都是平时父母潜移默化影响的结果。在青春期前或青春期多数女孩将面临着与性有关的情境，不得不做出她们的决定，她可能需要知道：什么是一个完全的约会或郊游，什么情境潜伏着性侵犯的危险。对一些情境如何做出较好的抉择，将部分取决于她成长过程中发展起来的技能和信心。

性的问题如何对女儿说出口——对女孩进行性教育的方法

家长的烦恼

这是一篇女生的日记：我与班上的一名男生是"好哥们"，因为我们平常一块儿坐公交车上下学，一块儿探讨不懂的难题，一起聊天，一起玩。然而班上的一些同学开始谣传，说什么我是他的"女朋友"。然后，每天都对我说："你男朋友呢？"弄得我很生气、很烦，有好几次都想打那些人，不过我是很理智的，只是告诫他们不要再说了，可他们不听。

谁能帮助我，告诉我该怎样处理这件事？我不知道为什么总爱和男孩子在一起玩，没有别的意思，只是像普通朋友，谁能理解我吗？为什么我的家长那么反对，我经常和他们谈，也尽量减少与男生的来往，可无济于事。

许多父母在孩子的成长过程中都缺乏对其进行适当的性教育，如何对孩子尤其是女孩子进行性教育，是每一位父母面临的问题。心理学家认为，给孩子正确的、适当的性教育，会让孩子更加自信地成长。

现代许多家庭对处于学龄前的女孩缺乏性保护，对女孩子的性教育更是只字不提。近年来，儿童遭到性侵害的案件屡有发生，特别是对女童私处的侵害，一次次血与泪的教训告诉父母们，从小应教育女孩子自我防范性侵害，学会保护自己的身体。

青春期是一个幼女长成成年妇女的过渡期，是女人一生中的第一个关键时期。在这个时期，她们的身心发生了巨大的变化，这些变化很多是由性生理的成熟引起的，及时地、科学地对她们进行性教育，对于帮助她们顺利地度过青春期，健康地走进成年期，是十分重要的。

心理支招

在少女性心理发展的每个阶段，都会呈现出非常复杂与矛盾的心境：既关注异性的举止、神态，希望得到异性的青睐，又要把这种愿望埋在心底，表现出拘谨与淡漠、矜持与羞怯。她们手淫以自慰，往往是在罪恶与快感的交织中进行的。传统观念认为手淫是不正经的事情，这种观念使她们对自己的行为感到羞耻，但是性的躁动又使她们处在难以抑制的状态。她们需要倾诉而又找不到知音，依赖性较强的少女此时更需要父母的关怀和帮助。

1. 避免女儿导致性心理自发的不良倾向

青春期女孩性心理自发的发展，可能会出现两种不良倾向：（1）受性本能、性心理的驱使，出于无知和好奇，过早地进行性体验和性尝试。在青春期性萌动的初期发生性关系，会出现两种情况，一是受封建贞操观的影响，认为自己已是不贞不洁的人，从此背上沉重的、悔恨的包袱，抬不起头来，或者破罐破摔，糟践自己；（2）性欲启动过早，形成性欲的猛烈递增，出现性亢奋，陷入追求性享乐的状态。（3）不良倾向是一些少女视青春期出现的性心理为丑恶，产生强烈的羞耻感和罪恶感，把自己看作下流的人，她们形成闭锁心理，孤僻、自卑、内向。她们的性心理受到严重的压抑，以至日后无法与异性进行正常的社会交往，进入婚姻生活。

对此，父母可以告诉女儿：人的性心理的成熟有赖于性生理的成熟，而性生理的成熟并不意味着性心理的成熟。性心理成熟的标志是性行为的发生是以性爱作为基础，灵与肉、性与爱的结合；性生理的成熟需要有一个过程，需要两性间不断地调整适应，尤其是情感的不断升华，才能达到完美的境界。

2. 对女儿进行性伦理教育

传统的性伦理观，把爱情作为性结合的基础，排除经济等派生因素对性关系的干扰。它是社会感、责任感、尊重感、道义感与幸福感的综合体，把情感、理智与性爱结合起来，提高和丰富人们的精神生活，使异性在相互的交往中获得充分的享受，获得充分的爱。这样的性伦理观使人变得崇高、积极、振奋，而不是自私、猥琐。

在少女人生观开始形成的青春期，父母需要给她们灌输这样的性伦理观念，有助于她们分清是与非、美与丑、善与恶，建立起道德感和羞耻感。性伦理观念会使她有与异性交往的行为准则，自尊自爱、端庄大方。而对于来自体内的青春的骚动，她们能够用理智管理自己；而对于来自社会的性刺激、性骚扰，她们能够洁身自好，不随波逐流，表现出较强的自制力。

3. 让女儿尽早了解一些性交和避孕方面的知识

父母可以让女儿尽早了解一些性交和避孕方面的知识，不过并不等于允许她们过早地这样做。父母既需要让女儿知道"性交、避孕"是怎么回事，更要让女儿懂得过早这样做有害无益。假如父母只是简单地向女儿强调"你还小，不能那样"，反而会引起她的反感。

4. 善于回答女儿提出的性问题

父母对青春期女孩应增加性问题方面的透明度，切忌对女儿的好奇心横加指责，而应通过循循善诱来抹掉女儿心理上对性问题的神秘感，引导女儿正确对待性问题。

5. 帮助女儿培养兴趣爱好

父母可以帮助女儿培养多种兴趣，发展广泛的爱好。比如音乐、体育、舞蹈、艺术等多方面的兴趣爱好，这可以分散女儿对异性的注意力。此外，也可以鼓励女儿从事一些力所能及的劳动，以帮助其分散注意力。

6. 父亲要多关心女儿

女儿进入青春期以后，父亲的行为特别要注意。父亲的关心爱护可以给女儿安慰，否则女儿有可能倾心于其他异性，并从其他异性那里寻求安慰。

7. 与女儿约法三章

父母不可能把女儿长时间地关在家里，过多的限制往往会引起女儿的反抗。有的父母试图通过禁止女儿与异性往来防止性问题的出现，其实这是不恰当的。聪明的父母可以与女儿约法三章：家里没有父母时，不能把异性朋友带回家；女儿的舞会应有大人陪伴参加；在舞会场所不喝酒等有刺激性的饮料，以防不测。

8. 教育女儿努力创造美好的未来

父母应该让女儿懂得，青春期要集中精力去增长知识与才干，为美好的未来打下基础。同时，让女儿明白，一个人只有在心智发育成熟后再去考虑性问题，性生活才会美满。

性行为对少女的危害——如何对女儿进行避孕知识的教育

家长的烦恼

9月26日是世界避孕日，北京某医院计划生育科主任陈女士却透露，她遇到的做人工流产手术年龄最小的女孩只有12岁；曾经有一天做了5台手术，上手术台的女孩都不到20岁，简直就是少女专场。曾经有一个14岁的中学生，怀孕后自己偷偷进行药流，结果流产没成功，等到怀孕四五个月的时候，她的妈妈才发现。到了医院只能做引产手术，对她的身体伤害很大。

少年型的性行为对少女造成的直接后果是导致怀孕，未婚少女人工流产已成为一个社会问题。有家杂志报道了一件令人痛心的消息：一名少女一年内人工流产四次，第四次因子宫刮得太薄，大出血，死在了手术台上。目前青少年非婚的性行为日益增多，尽管社会采取了一些教育措施，但收效甚微，既然对非婚的性行为难以控制，与其让生殖机能刚刚发育的少女，一次又一次地被迫人流、伤害身体，还不如教会其避孕的方法，使她们懂得怎样保护自己。

随着人们思想观念的改变，现在发生婚前性行为的现象越来越普遍，且发生初次性行为的年龄也越来越小。但是由于对避孕知识的缺乏，不少少女都不懂得该如何保护自己，在性生活的时候没有采用避孕措施，使自己意外怀孕，给女孩的身心带来双重的伤害。为了避免这些情况的发生，父母有必要教会女孩一些正确的避孕常识。

心理支招

　　曾经有专家提出"家长要在孩子的书包里放避孕套"的观念，且不论这种观点是对是错，但可见父母对孩子性行为后果之担忧。避孕方式选择不恰当，最大的麻烦就是避孕失败，失败只好选择流产，这对年轻女孩的健康影响非常大，不仅会导致不孕，还会对其子宫有影响等。

　　1. 避免产生性行为

　　避孕知识的教育是为了弥补性行为产生的严重后果，然而作为父母还是需要再三向孩子强调，青春期是不可以发生性行为的，并告知女儿一些早期性行为的危害，应尽量杜绝此类事情的发生。若女儿真的发生了性行为，那则告知她一些必要的避孕知识。

　　2. 告诉女儿避孕套是最佳选择

　　曾有机构对20岁左右的大学生做了一次随机调查，问及"你知道有哪几种避孕方法时"，回答得最多的答案是避孕套，另一种就是紧急避孕药。16岁以下青少年处于特殊的人生阶段，身体各方面发育不完全，不宜用内服避孕药，避孕套是最佳选择。

　　3. 告诉女儿一些避孕套的知识

　　也许，青春期女孩对避孕套还很羞涩，除了在老师及书本中了解到有限的知识以外，似乎对它相当陌生。作为青春期女孩，即将成为一个成年女性，无可避免地会接触到与性有关的活动，甚至可能会发生性行为，那么对于这样一个危险的行为，避孕套能够对双方起到一个保护的作用。因此，父母应该教女孩避孕套的知识，以免女儿使用不当而给自己的身心带来伤害。

别让月经问题困扰孩子——陪伴女儿度过第一次初潮

家长的烦恼

今天上午我因为上夜班正在家休息,突然被一阵门铃声惊醒了,开门后看见女儿被一个女同学搀扶着送回家来了。只见女儿紧皱眉头,还小声地呻吟着,腰都直不起来了。听女同学讲原来是女儿来月经肚子疼得厉害,所以老师让她把女儿送回家来。看得出女儿很痛苦,我也很心疼,请问我该怎样帮助女儿度过月经的烦恼呢?

青春期的女孩子有了月经初潮这样的生理变化,于是,那位被称为"大姨妈"的每个月都会光顾,而肚子痛则是月经引起的痛经,这是一种正常的生理变化。月经,又称作月经周期,是生理上的循环周期。育龄妇女和灵长类雌性动物,每隔一个月左右,子宫内膜发生一次自主增厚,血管增生、腺体生长分泌以及子宫内膜崩溃、脱落并伴随出血的周期性变化。这种周期性的阴道排血或子宫出血现象,称为月经。

现代女性月经初潮平均在12.5岁,绝经年龄通常在45~55岁之间。女性进入青春期后,在下丘脑促性腺激素释放激素的控制下,垂体前叶分泌激素和少量黄体生成素促使卵巢内卵泡发育成熟,并开始分泌雌激素。在雌激素的作用下,子宫骨膜发生增生性变化。卵泡渐趋成熟,雌激素的分泌也逐渐增加,当达到一定的浓度时,又通过对下丘脑垂体的正反馈作用,促进垂体前叶增加促性腺激素的分泌,且以增加黄体生成素分泌更为明显,形成黄体生成素释放高峰,并引起成熟的卵泡排卵。

由于黄体分泌大量雌激素和孕激素,血中这两种激素浓度增加,通过负反馈作用抑制下丘脑和垂体,使垂体分泌的卵泡刺激和黄体生成素减少,黄体随之萎缩因而孕激素和雌激素也迅速减少,子宫内膜骤然失去这两种性激素的支持,便会崩溃出血,内膜脱落而月经来潮。

月经又称为月事、月水、月信、例假、见红等，因多数人是每月出现1次而称为月经，它是指有规律的、周期性的子宫出血。另外，还有一些对月经的俗称，如坏事儿了、大姨妈、姑妈、好事、倒霉了，等等。

心 理 支 招

曾经有位女孩子在上体育课时裤子渗出了血迹，由于大家对这方面的知识实在欠缺，班里的女孩子几乎没有过这种经验，可怜那女孩就这样被大伙围着，连自己都不知道发生了什么事，还以为是自己受了伤，最后急得哭了起来，后来还是老师帮忙解了围。但是后来那位女孩子变得很自卑，因为早熟，她在同学的眼里好像成了异类，每次来月经时总是偷偷摸摸的像做贼一般。这个案例告诉我们，一个女孩子的初潮是很重要的时刻，作为父母，尤其是作为知心朋友的母亲应该帮助女儿度过这个关键时刻。

1. 让女儿多休息

假如女儿有痛经的症状，母亲应赶快让女儿睡到床上，给她灌一个热水袋放在腹部，必要的时候可以取止痛药让女儿服下去。再用手揉女儿的下腹部，这样做通常可以缓解孩子的痛经现象。

2. 让女儿正确地应对月经

许多女孩子都明白，月经是正常的生理现象而不是病。不过，却很少有女孩可以用愉快的心情去迎接它。孩子们通常会抱怨"倒霉了！烦死啦！"，母亲应引导她把月经看作值得高兴的事情，月经周期规律正常，是一个女孩的福音，是健康和成长的标志。让女儿意识到自己将慢慢变成大人，能够担负起社会的责任，多想责任，不仅可以照顾自己，还应照顾和体贴他人。让女儿懂得体谅母亲的辛苦操劳，想到为母亲或朋友分忧解难，以这种责任感的成熟心理面对每月的"好朋友"，会让女儿变得自豪而愉快，而且还可以缓解"经期紧张综合征"。

3. 引导女儿了解经期生理及心理卫生知识

为什么有的女孩在经期会出现规律性的症状，如心烦意乱、容易生气或比平时更爱哭、孤僻多疑、喜欢生气呢？这与经期人体植物性神经紊乱，造成雌激素的代谢及盐、水代谢紊乱有关。对于这些知识，母亲应该帮助女儿去了解，让女儿明白自己这种周期性的情绪波动，有了心理准备，就会在克制和预防上取得满意的效果，那就不会过于烦恼了。

4. 教女儿懂得加强自我保护意识，注意经期卫生

告诉女儿不食生冷食物，注意保暖，特别是秋冬季节的脚部保暖；避免过度劳累，不下水游泳，上体育课必要时应请"例假"，适当休息。假如出现腹部、腰部绞痛，洗个热水澡或做一些温和运动，必要时去医院诊治。

5. 引导女儿正确地使用卫生巾

母亲告诉女儿不购买菌群超标的低劣卫生巾，使用时应将底部的胶质贴紧在内裤上，防止身体活动时使其移位。若经血量多时可再套一条内裤，防止弄脏外裤的尴尬情况发生。经期需要经常更换新的卫生巾，避免细菌对外阴部的感染，用过的卫生巾不要随意乱扔，应用卫生纸包好后再扔进垃圾桶内。

别让懵懵懂懂的性感觉害了孩子——如何面对女儿的自慰行为

家长的烦恼

王女士是百货商店的售货员，去年离婚后与12岁的女儿一起生活。因为工作地点离家很远，几天前，王女士因身体不舒服提前回家时，意外地发现了女儿在她的床上手淫，这件事令她感到吃惊。虽然女儿较早熟，身体也发育得相当丰满，但小小年纪就如此，长大了岂不是会更糟糕？在王女士的严厉盘问下，她承认几个月前就开始这样做了。请问我应该怎样对待这件事？

自慰，过去称为手淫，这是青少年性行为的一种，女孩也不例外。首先是受到外界的影响。青春期女孩都有好奇心，一些黄色书刊、影视中常有男搂女抱、同床共枕的镜头、挑逗性质的对白、性描写和带有更强刺激的裸体镜头。

有的因住房条件差、多人拥挤于一室，未婚女子受到一些耳濡目染的刺激。这些情况，都能使缺乏识别能力和自控能力的女性想入非非，激起性欲，一股欲望和好奇心理拨弄性器官，致使养成了手淫的习惯。性欲是人的本能反应之一，当孩子还在吃奶时，就会抓摸自己的生殖器，并体会到一种舒服的感觉。婴儿的手淫就来自于这种偶然的自我探索。

到了青春发育期，由于有了性冲动，青春期女孩利用手淫可以消除由于性冲动而引起的情绪紧张，使身体恢复平静的机理。尽管青春期女孩的性机能已经发育成熟，但法律、道德是不允许她们去进行性爱尝试的，因此，手淫是她们获得性满足的常用方法。女性对手淫的焦虑则来自对引起月经不调、痛经、不育等情况的恐惧，也有的是因为月经期间，由于不注意阴部的清洁卫生，或因白带、阴部炎症的刺激，使阴部发痒而引起手淫。

心理支招

现在由于电影、电视、报纸、杂志，特别是一些网吧和色情作品的诱导，使一些青春期男孩看了以后，引起性冲动，学会了自慰。当然，第一次获得了快感，就想第二次。虽然青春期女孩到了青春期偶尔有一次自慰、发泄一下，是正常现象。但是也有不少女孩子染上了手淫的习惯，大多数人难以自拔，有的人甚至天天手淫，以寻求快感，这样既损伤身体，又摧残心灵，有损身心健康。

1. 让女儿知道什么是自慰

自慰，过去称为手淫。自慰是从儿童期就存在的行为，多是由于无意识地偶尔玩弄生殖器、穿紧身裤、爬杆等活动时，因为摩擦使生殖器受到刺激并引起快感，一般并没有性高潮。当女孩到了青春期后，由于体内的生理变化，雌性激素增加，由此产生性冲动和性欲，对性问题满怀憧憬、好奇与幻想。作为一种本能，她们会在性生理和性心理的驱使下开始有意识地自慰。

2. 引导女儿正确面对自慰

作为一个青春期女孩，父母首先应该让其对自慰有正确的认识，自慰并不是一种病态，适当的自慰不但不会影响身心健康反而是有益的。这是因为正常的性欲是人类繁衍后代最基本的要求，是很正常的现象。而自慰不会传染任何性病，也不会涉及他人，或卷入感情纠葛，也不会导致性攻击甚至性犯罪的发生，所以是一种合理的释放性欲的方式。但是，过度地自慰会影响青春期女孩的身心健康。过度手淫就属于一种心理障碍，并且会严重影响身体健康，导致泌尿生殖系疾病、性神经衰弱等。

3.引导女儿应对自慰的现象

父母引导青春期女孩子平时需要注意生活规律与生活调节：避免穿着太紧的衣裤；按时睡觉，睡觉时被褥不要过暖、过重；养成良好的卫生习惯，经常清洗；经常参加社交活动，增加对其他活动的热情和兴趣。另外，应让女儿适当地接受性心理和生理卫生的教育，掌握有关性的基本知识，排除对自慰有害的错误认识，能够正确的处理性紧张与性冲动。

引导女儿主要可从以下几个方面去做：（1）勉励自己。自慰在适当控制后，将能改善自己的身心健康。（2）循序渐进。逐渐减少自慰次数。（3）少看有色情内容的书籍、影片，减少对性的刺激。（4）多做有益身心的活动，分散注意力，调节生活压力；必要时可以找心理医生进行咨询。

4.鼓励女儿多参加运动

父母可以鼓励女儿多参加运动和培养她多方面的娱乐兴趣，比如唱歌等。需要注意的是，不能让女儿感到你是在摆脱她，而应让她感到父母是真的在关心她。做到这一点，父母需要经常与女儿一起参加活动，当女儿有求于自己的时候，只要是正当的要求，就应尽可能地满足她。

女孩对性更加好奇——如何应对女儿的性幻想

家长的烦恼

女儿13岁，对性知识挺好奇的。有一天，我在她的铅笔盒里发现一张小画片，正面是女人的裸体，连胸部和下体都画出来了，背面是女人整个背部……我找了一个机会去问她，她说自己好奇，画着玩的。尽管当时我已经有所察觉，但也不好意思再问下去。

有一次我在家里打扫卫生的时候，发现女儿正在阅读一篇小说，小说里全是赤裸裸地描写男女性交的过程，非常淫秽，不堪入目。我当时既震惊又害怕。女儿一直都是成绩优异的好孩子，我担心她会做出不理智的事情，我该怎样做呢？

一个女孩子呆坐在沙发上，或躺在床上，或在课堂上走神……青春期女孩子就这样开始了自己的性幻想。孩子幻想中的异性或许是孩子的同学、亲属、邻居、某个明星人物、根本不认识的陌生人，而网络、电视、电影、小说、广告、画报中的性信息会反映在孩子的性幻想中。

性幻想又称为"性想象"，是一种含有性内容的虚构想象。性幻想是普遍存在的，而青春期又是性幻想的活跃时期。对青春期女孩子来说，性幻想的产生是性发展成熟的自然表现。进入青春期后，由于生理发育、性发育成熟，性激素达到一定程度，性欲使人自然地萌发各种性想象。对性的好奇和追求使得青春期女孩对异性的爱慕十分强烈，但这种性冲动无法通过其他性行为来释放，这样便把自己曾在书籍、影视及网络中所看到的两性镜头，经过大脑重新组合、加工，编成自己参与的性过程。可见，性幻想是青春期性本能的发泄形式之一。

虽然我们可以理解为青春期女孩的性幻想是正常的，但是却有许多女孩子为此而困扰，甚至出现严重的心理问题。一些青春期女孩都会害羞于自己的性本能，觉得性幻想是肮脏的事情，害怕自己会因此而变坏，于是对自己的性本能过分地压抑，最终导致一些或轻或重的心理问题，有些甚至导致神经症或心理疾病。这样的状况主要是由于青春期女孩对性的恐惧，她们一方面受到传统文化观念的影响；另一方面缺乏对性的科学认知。所以，如何来解决青春期女孩因性幻想而带来的心理困扰，就必须让青春期女孩正确认识性幻想，并能恰当地处理自己的胡思乱想。

心理支招

当父母发现女儿有了性幻想之后，不要用道德标准来评判孩子的这种行为，不可以羞辱、打骂、训斥、贬低孩子。正确的做法是引导女儿阅读具有较高的人文水平的书籍，提高孩子的文学、艺术审美水平，分散孩子的注意力。

1. 对女儿进行开明而谨慎的性教育

父母方面对待性教育，应开明而谨慎。父母首先要重视孩子青春的性生理和心理变化，理解她们在这一阶段的冲动和压力。另外，应该给孩子们在性教育方面以正确的引导，避免让她们因过分好奇而想去尝试，甚至误入歧途。

2. 正面引导女儿

父母应通过教育正面引导女儿学会控制感情，明白性行为可能招致的后果，应事前避免发生性行为。从而提高女孩对正确的性态度和正确的性行为的认知，让她们懂得性行为道德规范和自我控制的意义。

3. 引导女儿懂得控制自己的情感

父母引导女儿认识性的科学知识，性本能释放的大部分能量可以转化或升华为学习目标，可以用来改善自己的生活，而性幻想是性本能释放的形式之一；与异性接触时，应自然、坦率、友好地交往；不要看带有色情内容的录像带和碟片；多参加文娱和体育活动，使充沛的精力得到有益的释放；由于青春期女孩涉世不深，辨别能力弱，容易受社会环境的影响，因此择友时应谨慎。

4. 引导女儿正确面对性幻想

性幻想出现时，父母可以教女儿对自己暗暗地说："处于青春期的我，有这样的想法很正常。下面我要认真地看书。"引导她不要过分地纠缠于自己的性幻想，不过分否定也不过分沉溺，有适当的自我控制力而不过分地抑制，从而减轻性幻想对她生活的影响。

第 7 章

摆脱对网络的依赖，引导女孩不要沉溺于网络

现代社会，网络已经不再是一种新鲜的事物，它已经开始进入每个家庭。尤其是受到了许多青春期女孩子的喜欢，她们可以在网络上聊天、玩游戏、看电影、交朋友、购物，在女孩子看来，网络就是一个全新的世界。不过，她们却不知道，它也是一个有着致命诱惑的世界。

"我喜欢玩电脑"——女儿为什么喜欢虚拟网络

家长的烦恼

一位苦恼的家长讲述了女儿沉于网络的事情——

我女儿今年16岁，在当地一所重点中学读书。本来，她的学习成绩还不错，我们对她的学习也没操什么心。可自从她上了初三之后，就渐渐地迷恋上了网络，从此一发不可收拾。有时候，为了不让女儿去网吧玩，我们拒绝给她钱，以为这样可以让她远离网络。但是，她竟然偷偷地从我们的钱包里拿钱去网吧挥霍。后来，竟然发展到了彻夜不归，沉浸于各种网络游戏的快乐之中。她的学习成绩也从一开始的中上水平直接降到全班倒数几名。我和他爸爸平时都忙于工作，没有多少时间来管教她，等到发现这种情况时为时已晚了。为了不让女儿继续这样下去，我们放下工作，好几次深夜走遍小区周围的网吧寻找她的踪影。

如今看到女儿的状况，我很不甘心。我也曾多次向相关部门投诉网吧接纳未成年人，也惩罚过她，却还是制止不了女儿偷偷地去上网。我一直就搞不清楚，网络到底有多大的迷惑性，能把孩子害成这样？

随着互联网的普及和上网人数的增加，因过度沉溺于网络而造成的网络成瘾现象引起了社会的广泛关注。而其中，以青春期女孩子的网络成瘾问题尤为引人关注。由于女孩子过度沉溺网络，导致了学习成绩下降、行为变异，并出现各种心理障碍。当然，青春期女孩网络成瘾的原因是多方面的，比如网络本身的诱惑、青春期女孩的心理特点，等等。

1. 表达情感的心理

情感表达是青春期女孩一个重要的心理需求，她们通过网络与人聊天，可以使她们隐藏在内心深处的需要得到满足。在与网友的交流中，她们得到了情感交流、尊重和满足感。在网络里，她们表达情感的方式主要是聊天，无论兴趣爱好是什么，她们都不会感到孤独。

2. 心理宣泄的需要

随着学习竞争的日益激烈，老师、父母对孩子学习成绩的要求越来越高。青春期女孩在这样的情况下心理承受着巨大的压力，许多女孩子因为学习不顺利、人际关系紧张等，弄得自己很不安。而网络所具有的隐匿性、开放性的特点给孩子们适时转移、倾诉和宣泄自己不良情绪提供了机会和场所。上网逐渐成了孩子们释放心理压力、松弛身心的一种方式。

3. 自我价值感的需求

社会心理学家认为，为了使自己的人生具有价值，获得明确的自我价值感，人需要了解别人，需要通过别人来了解自己，需要爱与被爱，需要归属和依赖感，需要有机会显示自己的优越和展现自己的优点。许多女孩子的自我价值感不满足，而网络这个虚拟的世界可以给她们满足自己的价值感提供机会。

4. 娱乐心理

网络被称为继报刊、广播和电视之后的第四媒体，它集文本、声音、图像、动画等形式于一体，孩子们可以在网上玩游戏、聊天、听音乐、看在线播放的电影、读具有娱乐性的网上文章。网络的特点正好与青少年具有的好奇心、喜欢刺激，对新事物接受能力较强、速度快，以及具有强烈的求知欲的心理特征相匹配。

心 理 支 招

通过研究发现，以下一些青春期女孩容易得"网瘾"：（1）女孩子感觉学习很困难，她们根本体会不到学习的乐趣，而上网打游戏可以获得一种虚拟的奖励，宣泄学习上遇到的挫折带来的压抑感。（2）有的孩子人际关系比较差，她们希望通过上网来逃避现实。（3）有的孩子则是受父母的误导，许多父母只懂得限制孩子上网，而不懂得如何转移女孩子对上网的注意力。通过分析，发现那些有网瘾的孩子身上大多具有性格内向、人格缺陷、猜忌心强、小心眼、自私等性格特征。

对此，作为父母，应该认真分析女儿沉溺于网络的真正原因，结合女孩子的心理特征，采取一些适当的措施。

1. 多与女儿沟通

许多父母与女儿沟通时总是居高临下的，结果即使你说的是对的，女儿听来还是会很反感。父母应该从女儿的角度出发，不要以高者自居，这样只会导致女儿抵抗逆反。你不妨向朋友一样与她聊天，鼓励女儿多参加体育活动，引导她挖掘自身的潜在价值。

2. 多关心女儿

大多数女孩子沉溺于网络的原因之一是感觉自己受冷落了。现代社会，经济日益发展，许多父母只顾挣钱，忽视了对女儿身心的照顾，使得她深陷于网络的泥潭。对此，父母要多给女儿一些关心，对她的关心不仅仅是物质的，还要有精神上的安慰。

"我每天都想跟他聊天"——如何应对女儿沉溺于网络聊天

家长的烦恼

这是一位家长的自述——

我是一位无奈的母亲，女儿正在上初二，我感觉自己很失败，面对孩子的网恋，我真的不知道该怎么办。

孩子是在小升初的假期里开始玩电脑的，无意中我看见孩子与一位网友在打情骂俏。我就问她这是怎么回事，她说是游戏里的角色，那都是游戏里认识的朋友，没什么。我当时也没往别处想，觉得孩子自己有定力，应该知道自己在做什么。可是，到了初一开学后，女儿还在与那个上海男孩保持联系，还会经常聊天。

我对女儿说："你知道表姐的事情，她现在已经大学毕业当老师了，现在又有了如意的男朋友，如今，她享受工作、享受爱情，多好。"女儿表示同意，她开始好好学习，也不再玩游戏，不再和那个上海男孩联系了。可那个男孩子来找她后两人又聊上了，女儿还向我坦白："我喜欢那个男生，我不想伤害他。"我很吃惊，但没说什么，我怕过激的行为反而会起到反作用。

昨晚，他们又聊到11点多。早上女儿特意告诉我不要动她的手机，不要随便看她的短信，我答应了。但是当妈妈的我很想知道他们到底聊了些什么，我偷偷地看了短信，其中一条是说男孩争取暑假来北京玩，这么说他们就要见面了，我该怎么办？

孩子进入青春期，父母对孩子的异性交往常常会有过敏的反应。为了防止或终止早恋，父母绞尽脑汁、随时提防，有苗头的要及时扼杀，但是实际结果却是发生在不知不觉中。网恋问题成为了父母最头疼的问题，许多父母感到很困惑，越来越多的孩子沉溺于网恋，该怎么办呢？

现代社会，由于网络的便捷性，再加上孩子的不成熟，网恋是很有可能发生的。那么，这些网恋的孩子到底是出于什么心理呢？在许多家庭生活中，父母没有给孩子足够的关爱，彼此之间的情感交流更是少之又少。对此，孩子没有体会到家庭、父母那浓浓的亲情和爱意。这使得许多孩子渴望在虚拟的网络世界里寻找一份爱、一份虚拟的爱。

青春期正处于学习的黄金时期，与此同时，过于紧张的学习也会给孩子带来很大的压力。他们稚嫩的心灵承受了那么多的重负，尤其是遭遇考试失利后，他们会感到一种莫名的绝望。但这些苦闷又无法向父母诉说，于是，在面对现实的时候，孩子选择了逃避，开始沉溺于网恋。

心理支招

想象中的爱情总是比现实中的美好，想象中的恋人是虚幻的、完美的，极具吸引力的，这就是网恋的魅力。女儿陷入网恋，长时间生活在童话般的完美世界里，会使她对现实世界的适应能力下降，不利于孩子的身心发展。对于女儿网恋，父母应该采用哪些妙招呢？

1. 监督女儿，避免其陷入网恋

有的女孩网瘾很大，不能在短时间内根除，怎么办？父母如果有多余的时间，可以陪着女儿一起上网，这样她就会不好意思当着父母的面网恋，而且，还能帮助女儿合理地安排时间。许多女孩子明白其中的道理，但就是无法自拔。这时就需要父母稍微采取一些强制性的措施了。比如，控制电脑或是网络，减少她上网的时间，只在规定的时间内才能使用电脑。

2. 与女儿进行情感交流

父母要对女儿进行情感交流，让她感受到父母的爱。即使自己的工作再忙，也要尽量抽出时间来关心女儿。多与女儿沟通，随时关注她的情绪变化，就会找到很好的办法解决孩子的问题。另外，父母可以告诉女儿网恋带来的坏处。比如，网恋会导致学习成绩下降，指出其中的利害关系，让女儿冷静地思考自己是否应该网恋。

3. 大方地与女儿一起讨论恋爱、异性的话题

在青春期，父母可以大方、自然地与女儿讨论恋爱、异性的话题。如果父母忌讳越多、限制越多，就越易激发女儿的好奇心及探究的欲望。对于女孩子，父母要教孩子自我保护的方法，比如辨别骚扰、拒绝诱惑、求助等自我保护的方法。

"我喜欢玩网络游戏"——如何帮助沉溺于网络游戏中的女儿

家长的烦恼

几位家长坐在心理咨询室里，聊起了孩子沉溺于网络游戏的话题。

家住东城的邓妈妈说："我女儿高考之后彻底轻松了，曾连续上网10小

时，天天待在家里玩网络游戏，不运动、不休息，我真担心她会玩上瘾影响身体健康。"

黎先生满脸愁云："我们家一对双胞胎，高考后放假在家迷上了打游戏。前几天她们姐妹俩为争电脑玩网络游戏大打出手，看到她们为玩游戏而伤感情，我非常生气，一怒之下扯下了键盘。以前她们利用周末玩玩放松一下我也没怎么管她们，现在放假了更是变本加厉地玩，我早就想揍她们一顿了。"

坐在一边的杨女士也有同样的烦恼，她说："我女儿现在正在读初二，就有玩网络游戏上瘾的倾向。前段时间，沉溺于游戏中的她提出了不愿意上学，我当时一生气就把网线撤了，结果孩子待在家里任凭我们责骂就是不愿意去上学，我实在是没辙了。"

那么，对网络游戏孩子们是怎么看待的呢？

不少孩子表示："终于结束了紧张的考试，可以无忧无虑地玩游戏了。"王同学介绍说："我们班里27位男生，大部分都会打网络游戏，但他们平时是上完课、做完作业才玩一玩，有些爱玩游戏的同学学习成绩也特别好，平时也不怎么见他们上瘾。如果假期没人监管，那就很难说了。"一位高三的女学生说："经历过高考，待放松下来之后，我突然不知道该干些什么了。于是在网上打起了奇幻游戏，现在每天上网超过10小时，过着昏天黑地的日子。"

另外，不少孩子称，他们玩诸如"永恒之塔""热血英豪""冒险者""魔力宝贝"等游戏。有的游戏带有暴力、血腥、色情等因素；有的孩子还会在游戏中买武器，花几千元钱买装备、道具，这些孩子说："因为你想上一层，级数高一点儿，装备好才能打赢别人。"对此，教育专家表示，经常接触暴力游戏的孩子多少会存在一定的暴力倾向。

心理支招

由于处于升学阶段的孩子学业和心理负担都比较重，网络很容易成为他们躲避负担和压力的"防空洞"，并沉溺于其中不能自拔。另外，由于青春期女孩子不具备较高的识别和判断能力，无法自觉抵御不良信息的影响，这也会影响到她们的身心健康。一些青春期女孩长期沉溺于网络游戏，导致一些精神和躯体的病症，影响了她们的健康成长。

1. 父母要理解女儿的心理需要

追寻青春期女孩喜欢沉溺于网络游戏的原因，大多数是为了寻求某种心理需要。青春期女孩子有许多的心理需求，但是，这些需求很难轻易地得到满足，都需要付出艰苦的努力。然而，在网络这个虚拟的世界里，她们却能轻易地得到满足。在网络游戏中能体验到成功的乐趣，而且，这种成功的概率将会大大增加。每打过一关，那种欣喜若狂的感受比在现实世界中要快乐得多。这种感觉会强化她们参与网络游戏的行为，使她们沉溺其中不能自拔。

2. 父母对沉溺于网络的女儿要有耐心

许多父母在向心理医生求助的时候，都会说"女儿上网已经几年了"，试想，几年时间养成的习惯，会在几个月或者几天就改掉吗？作为父母，要想挽救那些对网络游戏着迷的孩子，除了采用具体的方法之外就是要有耐心。

3. 要给予女儿更多的爱

在家里，父母要给女儿提供一个温暖、宽松、民主的环境，让她能感受到亲情的温暖。对待女儿，要多鼓励、少责备。这样一来，女儿不会因为父母的批评而难受，不用为实现不了父母的愿望而担心。当女儿感受到家庭的温暖时，她就会渐渐地远离网络游戏。

"我只有上网才会激情澎湃"——如何引导女儿将精力转向别处

家长的烦恼

李妈妈向心理医生讲述了女儿的病症："我女儿是初三的学生，她今年15岁，迷恋上网看玄幻小说已经两年了。她从小个性就比较腼腆，说话细声细气的，不喜欢参加班里的集体活动。她最喜欢的就是看科幻小说，是一个典型的《哈利波特》迷，只要有新版书籍发行，她肯定会在第一时间买上一本，而且还要观看相关的影片。最近，她又迷上了玄幻小说和魔幻小说，说起《小兵新传》《幻城》《魔戒》等这些小说，她就神采飞扬、滔滔不绝，她平时自称新新人类。如果我说看那些小说没什么好处，她还会讥笑我不知道玄幻小说、奇幻小说等这些流行词，而跟她一提到学习，她就会紧皱眉头，一脸的无奈。"

心理医生询问道："我想，你女儿的作文应该写得不错吧。"李妈妈点点头，回答说："是的，她偏文科，就语文成绩好一些。"心理医生继续说："其实，你女儿也是有特长的，既然她的作文写得好，那么你们就要从她的特长入手，转移她的注意力，这样她的网瘾就会减轻了。"

青春期女孩一旦沉溺于网络便难以自拔，给个人带来身心的危害。而且，长期沉溺于网络，往往会造成孩子角色混乱、道德感弱化、人格的异化、学习受挫折以及影响健康，导致其心理异常与精神障碍，还会引发一些社会问题。

网瘾，表现出青春期女孩对网络有一种莫名的激情，而这种激情简直到了痴迷的状态。许多网瘾少女表示"我已经离不开网络了，虽然我知道经常上网会影响我的学习，但是看见电脑我就会手痒，忍不住想去玩游戏、聊天" "那种对网络的迷恋就好像吸毒上瘾了，戒不掉"。其实不少网瘾少女也有戒掉网瘾的想法，但是每到关键时刻，她们却控制不住内心的欲望。

为什么会造成这样的情况呢？

处于青春期的孩子，他们的生理、心理尚未发育成熟。虽然，面对一些事情，他们已经能够冷静地思考，但是，他们的自控力还是远不如成年人。比如，有网瘾的成年人会自觉地想到自己还有工作要做，他们会果断地关掉电脑。但青春期女孩就没有那么强的自控力，在网瘾的折磨下，她们只会弃械投降。

除此之外，许多痴迷于网络的孩子眼里只有网络，他觉得没有什么东西比网络更有吸引力了，因为只有在网络里，他们才能得到一种心理满足感，体会到成就感。其实，这样的孩子可能学习成绩比较差、人际关系也不怎么样、父母也不关心他，这些种种挫败感导致了他们甘愿走向虚拟的世界。

心理支招

心理专家认为，当青春期女孩沉迷于某一件事情而无法自拔的时候，如果这时出现了另一件更有趣的事情，那么会稍微地分散其注意力。当她开始喜欢上那件有趣的事情，发现其实原来那个更有意思，那她会脱离之前的那件让她沉迷的事情。其实，对于孩子网瘾这个问题，父母也可以采取一些措施，以达到转移女儿注意力的目的。

1. 激发女儿的潜能

许多女孩子在学习上比较有挫败感，这让她觉得自己很没用，进而会将注意力集中到网络世界中。对这样的女孩子，父母要善于去发现女儿的特长，激发她的潜能。比如，如果你发现女儿的文章写得不错，就可以鼓励她去参加文学活动。一旦她在文学活动中获得了成功，就会大大增强自己的自信心。

2. 培养女儿的兴趣爱好

发现女儿沉溺于网络之后，你不妨巧妙地引导女儿将激情转向自己的兴趣爱好。比如，女儿以前就喜欢画画，你不妨告诉她："你不是最喜欢画画吗？我听说一位著名画家在图书馆开了一个画展，明天妈妈陪你一起去看，好不好？"有意识地培养女儿的兴趣爱好，转移其注意力。

3. 鼓励女儿多参加健康的娱乐活动

女儿天天面对着电脑，她的精神和心理都处于一个颓废的状态。这时，父母不妨邀请女儿一起去郊外走走、散散心，让她呼吸新鲜空气，领悟到生活的美好。为了转移女儿对网络的注意力，父母要鼓励女儿多参加健康的娱乐活动，比如陪她打球、做游戏，等等。

"我很孤独"——引导女儿走出一个人的网络世界

家长的烦恼

小月刚刚上高一，却已经有两年的网瘾了。父母常年在外地做生意，她从小就由爷爷奶奶照顾。她小时候性格比较内向，因自己觉得长相平平，经常会感到自卑、低人一等。现在刚上高一，她对高中生活和新的教学方式不太适应，经常觉得自己与同学缺乏共同语言，没有什么朋友。

就这样，她感到很孤独，经常到网上与网友聊天，在聊天中，她体验到了其中的乐趣，从此一发不可收拾。以前上初中的时候，小月的学习成绩在班级中还处于中等偏上，可自从迷上了网络，她就经常在放学后直奔网吧。由于没有父母的管束，她的行为越来越肆无忌惮，最后经常会夜宿网吧。而在沉溺于网络的同时，她的学习成绩也是一落千丈，而且与同班同学的交流越来越少，对班主任和任课老师也是避而远之。

在外地做生意的父母了解到小月的状况后，担忧不已，却又不知道该怎么办？

在上面这个案例中，孩子的问题主要还是出在家庭教育上。一方面，由于缺乏父母的管束，而且，爷爷、奶奶年纪也大了，对小月管教不严。而她平时与父母的交流沟通也很少，无法得到适当的关怀和引导，因此，她的内心很容易产生孤独感。另一方面，孩子进入高中后，由于学业的紧张，她很容易失去学习的积极性，因此转向虚拟世界寻求安慰。

在这个案例中，我们不难看出，"网络少女"常常是独自一个人面对着电脑，由于沉溺于网络，她们渐渐地远离了正常人的生活。当然，在这其中，她们缺少的更多的是生活的乐趣。如果父母不及时加以引导，孩子会在网络世界里越陷越深。许多网络少女坦言"其实每一次从网吧出来，自己都会感到内心很空虚、很孤独，长时间地沉溺网络，自己已经没什么朋友了，因此总是独来独往。内心的空虚让自己一次次地陷入网络，只有在网络世界里，自己才能体会到片刻的满足。可一旦从网络中抽身出来，自己内心的那种空虚感会变得更加强烈"。

心理学家认为，当一个人依恋的需求得不到满足、与家庭的亲密关系得不到满足，比如，失去了父母，或者生活在单亲家庭，缺少父母的关爱等，或者与周围的同学、老师人际交往困难，难以适应周围环境的变化，等等，都很容易产生独孤感、无助感。在这样的心理驱使下，许多孩子借助网络交友或玩游戏，通过虚拟的人际沟通和情感上的交流，获得一种安慰、理解和支持，以弥补现实生活中人际和亲情的缺失。但是，对网络的痴迷反过来使得孩子在现实生活中感到更孤独，他们远离了人群，缺少了原有的生活乐趣。

心理支招

长时间上网会使女儿迷失在虚拟世界里，自我封闭，与现实世界产生了隔阂，不愿意与人面对面地交往，渐渐地，失去了社会交往能力。而一旦离开网络，会导致她们出现精神障碍或异常等心理问题和疾病。在日常生活中举止失常、精神恍惚、胡言乱语、性格怪异，甚至产生心理障碍。

1.鼓励女儿多结交朋友

网络少女大多都是独来独往，她们没有什么朋友。对这样的孩子，父母要多鼓励女儿结交朋友。一旦她体会到与朋友相处的乐趣，她封闭的心就会打开，慢慢地她就会热衷于人际交往，而不再痴迷于网络。

2.尽量多抽时间陪伴女儿

许多父母常年在外做生意，只顾着挣钱。还有的父母则是将大把大把的时间花在打麻将和逛街上，与女儿接触的时间不过就是饭桌上的片刻时间。父母经常不在身边，女儿会感觉到自己不受重视，进而会把空虚的心理发泄在网络上。因此，父母应尽量多抽时间陪伴女儿，让她体会到生活中的乐趣。

3.让女儿融入家庭活动中

在周末或者假期的时候，父母可以组织一些家庭活动。比如，一家人去郊外野炊、一家人去外地旅游、一家人去逛街，最简单的就是一家人一起吃一顿饭。在现实生活中，许多父母忙得没有时间与女儿吃一顿饭。对此，父母要反省自己的行为，抽出时间让女儿融入家庭生活中，尽量多让女儿体会到生活的乐趣。

"我也很想远离网络"——如何引导女儿戒掉网瘾

家长的烦恼

杨妈妈非常担心女儿，女儿是上高中时才染上网瘾的，她看到同学玩游戏，慢慢地自己也开始玩网络游戏，高考后两个月没什么事情可以做，更是玩得欲罢不能。每天除了吃饭就是玩电脑，杨妈妈觉得孩子刚刚经历过紧张的高考，让她放松一下。只要孩子上了大学，应该慢慢就会好的。

可是，让杨妈妈感到苦恼的是，女儿上了大学，非但没有戒掉网瘾，反而愈演愈烈，经常逃课去玩游戏。杨妈妈苦心劝导女儿，女儿也知错，只是无奈地说："我知道这样不对，可我就是控制不住自己，怎么办呢？"

青春期女孩的网瘾一旦形成，除了荒废学业、影响身体健康之外，还有诸多不利的因素。许多深陷网络泥潭的孩子想戒除网瘾，许多父母想帮助孩子戒除网瘾，但是，屡战屡败、欲罢不能，却让孩子对自己有失控的沮丧。学习成绩的下降、父母的失望让孩子陷于巨大的精神压抑和自我失望之中。如果这样的状况长时间得不到改善，孩子的一生都有可能有受挫折的消极影响。

网络是社会进步的象征，它渐渐地成为了孩子们获取信息、学习知识、交流思想、休闲娱乐的重要平台。但是，由于网络环境比较复杂，信息良莠不齐，而处于青春期的孩子涉世未深、阅历尚浅，在学校和父母的双重压力下，网络很容易成为孩子逃避责任、逃避责任的避风港，许多孩子为此染上了网瘾。

心理支招

青春期女孩染上网瘾的原因很多，诸如家庭不幸、缺少关爱等，这些问题都很容易导致孩子在虚拟的世界里获得情感上的满足感和心理上的成就感。有的孩子因为缺少父母的关爱而沉溺于网聊，有的孩子则是因为学习压力过大而沉溺于网络游戏；有的孩子因为学习成绩不理想，就用打游戏升级的成就感来弥补学习的挫败感。

那父母如何判断女儿染上了网瘾呢？

一是从上网时间看，如果女儿每天上网或是每周上网20个小时以上，就很可能染上了网瘾；二是根据女儿的行为表现看，有网瘾的孩子眼神是空洞的、冷漠的。而且，上网成瘾后，孩子的性格和心理都会发生很大的变化，比如对生活失去热情、对亲人没有亲情，生活空虚，没有目标，等等。

1.尽量让女儿在家上网

许多父母将网络视为洪水猛兽，为了不让女儿接触网络而把她推到家庭外面去了，其实这样会更危险。因为女儿无法在家里上网，她会去同学家上网，甚至会去网吧玩通宵，这样一来后果将会更加严重。

2.使用包月限时宽带

现代社会是一个信息社会，如果要求女儿不上网是很不现实的。而不限时的宽带对于女儿来说是没有约束力的，不管上多少时间，也不用交钱，女儿上网就没有压力，这会给她上网成瘾制造条件。女儿染上了网瘾，一时难以戒除，那么，父母可以与她商量使用包月限时宽带，让她控制好上网时间。每次上网，父母要规定好时间，循序渐进地逐渐减少女儿的上网时间。

3.鼓励女儿参加一些健康的活动

父母可以鼓励女儿多参加一些有益于身心健康的活动，比如体育运动、摄影、艺术类活动等，如果女儿能感受到生活中的亲情、友情，接触到更有益的事情，就不会沉迷于虚拟的网络世界了。一般来说，女儿短时间不接触网络就会想，但如果有其他的事情可以替代，即使很长时间不玩，也不会想了。

"我学习成绩下降了"——如何引导女儿正确运用网络

家长的烦恼

小雪原来是一个听话乖巧的孩子，学习成绩也不错。不过，由于父母的工作很忙，无暇顾及她，家里的日常事情基本上交给家里的小阿姨打点。小雪升入初中之后，经常需要借助网络查资料。以前，小雪会拜托父母在单位帮她查资料，但父母觉得自己没有多少时间帮她查，于是就在家里安装了宽带，以方便小雪自己上网查资料。

小雪接触网络之后，就像是找到了新大陆一样新奇。一有时间，她就泡在网上，很少查资料，更多的时间是看动漫、玩游戏。一个学期之后，小雪的视力下降得很厉害，学习成绩也严重下滑，精神状态也远不如从前了。父母了解到女儿沉溺于网络之后，一方面他们觉得孩子学习需要依靠电脑，另一方面却担心孩子染上了网瘾。那么，该如何引导孩子正确使用电脑呢？

本案例中，小雪对网络已经过度沉迷、上瘾了，后果就是视力下降、成绩下滑、精神恍惚。对于青春期的孩子来说，网络是一把双刃剑。在网络上有名目繁多的学习资源、卡通节目、各种游戏。但是，由于孩子缺乏一定的自控力，他们很容易沉溺于网络，在游戏中乐不知返，这样既浪费了时间，又失去了对学习的兴趣。

其实，网络对于青春期的孩子是有许多积极影响的：（1）通过网络，孩子可以学习更多的知识，掌握一些现代高科技知识，还可以开阔视野和提高智力，促进知识的拓展。（2）它还可以起到一定的教育作用，弥补一些传统教育不能起到的关键作用。（3）网络信息量很大，信息交流的速度也是相当快的，并且实现了全球信息共享，比较方便。所以，孩子们可以随时在网上获得自己所需的知识、浏览来自世界各地的新闻信息，以及书本上没有的知识。在这样一个知识量极大的平台，使青春期孩子的交往领域空前地宽广，极大地开阔了她们的视野，给孩子的学习、生活带来了许多便利条件和乐趣。

心 理 支 招

总而言之，网络对青春期女孩的影响是利大于弊的，但是，父母千万不能忽视网络的消极影响。引导女儿正确地使用网络，网络会成为孩子学习上的帮手、生活中的伙伴；如果女儿不恰当地使用网络，就会使她上网成瘾、痴迷于网络，学习成绩也会下降。

1. 父母应起到"表率"作用

作为父母，应该不断学习、充电，了解电脑、网络的一般常识，和女儿一起感受网络带来的便利与快捷。如果你什么都不懂的话，就没办法引导女儿了。而且，父母应该起到表率作用，如果父母自己沉溺于网络游戏、网络聊天等，孩子便会效仿。同样的，如果父母抵制网络，不愿意学习网络技术，利用网络学习新知识，那女儿也会反感网络的。

2. 父母应积极做好女儿的引导工作

对于网络，父母要做好引导工作，包括"事前"和"事后"的引导。在女儿接触电脑之前，父母应该提前将一些上网、学习和做人的道理讲给女儿听，让她遇到事情有办法处理；在孩子接触电脑后，如果遇到了麻烦与问题，父母要能及时发现问题，并积极与女儿沟通、采取对策，帮助她尽快走出困境。

3. 要引导女儿浏览绿色网站

在网上漫无目的地闲逛很容易浪费孩子的时间和消磨孩子的意志，作为父母，不能放任女儿无规律、无目的地在网上打发时间，而是要帮女儿树立良好的上网习惯，以提高学习效率。比如引导女儿浏览绿色网站，通过网络技术，学习到更多的新知识。

第 8 章

克服人性的弱点，培养女孩的责任心和自信心

　　教育家认为，"成功的家教造就成功的孩子，失败的家教造就失败的孩子"。从这个意义上讲，家庭教育决定女孩的命运，父母对于孩子的成长起着决定性的作用，尤其是在青春期这一关键时期，父母更需要重点引导。

"我很自卑"——赋予女孩自信心

家长的烦恼

小乐是一名初一的女同学，她长有一对会说话的大眼睛，白白净净，头发有些自然卷曲，成绩还不错。不过，就是性格内向、十分腼腆，在人前不苟言笑。上课时从来不举手发言，即便老师点名要她回答问题，她也总是低着头回答，声音很小，而且满脸通红。

下课除了上厕所之外，总是静静地坐在自己的座位上发呆。老师让她去和同学们玩，她只会不好意思地笑一下，依然是坐着不动。平时在家里她总把自己关在屋子里，不和朋友们去玩。遇到周末的时候，父母想带她一起出去玩，或是去朋友家里做客，她也不去，甚至连自己的爷爷、奶奶家她也不愿意去。

小乐身上的现象，在许多青春期女孩子的身上多少都有所体现，这些都是自卑的表现。自卑，就是一个人严重缺乏自信，常常认为自己在某些方面或各个方面都不如别人，经常用自己的缺点与他人的优点进行比较。自我评价过低，瞧不起自己，这是一种人格上的缺陷，一种失去平衡的行为状态。

心理学家认为，自卑经常以一种消极的、防御的形式表现出来，比如妒忌、猜疑、害羞、自欺欺人、焦虑等，自卑会让人变得非常敏感，经不起任何刺激。假如一个孩子被自卑心理所笼罩，其身心发展及交往能力将会受到严重的束缚，才智也得不到正常的发挥。

心理支招

女儿产生自卑心理，基于多方面的原因。比如，父母能力较强，对她期望过高，往往会让孩子产生自卑感，生活在这样的家庭里，女儿总认为"爸爸、妈妈什么都行，我什么都比不上他们，怎么努力都没用"；有的则是家庭不完整，容易让孩子产生自卑感，生活在破裂家庭中的孩子，得不到父母足够的爱，觉得自己是被社会抛弃的孩子；有的父母采用粗暴、专横的教育方式，严重地伤害了孩子的自尊心，往往会让孩子产生自卑心理；有的是父母自身有自卑情绪，平时总说"我不行"，潜移默化地影响了孩子，使孩子产生自卑心理。

1. 避免苛求女儿

父母要帮助女儿建立自信，克服自卑心理。所以父母对女儿的要求要适当，不能苛求孩子。父母对女儿的要求应与孩子的实际能力和水平相适应。若她取得了好成绩，那父母应及时表扬、鼓励，让孩子对自己充满信心。对于那些成绩稍差的孩子，父母应予以关心和安慰，帮助孩子分析原因，总结经验和教训，给予孩子耐心地指导，一步步提高孩子的成绩。

2. 给予女儿一定的心理补偿

消除女儿的自卑心理，父母要善于发现她的优点和缺点，并为孩子提供发挥长处的机会和条件，让孩子学会理智地对待自己的短处，寻找合适的补偿目标，从中吸取前进的动力，将自卑转化为一种奋发图强的动力。

3. 采用小目标积累法

许多孩子产生自卑感，往往是由于对自己要求过高，将自己已经取得的成绩忽略了，她只是沉浸在大目标无法实现的焦虑中，心理上就经常会笼罩在悲观、失望的阴影中。对此，父母可以帮助女儿制定一个能在短时间实现的小目标，引导她向前看，从已经实现的小目标中得到鼓舞，增强自信。随着小目标的实现，不但会形成一个实现大目标的动力，而且会让她形成足以克服自卑的信心。

4. 丰富女儿的知识

生活中，父母经常会发现当许多孩子一起交谈的时候，有的孩子说得滔滔不绝、绘声绘色，而自己的孩子却只是在一边听，一言不发。这是什么原因呢？这主要是由于孩子的知识面不同，有的孩子见多识广，有的孩子知识面较为狭窄。而那些知识面较为狭窄的孩子更容易自卑，父母需要有意识地帮助孩子丰富知识，开阔孩子的眼界。

5.引导女儿交朋友

自卑的孩子大多比较孤僻、不合群，喜欢把自己孤立起来。而良好的人际关系会为孩子提供必要的人脉，有利于孩子自身压力的减缓和排解，性格也会变得乐观起来。而且孩子在与人交往的过程中，会更加客观地评价自己和他人。父母要多鼓励孩子交朋友，并教她一些社交技能。

6.引导女儿正确地面对挫折

女儿在生活中难免会遇到失败和挫折，而失败的阴影是产生自卑的温床。对此，父母需要及时了解她的心理变化，并予以指导，帮助女儿及时驱逐失败的阴影。父母可以帮助孩子将失败当作学习的机遇，分析失败的原因，从失败中学习和吸取教训。也可以帮助孩子将那些不愉快、痛苦的事情彻底忘记。

7.帮助女儿获得成功经验

当女儿成功的经验越多，她的期望值就越高，自信心也就越强。对于自卑的孩子来说，父母要帮助她建立起符合自身情况的抱负，增加成功的经验。当孩子遭遇困境，心生自卑的时候，父母可以引导孩子去做一件比较容易成功的事情，或者参加自己感兴趣的活动，以消除她的自卑感。比如，当孩子在考试中失利了，不妨让其在体育竞赛中找回自信。

8.尊重女儿的自尊心

有的女孩子自尊心较强，假如做错事情，自己就会很内疚。假如父母这时再冷嘲热讽，一顿责骂，就会严重伤害女儿的自尊心。孩子就会破罐子破摔，表现越来越差。所以，当孩子做错事情，父母应关心、理解孩子，只要孩子知错能改就行了。这样孩子就会排除消极情绪，变得越来越自信。

"这不是我的错"——让女孩勇于承担责任

家长的烦恼

暑假的时候，家里为女儿报了一个百科知识讲座，有时候父母忙，就建议女儿自己去听。但是，她从来没独自去过一次，每次我们问起来，女儿总是面不改色、心不跳地说："老师不让我学。"

有一次，女儿和小表妹一起打扫卫生，由于女儿扫地速度快，小表妹干活的速度较慢。女儿又要打扫客厅的最前面，让站在前面的小表妹让路，小表妹让路的速度慢了一些，女儿就直接恶作剧地用扫帚将其扫走了。小表妹来向我告状，我找到女儿，问她事情的经过及原因，她说完后，让我大吃一惊，从孩子口中说出的一大段话竟没有一句是承认自己错的，而将错的原因推到了"她自己速度太慢了"，我紧接着问："难道你就没有做错吗？""这根本不是我的错。"看着孩子坚持的眼神，我心里真的很失望：孩子怎么了？她的责任心都到哪里去了？

进入青春期，女孩子的身体、生理都日趋成熟，她们开始从一个小女孩成为了一个大姑娘。在她们身上，也逐渐显露了成熟女性的素质，其中，有责任感就是最重要的一个素质。随着年龄的增长，心智上的成熟，让女孩们慢慢地意识到自己的责任所在。作为一个青春期女孩，虽然并没有像成年女性那么多沉重的负担，但是，责任一直围绕着她们。作为一名学生，她们的职责是学习，如果她在学校迟到、早退、逃学，这都是不负责任的表现；作为一个女儿，她的责任是孝顺父母、赡养父母，如果她总是与父母对着干，让父母痛心，那么这也是不负责任的表现。最重要的是，在女孩的成长过程中，把自己应该做的事情做好，她就是一个有责任感的女孩子。

不懂得负责，不懂得责任重要性的孩子永远也长不大。而那些凡事都能够做出一番成就的人，都是懂得为自己的过失买单并且敢于承担责任的人。所以，父母应该努力把孩子培养成一个负责任的人。当孩子们能够主动、自觉地尽职尽责，就可以获得满意的情感体验；相反，当孩子没有责任心，不能尽责的时候，就会产生内疚和不安的情绪。

心理学家认为，责任心是健全人格的基础，是未来能力发展的催化剂，更是孩子们成长所必需的一种营养，它能够帮助孩子成长和独立。懂得自己的责任，学会负责，孩子才有了前进的动力；只有认识到自己的责任，孩子才知道自己应该做什么以及怎么去做。

心理支招

没有责任感的女孩子，她一定不会成为一个成熟的女性。因为责任感是一种来自心理上的成熟，有责任感、敢于担当，这样的女孩子才会受人赞扬。另外，责任感也是每一个成功者必备的素质，当女孩怀着高度责任感去生活、学习，就会让她表现得更加优秀、更加卓越。

1. 让女儿学会对自己负责

一个女孩只有懂得尊重自己的感情，尊重自己的理想，珍惜自己的年华和生命的活力，才能从自己的理想出发来安排现实生活。责任心的培养是一个人成熟的标志，父母应该让女儿明白，无论做什么事情，都是为她们自己，如果她什么也没有做好，没有得到大家对自己的认可，那么她就是对自己不负责任，最终影响的还是她自己。

比如，女儿的大部分责任是学习，假如学习不够认真，那就是对自己不负责任。此外，父母需要告诉女儿，对自己负责还包括对自己所做的事情负责，凡事能够自己做的事情都应自己去做，包括穿衣、洗脸等，只有女儿从小养成对自己所做事情负责的良好习惯，才有可能慢慢学会对父母、朋友、老师等有关的人和事负责。

2. 引导女儿学会善待他人

关心他人、善待他人，这是培养女儿对家庭和社会的责任心的基础。在日常生活中，引导孩子关心老人、病人和比自己小的孩子；当爷爷、奶奶生病的时候，引导她学会照顾他们；知道朋友的生日，并在生日那天给朋友送上一份生日礼物。

3. 让女儿学会反省

心理学家认为，女儿需要适时反省。当孩子们在分析问题的时候，只会考虑到别人的过错，总是为自己找借口，这有可能会导致她们缺乏责任心。遇到了困难不能解决，就把责任推到父母头上去；学习成绩不好，就把责任推到老师头上去。这些都是不良的行为习惯，父母需要告诉女儿：任何一件事情，首先应该反省的是自己，分析自己的过失、对错，明白自己在这件事中应该负什么样的责任。

"我坚持不了"——培养女孩的意志力

家长的烦恼

月月正在上初一，平日里她的想法比较多。她一会儿对妈妈说："我看见同学文文在学小提琴，我觉得看起来好高、大、上，我也想去学，妈妈，你支持我吧！"女儿想学习，这可是好事！于是，妈妈张罗着报了名，为女儿买了一把崭新的小提琴。谁料，学了不到半个月，女儿就直嚷嚷："好难学，我不学了……"妈妈责怪说："你这孩子，怎么这样，做事情总是个三分钟热情……"

没过多久，月月又跟妈妈说："妈妈，家里买个跑步机吧，你也知道我现在长胖了，我想减肥了。"这次妈妈没有马上答应，而是说："买来放家里当摆设吗？这样吧，你先每天坚持去公园跑步30分钟，如果你坚持了一个月，我就给你买。"月月兴奋地说："成交。"可没过多久，月月就因喜欢睡懒觉而放弃了跑步练习，妈妈很庆幸当初明智的决定。不过，对于女儿月月做事缺乏意志力的状态很是担忧。

坚持不懈地做一件事，需要较强的意志力，孩子的意志力是需要培养的，尤其是对于兴趣很容易转移的孩子，培养她的意志力更是刻不容缓的事情。现在，许多孩子稍微遇到一点儿困难就选择放弃，这对于他们未来的成长是极为不利的。因此，培养孩子坚持不懈的意志力应该从小做起。

孩子缺乏意志力主要表现在做事缺乏计划，想什么时候去做就什么时候去做，想什么时候放弃就什么时候放弃；做事情经常做到一半就放弃，不知道为什么要坚持下去，也不知道怎么样坚持下去。父母作为孩子的领航人，需要引导孩子认识意志力的重要性，并积极地培养孩子坚持不懈的意志力。当然，这是一个循序渐进的过程，也需要父母拿出自己的耐力。意志力对于孩子的成长很重要，有时候成功其实往往不过是你比别人意志力强了一点儿，坚强地支撑了更多的时间。

心理支招

意志力是成功必备的条件之一，父母要想孩子在未来的人生中取得成功，那么，有意识地培养其意志力是必须做的。如何让自己的孩子有较强的意志力呢？当孩子不愿意继续完成一件事情时，难道打骂她就能解决问题吗？作为新时代的父母，必须摒弃落后的"棍棒"教育，必须坚持不懈地培养孩子的意志力。

1. 对女儿以鼓励、奖赏为主

如果父母能够为女儿设定可行的目标，她做事自然就会来劲儿。比如，当女儿想要某种东西的时候，父母可以要求她先达成一定的目标，当她能够完成这个目标，就把某样东西作为奖品给她。当然，随着孩子年龄的增长，她的要求也会越来越高，不再是小时候喜欢的棒棒糖或者玩具，这时候，父母就要以合理的原则来为女儿制定目标，让女儿自己努力争取。

比如，女儿想去旅游一次。那么，父母就可以有意识地把这一愿望当作奖品，让她朝着此想法完成一个阶段性的任务，可以是一学期的成绩，也可以是学习某种特长。有时候，父母也可以把制定目标的自主权交给女儿，让女儿提出一些要求，至于奖品父母只要觉得合理就可以答应她。

2. 让女儿在玩中培养意志力

爱玩是孩子们的天性，他们往往能长时间地保持玩耍的状态，这其实也是一种较强的意志力。父母应该巧妙地在玩耍中锻炼女儿的意志力，让女儿把游戏当作比赛，以获得成就感来作为奖励。为了让女儿有较强的意志力，父母可以和女儿一起融入游戏中去，你可以在玩的过程中故意出错，让女儿找出错误在哪里，这样她就能集中注意力，长时间地专注某一件事。由于专注力是意志力的基础，如果培养了女儿的专注力，那她的意志力自然就不会有问题。

3. 培养女儿的广泛兴趣

其实，孩子的兴趣越广泛，就越容易磨练出她的意志力。一个人的意志力，实际上就是建立延迟满足欲望的能力。在这一过程中，孩子保持了较强的意志力，没有情绪上的波动，她的耐心自然而然地就建立起来了。所以，父母可以安排女儿多参加一些不同类型的兴趣活动，如果女儿喜欢唱歌、跳舞，父母就鼓励她积极参与，女儿在兴趣的激发下愿意接受历练并考验自己。当父母尽可能地把这样一个空间或平台提供给女儿时就是一个良好的开始。

4. 给女儿一个挑战的机会

许多父母认为女儿还是孩子，一些事情可能难以长时间地坚持下去，这也是很正常的。其实，只要父母相信女儿能够做到，并给她一个挑战自我的机会，那么女儿就一定有意志力去完成事情。父母可以选择一些女儿现在做不到的事情，但她们本身有能力做的事情，引导她们去完成，不要随便让孩子轻易地放弃。面对挑战，父母应该与女儿一起制定一个具体的目标，帮助她不断地尝试挑战自我，树立进取心。比如，女儿不喜欢运动，开始跑步一会儿就停下来了，这时候，父母可以给她制定今天跑多少路程算今天的任务，明天再追加到多少路程，这样时间长了，女儿就有了足够的耐力。

"我不会洗衣服"——让女孩做些力所能及的家务

家长的烦恼

婷婷已经15岁了，平时在家里就是典型的大小姐类型。在婷婷小的时候，妈妈觉得女孩子得多宠爱一点儿，于是家里大小事都不用她帮忙。就这样，直到婷婷15岁了，连最简单的做饭、洗衣都不会，妈妈很是头疼。

这天，婷婷又把放在卧室角落里的一大摞脏衣服抱出来，对妈妈说："亲爱的妈咪啊，你帮我这些脏衣服洗了吧！"妈妈无奈地说："婷婷啊，你这么大的人了，也应该学着做点儿家务啦……"婷婷撒娇："我学来做什么，我不是有你吗？"妈妈叹口气："这孩子，以后嫁人了，也带着妈妈去给你洗衣服吗？"婷婷毫不在意地说："我可以请个保姆，行了吧！"

一般而言，当孩子在两三岁的时候就可以慢慢地教会孩子学做自己的事情，到五六岁孩子基本就能自理了，再大一点儿就可以帮助父母做一些简单的家务了。"孩子才十来岁，让他做些家务合适吗？"有不少父母表达了自己对孩子做家务的矛盾心理，他觉得应该从小锻炼孩子，让孩子做些家务活，但他又觉得孩子还比较小，不知道让孩子做些家务是否合适。

其实，教育专家建议，孩子应该从小就培养他做家务的意识，父母应该相信孩子会做好，放手让孩子做一些力所能及的家务活，比如，帮父母拿衣物、鞋子、小凳子，如果孩子有兴趣，也可以教会孩子扫地、擦桌子、叠衣服，等等，培养孩子爱劳动的好习惯。而且，在做家务的过程中，孩子本身也会感受到乐趣。

心理支招

父母让女儿做一些力所能及的家务活，可谓是益处多多：

首先，这样有利于培养女儿的自立意识和独立生活的能力。现在，大多数孩子都是独生子女，宠爱孩子的父母会把衣食住行样样都包办了，这样下去会让孩子缺乏应有的生活尝试，生活自理能力也很差，一旦离开了父母就会变得无所适从。父母应该明白让孩子做一些简单的家务活，通过学习一些基本的生活常识，可以增加他们的生活自理能力。

其次，让女儿干一些力所能及的家务活，有利于训练女儿的手脑协调能力，让女儿在手和脑的协调使用中相互促进，可增加孩子动手、动脑的能力。

最后，在帮助父母干家务活的过程中，让孩子体验到劳动带来的苦与乐，丰富了孩子的课余生活，而且，也为孩子提供了一个体验父母生活的机会，让孩子懂得感恩，懂得珍惜每一天的生活。

1. 让女儿学会自我服务

有的父母认为女儿还小，什么事情都做不了，在这样的思想下他们就会将女儿的一切事情都包揽了，表面上看是爱孩子，其实是害了孩子，因为总有一天孩子要脱离父母的庇护，展开翅膀自由飞翔。所以，父母要教孩子独立生活的能力，要让孩子知道自己的事情自己做。当孩子还小的时候，父母可以教女儿学会自己做饭、洗衣服，自己整理房间，自己收拾整理玩具及学习用品。在学习过程中，父母要先示范，然后让孩子在父母的指导下进行操作，直到孩子独立也会做为止。

2. 陪同女儿参加一些公益劳动

现在社会上都有许多适合孩子参加的公益劳动，这对于培养女儿养成劳动的习惯是十分合适的方式。父母可以在周末或者假期陪同女儿参加社会组织的一些公益劳动，比如植树、除草、扫雪，也可以陪同女儿照顾附近的老人，也可以让孩子为邻居做一些简单的事情，比如发报纸、取牛奶、照顾小朋友。让孩子在劳动中获得快乐，让孩子在劳动中学会帮助别人。

3. 让女儿做一些力所能及的家务活儿

有的父母认为孩子的任务就是学习，家里的事情用不着孩子操心。实际上，做一些力所能及的家务活儿可以让女儿放松心情，真正地做到劳逸结合。父母应该让女儿做一些简单的事情，比如与父母一起打扫卫生、择菜、洗菜，还可以让女儿学做饭、做一些简单的菜，以及让女儿到不远的地方买些日用品，等等。这样即便是父母外出了，孩子也能够照顾好自己。其实，这些事情在孩子看来是新鲜的，也是快乐的，她也会有成就感，觉得自己能帮助父母做事了。

教育专家指出，让女孩子适当地参加家务劳动可以培养孩子的独立生活能力，增强她们的责任感，继而减少孩子的过度依赖性，增强女孩子的独立性。所以，建议父母先从身边的小事开始培养孩子的独立意识，培养孩子独立生活的能力。

"我需要你替我做主"——培养女孩自主的意识

家长的烦恼

小菲最害怕一个人在家里，假如遇到意外情况，小菲就会手足无措、不知道该怎么办才好。每次和爸爸上街，她总是喜欢被爸爸牵着走，若是爸爸让她自己挑选礼物，小菲会说："你觉得哪个好啊？"爸爸觉察到女儿对自己太过依赖，独立自主性太差。

有一天，小菲要去买书包，她问爸爸："是买粉色的，还是买蓝色的？"爸爸说："你自己决定吧，以后只要是买你的东西，都要自己决定。"

在犹太法典上写着这样一句话，"5岁的孩子是你的主人，10岁的孩子是你的奴隶，到了15岁，父子平等，就没有孩子了"。在犹太人传统的文化里，年满13岁的孩子都要参加隆重的成人仪式，表示自己是真正的犹太人了，需要开始承担宗教义务了。

女孩子具有了自立的性格，才能够快速适应独立的生活。父母希望女孩子放弃对自己的依赖，就需要注重对女孩子自立性格的培养。自立的性格是女孩子学会独立、自主生活的关键，假如女孩子在性格上喜欢依赖父母，不能承担责任，不会独立思考，这都会影响到女孩子以后各方面的发展。

父母希望孩子有个美好的未来，就不能每件事都满足孩子的愿望，这样容易让女孩子产生依赖性，没办法自主、独立地去做事情。这样的女孩子害怕遭遇挫折、承受压力，害怕尝试新事物，没办法面对突发的事件。培养女孩子自立的性格，需要父母学会放手，因为女孩子必须学会选择、承担，能够自我服务，不盲目听从他人的意见，女孩子需要长大，需要学会独立。所以，父母不要担心孩子会吃苦，而应是让孩子早日独立、自主地生活。

心 理 支 招

女孩子缺乏自主的个性，主要是因为被过度保护。父母是孩子最强大的保护伞，女孩子只要遇到困难，总是想寻求保护，于是孩子就在这样的保护下失去了自我判断力、自我抉择能力、自我思考能力。父母应该明白，最听话的孩子并不是最好的孩子，父母不要随意插手孩子的事情，要把判断和选择的权利交还给孩子。

1. 允许女儿不听话

父母需要允许女儿适当不听话、不讲理，因为这表示女孩子已经具备了独立思考的能力。当孩子不愿意服从父母的命令时，父母需要鼓励女儿说出自己的想法，只要孩子的想法是可行的，就可以按照她的想法做，只有父母放手才能培养出女孩子的独立性。当女孩子不可理喻的时候，父母不妨反思：我说的真的是孩子想要的吗？一个每件事都听从父母的孩子，多数时间只是在盲从他人的意见，并不值得夸奖。

2. 避免给女儿定太多的规矩

假如父母希望培养女儿自立的性格，那就不能定太多的规矩。因为女孩子想要获得独立的性格，需要更多的是自由，父母总是定规矩，那女孩子的个性就会被束缚。比如，想让孩子有很多自主权，父母通常只告诉她：做完作业再玩。后来父母再告诉她：照顾好自己。结果孩子从小到大都做得很好，不会让父母操心。父母没有严格管制她，不过这样的孩子却成为了别人眼中的优秀孩子，给人印象最深刻的是：自立自强。不管是生活还是学习，这样的女孩子都能打理得井井有条。女孩子想要自立，就要多一些个人空间以及更大的发展空间，父母减少规定，就会让孩子拥有更多的自己，而自由的氛围是利于孩子"自我"成长的，也就是自主性的发展的。

3. 避免对女儿进行处罚

假如女儿每次违背规矩都要被处罚，那这处罚就是对女儿心灵的一种打击。由于女儿对处罚生出了恐惧，那就宁愿放弃个性以及自主性了。父母对女儿的坏习惯，不管制不行，管严了也不好，父母需要给女儿提供一个远离处罚的环境，从而让孩子远离处罚。

4. 让女儿对自己负责

独立的个性可以让女儿更积极地管理自己，孩子需要摆脱被动地听话、等着他人来帮自己做决定。通常来说，那些不具有独立性的孩子，不自觉、自律地生活，长大后就会被社会淘汰。父母需要让孩子学会自己的事情自己负责、自己解决，管理好自己的生活。一旦孩子学会了自律，才能更加独立、自主地决定自己的生活方式。

5. 父母不参与女儿的个人事务

对于女儿自己的事情，父母要鼓励她自己解决，别随意插手。尽管女儿的选择有幼稚、不完善的地方，不过父母要清楚，即便再不成熟的决定，那也是女儿自己的决定。孩子需要这种自我选择、决断的机会，孩子才会在失败中走向成熟，其个人独立性也会得到有效提升。

"我无法集中精力"——培养女孩的注意力

家长的烦恼

女儿放学回家了，妈妈一边做饭一边吩咐女儿完成老师留的家庭作业。女儿嘴上应着："好的，我马上就开始做。"结果她一眼看到茶几上的玩具，忍不住就玩起玩具来。正在厨房忙碌的妈妈说："你开始写作业了吗？"女儿头也不抬："正在写呢。"然后才慢吞吞地拿出作业本，开始写作业。才开始写了一会儿，女儿又从抽屉里拿出零食，吃了起来；一会儿，又打开电视看看动画片……就这样，直到妈妈把饭都做好了，她还是没写完作业。

"注意力"是一种我们都熟悉的心理现象，用通俗的话说就是"专心"。当女孩子在面对自己感兴趣的事情时，比如听广播、看电视，常常会聚精会神，对身边的人和事都会视而不见，这就是专心。培养女孩子的注意力，对于孩子的脑部劳动具有重要的意义，那些注意力集中的孩子，学习效率高、学习质量高，相反，那些注意力不够集中的孩子则作业马虎，做事情粗枝大叶。对于稍低年级的女孩子来说，学习知识并不是最重要的，重要的是养成良好的学习习惯，而稳定持久的注意力则是学习中不可缺少的一部分。

注意力给女孩子带来了诸多的意义：当女孩子能够把注意力集中在某件事情上的时候，她们就会主动去探索未知的东西，寻求解决问题的办法，继而提高其学习能力；另外，注意力还可以帮助女孩子克服散漫的习惯，能够沉着冷静地处理问题，形成稳定的心理素质；孩子注意力集中，就能够深入地思考问题；注意力集中的孩子能够专心做自己的事情，也容易获得成功，提高自己的自信心。

心 理 支 招

女孩子注意力分散，做事马虎，形成这样的现象，除了有一部分是女孩子年龄阶段体现出来的特点以外，很大程度上都是由于家庭环境和父母的教育方式所引起的。比如，父母双方对孩子的教育态度不一致，这也会让孩子感到无所适从；父母对孩子过分宠爱，缺少行为规范，使孩子养成随心所欲的习惯，因此缺乏了忍耐性和自制力，无法集中注意力；家里无法给孩子提供一个安静的环境，使孩子难以集中注意力。

1. 为女儿营造安静的家庭气氛

要想让女儿能够集中注意力学习，父母就应该自己安静下来，不要做分散女儿注意力的事情，比如看电视时大声议论或大笑，父母也可以认真学习让孩子效仿。孩子在学习的时候，不要在旁边唠叨，也不要在孩子学习的房间里接待客人，这样会干扰孩子。父母在家时应保持安静的环境，这样可以让孩子少受外界的干扰，更好地保持学习的注意力。

2. 帮女儿制定有规律的作息时间表

如果女孩子作息不规律，生活就会不规律，这也是女儿注意力分散的主要原因。父母不应该整天强行要求女儿长时间从事单调枯燥的学习活动，这样必然会造成女儿大脑疲劳而精力不集中。父母应该合理制定女儿的作息时间，简单有规律的家庭生活节奏，有利于培养孩子的注意力。睡觉、玩耍、学习的时间都应该安排得较为固定，有的孩子注意力容易分散，就需要父母帮助孩子建立规律的生活。

3. 以兴趣培养女儿的注意力

女儿对某些事物的兴趣越浓厚，就越容易形成稳定和集中的注意力。父母不要天天把女儿关在房间里学习，适当鼓励她多参加感兴趣的活动，让女儿在活动中发掘和提高自己的能力，利用此机会还可以培养孩子的注意力。但是，如果孩子一会儿喜欢做这个，一会儿喜欢做那个，这时候，则需要父母引导孩子专注于一件感兴趣的事情。

4. 培养女儿的自我控制能力

女儿在学习中遇到了困难，或者遇到了不感兴趣的事情，这时候即便是注意力比较集中也是不够的，还需要有意识地培养女儿的自我控制能力，使注意力服从于活动的目的和任务。父母可以让女儿在一段时间内专心做一件事，比如，绘画、练书法，等等，以此来培养女儿的自制力。

5. 适当限制女儿看电视的时间

如果女儿已经习惯了充满声、光、影的刺激，她就不容易静下心来看书和学习，特别是喜欢看电视或者玩电子游戏的孩子，即便父母强行要求女儿读书学习，孩子的注意力也不在学习上，而是会停留在电视或电子游戏上。所以，父母应适当限制女儿看电视的时间，在日常生活中让孩子多看书、多融入大自然。

6. 帮助女儿调整情绪

如果女儿处于悲伤、疲惫或者生病等身心状态都不佳的时候，是很难集中注意力的。此时父母要帮助女儿调整情绪，给予她关怀，而不是盲目地强迫和要求她。当女儿心情愉快时，她就更容易专心致志地做事情了。

第 9 章

青春叛逆期要采取良好的沟通方式：
与叛逆心很强的女孩的沟通技巧

　　青春期是一个特殊的时期，心理学家把它称为急风暴雨时期，这一时期女孩子的情绪波动会非常大，她们有一个非常突出的心理变化，就是自我意识的第二次高涨。面对叛逆心很强的女孩子，父母该如何走入孩子的内心世界？如何与女孩沟通呢？

"我是女孩子"——与女孩子沟通，应多夸奖

家长的烦恼

小雯13岁了，她妈妈逢人就说："这孩子，一点儿也不懂事，不听话，一天不好好学习，每天就跟她那些所谓的好朋友混在一起，都不晓得她一天在干什么……"这时，小雯总是阴着脸，不说一句话。不过，她依然会我行我素，从来不听妈妈的话。

遇到亲戚给小雯买衣服时，妈妈也会说一句："别给她买这些，她又不听话，没资格享受这些。"小雯很委屈地说："那我有资格享受什么呢？享受你一天说我的不好吗？既然我这么不好，你为什么还要养我呢？"几句话问得妈妈哑口无言，妈妈也不知道，这孩子究竟是怎么了？

关于怎样教育好女孩子，对每一位父母来说都是很棘手的问题，尤其是面对逐渐变得叛逆的女孩子，许多父母真是没辙了。打也打了，骂也骂了，可就是不见效果，孩子总是不听话。其实，随着年龄的增长，孩子愈来愈叛逆，凡事都喜欢和父母唱反调，而且你越是打骂她就越嚣张。有父母抱怨"我已经管不了她了"，难道问题真的有那么严重吗？

心理支招

父母要想教育好女孩子，就要在孩子面前多夸夸她的优点。俗话说，"好孩子是夸出来的"。这也是无数父母从亲身实践中总结出来的经验，女孩子"叛逆"，这是作为一个青春期女孩子的特征，父母需要循循善诱，切不可与她发生正面冲突。如果你还是沿用"棍棒"教育，让孩子屈服于你的威严之

下，那么，这样只会让孩子更加反感，不仅会影响亲子关系，对孩子的一生也是不良的影响。父母应该从另一个角度来看待自己的孩子，多看到孩子的闪光点，进行正面引导，这样孩子就会在夸奖赞扬中逐渐改变那些不良的习惯，而且还能够树立起自信心和上进心，形成良好的行为习惯。

1. 对女儿以赏识教育为主

在当今社会，随着社会的进步，人们观念的改变，许多父母都认识到了"棍棒"教育带来的弊端，并逐渐以赏识教育为主。的确，赏识教育作为新兴的一种教育方式，它主要是赏识孩子的行为结果，以强化孩子的行为；也是赏识孩子的行为过程，以激发孩子的兴趣和动机。

赏识教育是一种尊重生命规律的教育，逐渐调整了无数父母、家庭教育中的"功利心态"，使家庭教育趋向于人性化、人文化的素质教育。所以，父母在家庭教育中，应该摒弃落后的"棍棒"教育，主要以赏识教育为主，这样才有利于培养女儿良好的行为习惯。

2. 多发现女儿身上的闪光点

一个孩子可能会很叛逆，也可能学习成绩很差，但这时候，父母不要只看到女孩子的缺点，忽视了她的闪光点。每个女孩子身上都有闪光点，只要父母做个有心人，一定是能在生活的点点滴滴中发现的。可能她比较叛逆，但乐于助人；她语言能力也可以，还可以自己编故事；她的绘画也很不错，所画的作品还在班上展出过呢。这样一想，你就发现夸奖孩子其实并不难。

只要孩子有一点点进步，父母都不要忽视，要给予真诚的表扬。"你今天一回家就开始写作业了，这个习惯真好，我相信你会天天这样做，对吗？""今天你跟爷爷说话时用了'您'，语气也比以前更有礼貌了，很不错！"，长此以往，你会发现女儿在一次次的夸奖中变得越来越有自信了，学习的兴趣也一天比一天浓厚了，行为习惯也一天比一天好了。

3. 对女儿说话时要注意语气

随着年龄的增长，女孩子的自我意识越来越强，她也有自己的自尊心，也有自己的面子。但许多父母还是会把她当作什么都不懂的孩子，想对孩子说什么从来不考虑自己的语气。这时候，女孩子是比较敏感的，父母稍微有不耐烦的口气，孩子也能感觉到，她会觉得自尊心受到了伤害；如果父母当着许多人的面数落孩子的缺点，这更会让孩子觉得无地自容。所以，在任何时候父母都要注意自己对孩子说话的语气，以夸奖、激励为主，切忌语气太重了。另外，在外人面前也千万不要数落女儿的缺点，这会让她感到自卑。

4.对女儿的成绩予以大方的夸奖

有时候，女孩子取得了不错的成绩，父母心里虽然也很高兴，但总是会给孩子浇一盆冷水"这次成绩还行，可你同桌比你考得还好呢"，这样一个转折一下子就把女儿的自信心毁灭了。对于女孩子来说，她们的心里还很简单，她只希望得到父母的夸奖，如果父母有一点点微词，她就觉得没有了自信心，进而产生自卑的心理。所以，当女儿取得了成绩，父母千万不要浇冷水，要给予大方的夸奖，增强女儿的上进心。

5.对女儿的夸赞也需要适度

当然，"好孩子是夸出来的"并不是完全绝对的正确，教育孩子一味地靠夸奖也是远远不够的。而且，有的父母更是坚持"孩子都是自家乖"这样一味地娇宠，这样对孩子的成长也是极为不利的。无论是夸奖还是批评都应该是适度的，父母不能把女儿捧得老高老高，这样一不小心摔下来了，孩子和父母都是承受不起的。好孩子是夸出来的，父母更要拿捏好"夸"的度，这样才能培养女儿良好的行为习惯。

"我需要被理解"——沟通从倾听女儿的心声开始

家长的烦恼

一天，女儿放学回家后若无其事地告诉妈妈："今天上午上数学课的时候，我居然睡着了。"上课的时候居然睡觉！妈妈听到这话就生气了，责备说："上课时睡觉，你说我辛辛苦苦地挣钱供你读书，我都做啥了，你要这样做？"女儿有些委屈："我觉得困了就小眯了一会儿，醒来时看见老师正在讲课，我都不知道自己睡了多久，也没人叫我。""睡觉，睡觉，我让你睡觉！"妈妈开始拿着鸡毛掸子打女儿，只听见女儿的哭声。

过了一周学校开家长会，老师向妈妈反映："孩子很喜欢上课时睡觉，当着全班同学的面都批评过她好几次了，她还是这样，一点儿也不改进，希望你们可以敦促一下。"妈妈回到家，对女儿又是一顿打骂，女儿挂满泪水的脸上有一丝幸灾乐祸的笑容。

常常听到女孩子这样抱怨："父母根本不理解我们的需要，他们想说的就说个没完，而我想说的他们却心不在焉。"女孩子有着这样的烦恼是普遍存在的，其实，女孩子的内心有着许多想法，她们也有欢乐、有苦恼、有意见，如果父母没能主动走进孩子的内心世界，女孩子有了意见没能得到及时的交流，那么父母与孩子之间的鸿沟就会越来越深。

父母埋怨"女儿不理解自己的一片苦心"，女儿也抱怨"父母根本不了解自己"。孩子在这一阶段已经逐渐有了自己的内心小世界，由于惧怕、害羞等多种原因，她们会封闭自己的内心世界，不会轻易向父母吐露自己的内心想法。这时候，就需要父母主动走入孩子的内心世界，倾听孩子的所思所想，读懂孩子的烦恼与快乐，真正成为孩子的知心朋友。

心理支招

心理学家认为，父母与女儿之间的沟通，女儿是掌握着主动权的，因而有的父母就会说："她心里有什么想法，那也得开口向我说，否则我怎么能走进她的内心世界呢？"其实，女孩子心中都有一定的惧怕心理和羞涩心理，自己即便是有一些想法，她也不会主动告诉父母，而是需要父母诱导孩子说出来，或者父母通过自己的方式来了解孩子，走进孩子的内心世界。教育专家认为，要想走进女儿的内心世界，就要和女儿交朋友。

1. 主动与女儿的老师沟通

有的父母没有主动与女儿的老师沟通的习惯，他们认为女儿在学校就应该是学校的责任，如果女儿有了什么事情，老师会主动联系自己的。其实，每个班级那么多学生，老师根本不能顾及到每一个学生，这就需要父母主动与老师交流。这样，父母能及时了解女儿的学习表现和思想状况，还能够积极主动地配合老师，使女儿存在的问题能及时改正，便于父母与女儿进行顺畅的沟通，了解女儿最近的表现，有助于走进女儿的内心世界。

2. 冷静处理女儿的过错

明明知道女儿做错了，父母也应该保持冷静的心态，冷静地处理女儿的犯错行为。这时候，如果父母的情绪失控就意味着中断了自己与女儿的谈话，在女儿内心她是不希望看到父母失望的，一旦父母表现出过分的失望和担忧，就会造成女儿隐瞒真实想法的严重后果。所以，当女儿犯了错误，父母要为女儿设身处地地着想，为女儿分忧，不要对女儿的所作所为大肆发表自己的意见或者大声指责，这样女儿就会对父母说出自己内心的想法和秘密。

3. 了解女儿的内心世界

有时候，女儿并不愿意向父母坦白自己的想法和意见，甚至也不愿意与自己的好朋友交流，她们喜欢写成作文或日记。这时候，父母可以从女儿的作文和日记中了解她的内心世界。当然，看女儿的作文和日记，一定要征求她的同意，毕竟日记是女儿的隐私，公开内容是需要勇气的。这需要父母理解。

4. 与女儿成为朋友

父母要想主动走进女儿的内心世界，就要与女儿进行密切接触，消除距离感，成为"零距离"的知心朋友，这样女儿才会把自己的一些想法、做法告诉父母。这时候，女儿把父母不当作高高在上的父母，而是当作一个可以交心的好朋友，女儿对父母就不会保留自己的秘密。

5. 重视女儿的内心需要与感受

父母需要重视女儿的内心需要与感受，体会女儿的心声、苦恼，鼓励女儿表明自己的想法和感受。有时候，父母可能会不赞同女儿的一些行为，但是孩子内心的感受也是可以理解的。父母要明确，女儿对事物的感受或心理活动往往比她的思想更能引发她的行为。所以，父母应该重视女儿的感受，并对她的感受认真加以理解和评价，这样会促使女儿在你面前展露一个真实的内心世界。

6. 给女儿战胜困难的勇气

当女儿面对没有做过的事情，或没有把握的事情，或者面对困境和挑战的时候，最希望得到父母真心的鼓励。告诉女儿"你能行！""不要怕！""再加把劲儿！""你是个勇敢的孩子！""要有点儿冒险精神呀，宝贝。"，可以鼓励女儿勇敢面对，大胆进取，不断努力和尝试。

7. 认可女儿的观点和行为

女儿往往希望可以从大人那里得到认可，但我们似乎总是让她失望。告诉女儿"你的看法有道理！""你一定有好主意！""你的想法呢？"而不要轻易否定她的看法和想法，不要驳斥她的意见，学着鼓励女儿的意见，表达出自己的心声，让她按照自己的想法去做做看，去试探一番，宁愿她从中得到教训，也不要轻易否定她。没有试过，你怎么知道自己一定就比孩子高明呢？

8. 珍视女儿的进步

随时都要看到女儿的进步，并及时给予赏识，会让孩子重新建立做好事情的勇气和信心，否则会让女儿失去前进的动力。对于女儿任何的一点儿进步，都应该及时给予鼓励和称赞，欣慰地对女儿说"你长大了。"或者"不要急，慢慢来，你已经有了进步。""你一点儿也不比别人笨，妈妈每次都能看到你的努力和进步。"这些足以让女儿看到你对她的重视，产生"一定会做得更好"的勇气和信心。

"不要总说为了我好"——给女儿与自己平等沟通的语境

家长的烦恼

女儿总是抱怨："从小到大，我听得最多的一句话就是，都是为了你好。

这句话就好像一句咒语，父母总是打着爱的旗号，限制着我的自由和独立。"

只要女儿一不听话，妈妈就开始训斥："我辛辛苦苦赚钱，做那么多辛苦的事情，还不都是为了你好？你怎么就这么不听话？妈妈一心为你好，可你呢？还反过来让妈妈生气，真是太让我伤心了。"当女儿做错事情，妈妈又开始训斥，"你以为我愿意骂你、惩罚你吗？还不都是为了你好。骂你、惩罚你是为了让你知道你做的事情都是错的，让你知道悔改，让你知道以后该怎么做。"

女儿被逼急了，就会大叫："我不要你为了我好，我最讨厌你说这句话！"

在教育子女方面，父母容易陷入一个误区，不管女孩子在想什么，不管女孩子的意愿，而一味对孩子进行批评式或灌输式的教育。父母永远站在权威、强势的位置上，就不能理解孩子的想法和意愿，一厢情愿的认为自己"为了孩子好"，总是命令、强压、威胁、以暴制暴，这样反而容易激起女孩子的逆反心理，引发激烈的反抗。事实上，要想改变这种现状，就要给孩子和父母平等对话的语境，做孩子的好朋友、好伙伴，才能使家中的沟通氛围更和谐温馨。

心理支招

父母总是说，"我都是为了你好"。这些话实际上是沉重的，它带给孩子更多的是一种压力和负担。这些话如此斩钉截铁、不容辩驳，女孩子一点儿小小的反抗都被视为是大逆不道，让孩子只能带着内疚感去顺从。父母对女孩子的任何批评的话语再加上这一句"都是为了你好"之后就变得理所当然了。许多女孩子的天性就会因此被扼杀，最终按照父母认为应该的路线去规划、去发展，做他们认为对的事情。

1. 征询女儿的意见

当父母制订关于女儿的某项计划或制定规则的时候，最好听听她的意见。无论是"每天晚上只许玩半个小时的游戏，9点以前睡觉"，还是"暑假去参加某某兴趣班或夏令营"事先都最好能征求女儿的意见，对于她参与制订的计划，女儿会更有执行的兴趣和信心、耐心。不要安排女儿的一切，问她"这周末想要怎样安排？"如果孩子太小，不妨给出选择"是去游乐园还是去爷爷、奶奶家"？

2. 倾听女儿的想法

父母与女儿所处的地位不同，与女儿所关心的内容不同，想法往往也不一样，父母认为好的，不一定是女儿想要的；父母认为正确的，不一定是女儿认可的，听听女儿的想法与观点，对于女儿合理的想法和意愿，应放手让女儿去独立完成，或者设法满足女儿的合理要求。对于女儿不合理的想法，要先用心聆听，然后给出合理的建议，再让女儿自己去选择，哪怕她在尝试中会摔跤。多问问女儿"你是怎样想的？""说说你的主意？""你觉得这样解决怎么样？"这样才能培养女儿的开放性思维，提高女儿分析问题、具有开创性想法的能力。

3. 与女儿多互动

在大多数的家庭教育中，父母永远处于主导地位，女儿永远处于被动地位，被迫接受父母的命令和斥责，不管是多么没有道理的事。事实上，父母不一定都是正确的，应该尊重女儿作为一个独立个人的思想和意志，让家庭沟通变成一个双向的、互动的过程，父母可以影响孩子，孩子也可以影响父母。父母应多做出自我批评和自省，用语言和行为给孩子树立榜样。少说些"大人说话，小孩别插嘴""按照我说的去做"，多告诉女儿"妈妈也有错""我们也有责任，忽视了你的感受""你有什么想法，说出来听听"会让女儿更重视、更尊重你。

4. 允许女儿申辩

无论女儿做错了什么，请允许她进行申辩，并不要把这些申辩看成是狡辩，强词夺理，当然如果女儿任性，不讲道理，必须要坚持让女儿道歉。申辩也是一种权利，不能要求女儿俯首帖耳，这样的孩子没有前途。发现女儿不合你意，或者做错了事，应该首先思考到底谁出了问题，听听女儿的理由，而不能一味地训斥和责骂。不允许女儿申辩，不但不能使孩子心服口服，还会使她滋生抵触情绪，为说谎、推脱责任埋下恶根。女儿申辩本身是一次有条理地应用语言的过程，也是交流的过程，听听她的理由，也许你会觉得孩子这样做并没有什么错。当然申辩不等于强辩，如果发现孩子有推脱责任，强辩的倾向，应该坚持让她认识到自己的错误。

总之，父母应学会平等地和女儿交流，不权威俯视，也不强势压迫和命令，先倾听，然后尊重，实现平等，才能让孩子更服气，家庭氛围也能更融洽。

"你真正了解我吗" ——与女儿沟通之前先要了解她

家长的烦恼

放学路上，女儿一张苦瓜脸，无论妈妈怎么说，她就是不说话。妈妈憋不住了，因为刚才老师向自己反映说女儿上课总是和同桌聊天。妈妈生气了，对女儿不分青红皂白就责备："听说你上课总是跟同桌聊天？你怎么回事儿呢？妈妈这么辛苦到底是为什么呢？你为什么总是做一些令妈妈伤心的事情呢？"女儿一脸委屈："我没有，我只是……"孩子还没来得及说完，妈妈就喊道："你只是什么？只是上课说话吗？你为什么总是喜欢为自己找借口呢？难道做了错事，还理直气壮地为自己找借口……"

回到家，女儿在日记本上写了这样一段话：今天我感到很难过，因为妈妈在不了解真相的情况下就批评我。她也不问我为什么要这样做，就直接说我不对。其实当时是老师讲到了一道难题，同桌觉得没理解，就小声询问我，我当时就是给她讲解清楚。没想到就这样一件小事，老师冤枉了我，妈妈也冤枉我，难道我真的做错了吗？

"你了解自己的女儿吗？"许多父母在被问到这个问题时，几乎都会给予肯定的回答："当然了解！"俗话说，"知子莫若父"。每一位父母在一定程度上都是了解自己女儿的，并且他们能够说出一些女儿的特点。因为从女儿出生起，父母就是孩子最亲密、最值得信赖的人，所以，父母可以肯定地说"我很了解自己的女儿"。但是，父母自己的看法却是不够全面的，有着很多偏差，以至于出现"察子失真"的现象，这究竟是什么原因呢？

在现实生活中，许多父母经常与女儿在一起，却对女儿的一些行为表现熟视无睹或者视而不见，大多数父母忙于自己的事业发展，为生活琐事所累，他们很少有时间来观察女儿、了解自己的女儿，所以，在父母心中并没有形成对女儿正确、全面的认识。其实，了解女儿才是教育孩子的前提。如果父母对自己的女儿都缺乏一定的了解，那又何谈教育呢？

心理支招

英国教育家、思想家洛克指出，"教育上的错误比别的错误更不可轻视，教育上的错误正如配错了药一样，第一次弄错了，决不能弄错第二次，到第三次再去补救，它们的影响是终身改变不了的"。家庭教育也是一样的道理，父母是女儿的第一位老师，担负着教育女儿的责任，这时候，父母首要的任务就是观察并了解自己的女儿。

1. 充分了解自己的女儿

有的父母觉得自己天天与女儿在一起，对她难道还不够了解吗？其实，许多父母对女儿的了解还停留在表面上，并没有通过细心地观察，他们的了解并不细致，也不够深入，对自己的女儿了解得并不深入，没有从整体上把握女儿。父母可以在下班后，与女儿进行交谈，建立信任关系，观察女儿的情绪、性格特点、兴趣爱好，充分、全面地了解女儿。

2. 判断女儿切忌片面性

有的父母观察了女儿的行为，但他们总是带着片面的心理来判断女儿，对女儿的想法、行为以及做事判断得都不够准确。有的父母看到女儿某些方面很迟钝，就认为女儿很"笨"；有的父母觉得女儿唱歌不错，就觉得应该让她学习唱歌，父母这种片面的判断，对女儿的成长极为不利。

3. 经常与女儿聊天

在现实生活中，不少家庭普遍存在着与孩子的谈话不足的问题。许多妈妈与孩子每天的谈话都少于30分钟，爸爸则更少。但是，父母却花了更多的时间购物或者看电视。其实，作为父母，养成与女儿谈话的习惯非常重要。父母经常与女儿沟通，有利于培养女儿乐观开朗的心理素质，减少和预防心理障碍的发生。而且，父母在与女儿的谈话过程中，还可以通过对女儿语言举止的观察，了解女儿在这一成长阶段表现出来的特点。

4.观察女儿与同龄孩子的异同

除了观察自己的女儿以外，父母还要善于观察与自己女儿同龄的孩子。同龄孩子的身体、智力、心理的发展特点都是类似的，如果自己的女儿最近比较沉默寡言，这说明她有心事了，或者显得比较早熟。而且，父母还可以制造一些情景，比如带着女儿参加活动，带着女儿造访亲友，这样都可以观察女儿与平时不同的表现，了解女儿的行为特点。

其实，女儿就在身边，关键是父母要做一个有心人，要通过女儿的一举一动、一个表情，或者是一句语言，了解她的心理、情绪，全面了解女儿，把握女儿内心深处的想法，从而对女儿进行有针对性的教育，促进她个性的发展。

"你就只关心我的学习吗"——鼓励和微笑才是最佳的沟通方式

家长的烦恼

妈妈有些望女成凤的迫切心情，平时最关心的就是女儿的学习。每天女儿高高兴兴、蹦蹦跳跳地背着书包放学回来时，总是兴高采烈地喊上一句："爸爸妈妈，我回来了。"在书房里忙活的爸爸应了一声，妈妈则板着脸问："今天学习怎么样？布置了哪些作业？最近又考试没有？考得怎么样？"在妈妈连珠炮般的追问下，女儿一张笑脸变成了苦瓜脸，悻悻地提着书包进屋学习去了。时间长了，女儿就会有意地避开妈妈，放学回来也不像以前那样兴高采烈地高声呼唤他们了，而是偷偷地溜进自己的房间，有时候甚至还会把门锁上。隔着房门，妈妈也是语气冰冷地问："这次考试怎么样？"只听传来女儿闷闷的一声"嗯"。

离期末考试越来越近，妈妈感觉到了女儿与自己的距离也越来越远了，女儿更少说话了，总是一副郁郁寡欢的样子，有时候还发现早上她会偷偷地抹眼泪。妈妈问她，她也不吭声，妈妈慌了，女儿这是怎么了？

许多父母都很关心女儿的学习，眼睛总是死死地盯住女儿的学习成绩，每天就像例行公事一样冷冰冰地问候女儿"今天学习怎么样""考试了吗，考得怎么样"，望女成凤的心切让他们忽视了对女儿健康的重视，尤其是女儿的心理健康。父母都在问女儿的学习情况，是否有父母会问"你今天过得快乐吗"，即使女儿本来拥有愉快的心情，在父母冷冰冰的语调下，以及板着脸的注视下也会消失得无影无踪。

于是，父母抱怨"女儿越大越不听话，连父母的话都不听了""感觉到女儿与我有了很深的隔阂，也不像以前那样跟我亲近了"，问题的根源就是父母的微笑太少了、责备太多了；鼓励太少了、批评太多了。当女儿想与父母进行有效地沟通时，父母却关紧了自己那扇心灵之门，只留给女儿一张毫无表情的面孔，试问，女儿还会与你亲近吗？

心理支招

心理学家研究发现，良好的性格是感受和创造快乐的基础，注重培养女儿快乐的性格，有利于女儿健康成长。女儿需要父母的微笑、需要父母友好的态度，而不是公事化的语调或者毫无表情的一张脸。有时候，当父母在抱怨"女儿开始疏远自己"时，很大程度上都是源于父母对待女儿的态度。

虽然父母是成年人，可能会有许多生活和工作中的烦恼，但是在面对女儿的时候，请对女儿多一些微笑，走进女儿的心灵深处，了解她的思想，把你的快乐传递给孩子，缩短与女儿之间的心理距离。

1.营造和谐愉快的家庭氛围

有的家庭，气氛比较容易紧张，父母总是板着一张脸，为了一点点小事就吵架。心理学家认为，在这种家庭环境中长大的孩子，容易疏远父母，甚至容易出现不良的行为。家庭对于女儿来说是一个温馨的港湾，一个可以嬉笑玩闹的地方,愉快的家庭气氛,可是使女儿养成乐观、积极向上的性格。同时,增加了父母与女儿之间的亲密度,因为父母那友好的笑脸能给予女儿信任与温暖。所以,父母之间互敬互爱,多对女儿笑笑,家庭就能充满欢声笑语,对女儿来说这是非常有必要的。

2. 在女儿面前控制好自己的情绪

有时候,父母也会因为工作和生活上的一些烦恼而愁眉苦脸,这时候,为了女儿健康成长,需要努力控制好自己的情绪,面对女儿时露出笑脸,让她感染快乐的情绪,与自己亲近起来。许多父母自己有了烦恼,就会对女儿大吼大叫,冷着一张脸,说话也是冷淡的语调;有的父母在女儿犯了错时,控制不住自己的情绪,对女儿施行打骂教育。这样时间长了,女儿就会逐渐远离父母,与父母之间的隔阂也会越来越深,根本不利于父母与女儿之间的顺利交流。所以,在女儿面前,父母需要努力控制自己的情绪,多给女儿一点儿微笑,多一些鼓励,这样女儿与你的距离就会越来越近。

3. 多一些微笑与鼓励,少一些责备与批评

家庭教育是教育的重要部分,家庭教育的方式也成为重中之重。父母对女儿要多一些微笑与鼓励,少一些责备与批评。责备越多,女儿所受到的心灵伤害就越大,她的内心对你增加了防御与反抗,父母与女儿之间的距离就会越来越远。所以,父母要改变自己家庭教育的方式,给女儿多一些微笑与鼓励,少一些责备与批评,做女儿最亲近的知心朋友。这样,在女儿的成长路上,你才能走进女儿的心灵世界,读懂女儿的真实内心。

"为什么我要听你的"——请蹲下来与女儿说话

家长的烦恼

放学回来,爸爸让女儿文文赶快去写作业,文文一边磨蹭着一边嘀咕:

"爸爸，我先把这本课外书看完，行不行？"正在为工作而闹心的爸爸有点儿不耐烦地说："爸爸叫你去写作业，你就去写，不要在那里啰唆，也不要在那里讨价还价，明白吗？没看到爸爸正忙着呢。""我也有说话的权利。"文文一边小声地说着，一边赶紧溜进了自己的房间。

正准备发火的爸爸听到了女儿的那句话，有些不可理解："你一个孩子，有什么说话的权利？爸爸说这些话都是为了你好，你年纪还小，又没判断力，得听爸爸妈妈的。"

许多父母在女儿面前都摆出一副高高在上的模样，言行举止中透露出作为父母的威严与不容侵犯的权威。于是，对面的女儿显得战战兢兢，在与父母的相处中，她学会了不讲道理，学会了"镇压"的方式，她甚至学会了父母的沟通方式。在女儿嘴里，也经常蹦出"闭嘴，我不想再听了""你跟我说再多还是没有用，我已经决定了"等一些话。

父母感到诧异，女儿怎么会用这种语气与自己说话呢？要么，有的孩子对父母完全关闭了自己的心灵之门，无论父母怎么劝说，女儿就是不肯说出自己内心的想法。出现这样一些现象，都是因为父母在很多时候，习惯以高姿态来教育孩子。他们认为女儿什么都不懂，在很多事情上，父母擅自做主，不允许女儿有一点点逆反的意思，如果女儿提出了异议，父母就会大手一挥，说："你懂什么，该干什么就干什么去。"这样一种高姿态扼杀了女儿想表达的欲望，也破坏了父母与女儿之间亲密的关系，继而给双方的沟通带来一些阻碍。

心理支招

把女儿放在平等的位置，与女儿成为朋友，这些道理父母都懂。但是，在与女儿沟通的时候，父母还是会犯一个严重的错误。父母始终把女儿摆在了自己对立面的位置，他们认为自己说什么，女儿就得听什么，凡事要以自己为标准，有的父母甚至不知道怎样去放下自己的身段和孩子在平等的高度上自由地交流。

其实，女儿的心灵世界，远比父母想象的还要丰富，也比想象中更敏感，女儿会用自己的标准去判断事物的好与坏，去衡量父母在自己心中的位置。所以，要想了解女儿，与女儿进行顺利的沟通，并不是说几句简单的话就会有效果的，而是需要父母放下自己的高姿态，把女儿摆在与自己同等的位置上，这样才能进行有效而顺畅的沟通。

1. 与女儿平等地沟通

父母要想自己的想法能被女儿所接受，就要找准自己的位置，放下自己的高姿态，与女儿进行平等地沟通。父母与女儿的平等沟通，不仅仅是位置与角度都要与孩子们一致，还是思想观念上的一致，尽可能地与女儿站在平等的位置上交流，了解女儿的思想，这样才能真正地了解女儿的所思所想，与女儿实现更有效的沟通。

2. 父母应反思自己的教育方式

有的父母说自己的女儿越来越不听话，这时候，父母应该反思自己的教育方式，自己对女儿了解多少呢？是否与女儿进行了平等沟通呢？女儿有自己的想法和意见，若父母发现了女儿想表达的欲望，就要循循善诱，让女儿大胆地表露出自己的想法，对于女儿的想法，父母如果觉得合理，可以给予支持。当父母实现了与女儿的平等沟通，父母才会更受尊重。

3. 蹲下来，做女儿的朋友

父母感觉女儿会处处与自己作对，女儿感觉父母处处限制自己的自由，追根究底，就是父母没有能成为女儿的朋友。要想了解女儿更多，与女儿进行更加有效的沟通，就要放下自己的高姿态，做女儿的朋友。当你把女儿当成了朋友，与她平等地相处，她也就会用心学习了，这样就调动了女儿的积极性，让她主动意识到学习的乐趣，这比打骂教育更有效。在你与女儿成为朋友的过程中，她体会到了尊重，体会到了与你相处的快乐，作为父母，你收获的是否会更多呢？

第 10 章

青春叛逆期学习引导：
10~18岁的孩子要培养良好的学习习惯

怎样让孩子觉得学习是轻松的事情，这需要父母做引导。让孩子感觉学习很轻松，解决一道难题会很有成就感，孩子渐渐地就会对学习产生浓厚的兴趣，甚至不用父母监督就会沉醉在学习的乐趣中。

怎么提高学习效果——帮女儿制订高效的学习计划

家长的烦恼

周末，妈妈和爸爸带着女儿回了外公家，还没有走进家门，女儿就向外公怀里扑了过去。外公用胡须扎了扎小孙女的脸，笑着说："咱们外孙女长大了，现在是小学生了，再也不是那个爱哭哭啼啼的小娃娃了。"女儿摸着外公的胡须，外公抱着她。"小学四年级第一学期吧？"女儿点点头，外公继续说道，"这时候很重要，开门第一炮，打算期末考试考多少分呢？全部考100分外公可有奖励呢。"小孙女好奇地看着外公："什么奖励？"外公放下她："你想要什么，外公就给你买什么，好不好？""好，这可是您说的啊，不许反悔哦。"女儿向妈妈跑去，一边喊着："妈妈，妈妈，我要考100分，我要考100分。"妈妈搂着女儿，笑着点点头。

对女儿来说，考100分就算是一个目标，然而，需要达到这个目标则需要一份完整的学习计划。制订有效的学习计划，有助于女儿养成良好的学习习惯。按照科学的学习计划行事，可以让孩子的学习与生活节奏分明，一旦养成了习惯就会形成条件反射。在学习时就能安心学习，在课余时间就会自觉地去参加活动，这些都会成为自觉的行为，时间长了，就会养成良好的学习、生活习惯。而且，学习计划是有科学性的，当女儿知道自己如果再多玩一个小时，多聊一个小时，那就会让自己计划里的某项任务完不成，那这项任务会给自己整个学习带来影响，那她就会克制自己想玩的欲望。

几乎每一位父母都关心女儿的学习，希望她能全面地掌握知识，但有的父母却不得要领，事必躬亲，但却不见成效。实际上，父母作为女儿的领航人，应该帮助其制订可行的学习目标和学习计划，以兴趣作为孩子最好的老师，让她在愉快的气氛中学习。

心理支招

面对女儿的学习问题，有的父母觉得她还小，没有必要拟定什么学习计划，任她们自由发展就行了。而对于大多数父母来说，都为女儿制订了学习计划。虽然在现实生活中，绝大多数孩子都有在父母帮助下制订的学习计划，但却往往不能成功地施行。主要原因在于他们的学习计划不合理，不是太空泛，就是太具体。有的父母制订的学习计划太空泛了，没有可操作性。

那么，父母应该如何引导孩子制订学习计划呢？

1. 引导女儿制订学习计划

许多父母抱怨孩子太累，要看、要学的东西太多了，每次面对课本都会感觉无从下手，其实造成这种现象的最大原因就是女儿学习没有计划性。制订一个学习计划可以快速提升她的学习效率，让女儿在有限的时间里最大限度地完善自己的不足之处。比如，制订日计划和周计划，将计划与课本内容相结合，每天哪个时间段看什么课本，在多长的时间内应该看完这本书，多久的时间来进行复习，看到什么样的程度之后需要通过做题来检验。

2. 引导女儿合理安排哪个时间段该做什么事情

举个例子，某同学每天学两个小时的数学，这对他而言是合适的学习时间。但在一次考试中，数学成绩开始出现下滑的现象，那么他会从现在开始每天用三个小时来学习数学吗？当然不会，因为他不可能长时间地保证每天用三个小时学数学而不感到厌倦，一旦自己对学习感到厌烦了，学习成绩就会下降。父母应该明白这个道理，告诉女儿坚持实施计划，就是保持过去适合自己的学习时间不动摇，一次的考试成绩并不能否定你之前制订的有效的学习计划，只有每天按照自己制订的计划坚持做下去，才能实现自己的目标。

3. 让女儿将短期和长期计划相结合

当女儿在开始学习之前，父母都需要为她制订一个周密的学习计划，短时间的，比如 3 个小时的自习时间，然后分成若干个时间段，每个时间段做哪个科目，按此制订好计划；长时间的，比如看课外读本计划，半个月的时间看完一本书，每天看几页，一天中的哪个时间段适合看书，这些都需要写在学习计划里。

4.指导女儿早晚预习和检查自己的学习计划

父母可以引导女儿每天早上醒来，躺在床上闭着眼睛，想想这一天有哪些事情要做，哪些章节要看，哪些习题要写。把这一天的任务都规划好，然后按照自己的计划去严格执行。晚上睡前检查一下，今天的计划是不是都完成了，完成的结果是不是让自己都很满意，就这样，每一天、每一周、每一个月，早晚都要规划和检查自己的学习计划，才能切实地提高女儿的学习效率。

5让女儿做时间的"小主人"

同样是一天，不同的人会有不同的效率。比如，有的孩子善于科学地安排自己的学习时间，学习和生活安排得井井有条，其效果也很好；有的孩子却相反，整天瞎忙，学习和生活毫无规律可言。对此，父母要指导女儿清楚自己一周之内需要做的事情，然后制订一张日作息时间表，在表上填一下非花不可的时间，比如吃饭、睡觉、上课、娱乐，等等。然后选定合适且固定的时间用来学习，留出足够多的时间来完成老师布置的阅读和作业。

当然，当父母引导女儿制订好一份学习计划之后，还需要及时调整。当计划执行到某一个阶段的时候，需要检查她的学习效果，并对原计划中不合适的地方进行调整。而且，计划制订之后需要坚决执行，否则前面所做的就是无用功。对于那些喜欢拖拉的女孩子而言，坚持执行计划是极具挑战性的。

老师讲的孩子印象不深——帮助女儿做好课前预习

家长的烦恼

这些天爸爸出差去了，妈妈担负起了辅导女儿艳艳功课的任务。可是，让妈妈感到困惑的是每次辅导艳艳写作业，都会发现艳艳对白天所学过的知识感到很陌生。妈妈问女儿："上课的时候有没有认真听老师讲？""有，可是我听不懂。"女儿一本正经地回答。妈妈又问道："听不懂为什么不问老师呢？""老师下课就走了。"女儿显得很无辜。妈妈不得不临时当起了老师，把她不懂的知识重新讲解一遍，这时候艳艳才明白了，妈妈还要辅导女儿完成作业，直到晚上快10点了才做完。最后，妈妈叮嘱艳艳，明天上课可要认真点儿，可不料第二天放学回来后艳艳对老师所讲的知识还是一知半解，妈妈有点儿生气了，难道老师没有讲清楚吗？

　　其实，并不是老师没讲清楚，而是孩子疏于课前的预习。在课堂中，老师讲授的新知识，都是在学生现有的知识水平的基础之上进行讲解的，由于课堂的时间有限，老师也不会提供太多的时间让学生去思考。在这种情况下，如果学生对老师所讲述的知识一无所知，势必会难以理解老师所传授的知识，即便能够理解一些，对于学生来说也是很有难度的。这样一来，孩子的学习就处于被动的位置，所接受的知识也很有限，自然也就会降低课堂效率。

　　很多父母都有同样的担忧，即使老师已经放慢了教学速度，孩子们还是普遍反映自己理解起来很困难。其实，这时候孩子刚开始接触系统知识的学习，本来就有一定的难度，而教材的改革也给他们的学习带来了不小的挑战。因此，在这种情况下，父母要帮助孩子做好预习工作，并让孩子养成预习的良好习惯，这对于孩子今后的学习生涯是十分有益的。

心理支招

　　女儿在学校学习的时间是有限的，如果她能养成预习的好习惯，并坚持预习从而养成自学的习惯。课前把那些原本不会的学会了，掌握了新知识，对新知识进行积极地思考，时间久了就会养成良好的学习习惯，提高了孩子的自学能力，在以后的学习生涯中，女儿就会觉得越学越会学，越学越轻松，学习成为了一种能力，自然也就不用父母操心了。

1. 帮助女儿养成预习的良好习惯

父母要帮助女儿养成预习的好习惯，刚开始的时候，父母需要有点儿耐心，告诉她怎么样预习、什么时间预习、预习哪些内容，还可以适当地提出几个问题，让她带着问题去预习。长时间的指导之下，女儿就会把预习当作学习的一部分，养成预习的良好习惯，这时候，她就会觉得听老师讲课没那么困难了，也能体会到轻松学习的乐趣。

2. 教会女儿预习的方法

父母还应该掌握预习的方法，通过这些方法慢慢引导女儿，让她能够独立地完成预习。预习并不是把老师即将要讲的知识粗略地浏览一遍，这其实只是预习的一个步骤，那要怎样预习才能提高学习效率呢？预习主要是让她知道哪些知识是看得懂的，哪些知识是不能理解的，哪些地方感到困难，哪些地方觉得有问题，这样才能有效地做好预习。

（1）浏览。引导女儿首先浏览一遍新知识，阅读文本教材，阅读下面的注释，浏览课后的练习。也就是在正式学习之前浏览教材，了解教材的结构和知识的内在联系，预习每一个知识点。

（2）查阅工具书。面对那些不理解的知识，要让女儿学会查阅工具书，扫清阅读障碍。因为在新知识里，必定或多或少会有些她不理解的知识点，这时候就需要她在预习的时间用笔勾画出来，并通过查阅相关的工具书进行注释。

（3）思考。预习并不只是用眼睛看一遍，父母可以在预习前给女儿提出几个问题，让她带着问题预习，带着问题思考。对于一些简单的问题，父母可以讲解给女儿听，若是一些有难度的地方，父母可以告诉她明天老师讲解的时候需要认真听，找到相关的答案。

刚开始的时候，父母带着女儿一起预习，把方法教给她。后面，父母就可以以辅导者的身份指导女儿，久而久之，她就能独立完成预习工作了。

孩子对某一科特着迷——治疗女孩偏科的小"偏方"

家长的烦恼

罗妈妈眉头紧皱，她讲了自己担忧的一件事——

我女儿在八九岁的时候，就对乡下田地里出现的碎瓷片很感兴趣，经常捡一些回家收藏，之后还买了许多陶瓷的书籍阅读，我们都觉得她在这方面很有天赋。

进入初中之后，她对青铜器和古文字的研究更是到了痴迷的程度，常常一个人关在房间里看考古方面的书籍。可是，面对她这样的情况，我们却很担忧，她的语文成绩很突出，但英语和数学却相对表现出弱势，拖了后腿，我真的很替她着急，她现在的成绩在重点中学的录取分数线上下，由于受到数学成绩的限制，以后想考好大学很危险。我们一家人都为此担忧，希望孩子能提高数学和英语成绩，但孩子很坦率"我就喜欢考古，不喜欢数学和英语"。我真不知道该怎么办了？现在模拟测试成绩出来了，由于数学和英语的牵绊，孩子的分数离重点中学还有很大的一段距离，恐怕是她空有一技之长，也是深造无门啊。

父母在关注孩子的学习情况时，无意中会发现一个有趣的现象：他们做有些科目的作业速度很快，轻松自如；而在做另外一些科目的作业时，却总是磨磨蹭蹭，拖拉半天连本子都没打开。每每到了这个时候，父母就会忍不住生气了："怎么总是这样拖拖拉拉？"意识到孩子这门功课不太好，就想方设法地给孩子找老师辅导，但是，现实情况依然是"老黄牛拉破车"，没多大进步，难道是孩子太笨了吗？

其实，造成这种情况的原因并不是因为孩子太笨了，而是孩子偏科。有数据显示，大约有21%的小学生有偏科现象，到了高中，偏科学生的人数更是上升到了80%。对此，教育专家提醒，孩子的偏科应越早发现越好，只要父母能正确引导，找到孩子科目弱势的原因，就可以避免把早期的学科弱势发展成偏科。

华东师范大学资深心理咨询师陈默这样说道："要纠正偏科，首先要搞清楚引起孩子偏科的原因，然后对症下药，才能取得好的效果，有些先天弱势可以通过家长的正确引导来纠正，否则只会在偏科的路上越走越远。"

心理支招

父母应该明白，造成女儿偏科的原因是多方面的：首先是她的心理因素，由于父母过多地表扬和无意识的暗示，使她产生了认识偏差，认为自己只要某科学得好，别的都不重要。在青春期，由于个体的差异，有的女孩子在逻辑和抽象思维方面没有形象思维发展快，会出现偏科现象；其次，女儿在学习过程中没能把每科的知识点细化，一旦学习有难度，她就会逐步失去对该学科的兴趣；最后，女儿不能跟随老师学习，不能理解老师所讲述的知识点，不能完成作业，这些都有可能造成偏科。

1. 不要给女儿偏科的心理暗示

许多父母在发现女儿偏科现象的时候，会忍不住说"啊，英语确实太难了""我以前读书时也总是作文写不好"，如此一来就会给她偏科的心理暗示。可能有的父母只是想给女儿一点儿鼓励，告诉她自己曾经也遇到过同样的困难。但是，对于学习阶段的女孩子来说，这样的话很可能会给她带来偏科的心理认同教育，暗示女儿"偏科真是没办法纠正"，将加重她的偏科程度。

2. 对待女儿的偏科现象要明确态度

作为父母，对女儿偏科的态度是什么？其中，有20.93%的父母选择了"完全不能接受，孩子必须全面发展"，58.14%的父母选择了"一定程度上可以接受，甚至一定条件下鼓励偏科"，其余的父母则选择了"凭孩子自由发展"。心理学家认为，父母持有什么样的观念，决定着父母在纠正女儿偏科中的角色。

3. 培养女儿对弱势学科的兴趣

"兴趣是最好的老师"，有的女孩子偏科就是对该学科缺乏兴趣。对此，父母应想办法培养女儿对弱势学科的兴趣，多给她讲这个科目在现实生活中应用的事例，让她从心理上自觉消除厌恶感和抵触感。

4. 联合女儿偏弱学科的老师共同鼓励她

另外，你可以找女儿偏弱学科的老师认真谈一次，让老师鼓励她学好这门功课。告诉女儿"老师跟我说，其实你学英语挺有天赋的，因为你的记忆力很好"，如果老师能关注她，那么，一定会收到"春雨润物细无声"的效果。

为什么她的理科学不好——增强女儿对理科的"免疫力"

家长的烦恼

一对母女走进了心理咨询室，母亲开口诉苦说："女儿一直以来就偏好文科，不喜欢理科，马上上高二了，快分班了。以前，她的理科成绩再差也是及格的，但现在越来越差了，数、理、化三科的分数加起来也不及格，我真是急死了。"心理咨询师询问："那你对你女儿的偏科有什么看法呢？"母亲不以为然地说："老实说，作为母亲，我也是一个女人，我理解她，我本身也是学文科出身的，我觉得女孩子读理科太累了，读文科相对来说要轻松很多，将来走入社会工作起来也轻松。"

听了母亲的话，心理咨询师说道："看来，一直是你们做父母的引导，使得你女儿的偏科越来越严重。"母亲一脸茫然："这怎么能说是我们引导错误呢？本来，理科对于女孩子来说就是一道难关，学不好理科，那是因为她是女生，逻辑思维不行，女孩子更擅长文科，我也是这样考虑的，所以，才引导她以后在分科时选文科。我也是依孩子的情况而定，难道我的引导真的有错吗？"

难道我引导女儿学文科真的有错吗？母亲的疑问也反映出大多数父母的困惑，在人们传统的思维中，似乎女性更多地应选择教师、文秘、新闻、艺术等职业，而学理科不是很适合女性，尤其是跟体力有关的工科。在中学校园里，理科班大多是男生，只有寥寥几个女生做点缀，女生大部分被定义为"文科生"。之所以说女生"被"定义为文科生，是因为长期以来，社会和人们对于女孩子应学文而排理的现象。

一位刚上高一的女生这样说："班主任说上了高中后最大的难关就是数、理、化，理科一直是我的弱项，这下子我更恐惧了，听说女生上高中后理科学得不如男生，导致总成绩下降，真的是这样吗？"这位高一女生的忧虑反映了大多数青春期女孩子的心理，而在这样的情况下，父母对于孩子的引导也起了误导的作用，许多父母不忍心孩子吃苦，总觉得"女孩子学文科就差不多了，没必要去读理科"，父母的这一观念让女孩子更害怕理科，偏科现象更严重。

在传统观念里，女生擅长学文科，而理科则是男生的天下。但是，教育专家却认为，"女生更有学理科的优势，相对于男生，女生贵在能够沉下心来，记忆力好，虽然反应可能不及男生快，但只要将勤补拙，学习理科不会比男生差，尤其在准确率方面，女生会高过男生"。

心理支招

一位高中物理老师在教学两年中，总结出这样一段话："工作两年多了，我发现班里的女生物理成绩明显不如男生，是什么原因呢？并不是高中女生变笨了，而是存在部分的性别差异和心理差异。从生理上看，男女生在智力相同的条件下也有不同的智力特点，男生的逻辑思维、抽象思维占优势，而女生擅长于形象思维。而物理等理科需要靠的恰恰是逻辑思维，因此，女生在学习理科时会存在一定的困难；从心理上来说，高中女生敏感多愁，情绪稳定性差，她们存在一定的自卑心理，曾有一位成绩优异的女生告诉我'老师，我很自卑，我觉得什么都不如人家'，在这种心理特点的驱使下，她们觉得理科更加困难，偏科的现象更严重"。

1.摆正心态，引导女儿纠正偏科现象

女孩子偏文科现象严重，除了其本身的生理、心理特点以外，还在于父母引导的错误观点。许多父母认为"女孩子嘛，就适合做老师、文员之类的工作，没有必要太辛苦"。对此，父母要摆正心态，引导女儿培养对理科的兴趣，比如"理科学好了，可以帮助你掌握一门真正的本领，在生活中是很实用的"。

2.让女儿学会动手

男孩子为什么逻辑思维、抽象思维那么好，因为男孩子比较调皮，喜欢动手拆东西，组合新的东西。在化学、物理的实验课上，许多女生都是站在一边看男生做实验，自己则只抄一下数据，这样对学习是很不利的。对此，父母要鼓励女儿，不要怕弄坏仪器，要敢于动手操作，告诉她："理科是一门以实验为主的学科，许多知识需要在实践中体会"。

女孩的学习越盯越差——女儿厌学，父母有妙招

家长的烦恼

这些天张先生四处打电话求助，"一向听话的女儿突然就厌恶学习了，真不知道该怎么办才好"。

张先生说："开学没几天，正在上初二的女儿在一次放学回家后就显得闷闷不乐，也不像往常一样做家庭作业，而是把自己一个人关在卧室里，半天也不出来。张先生推开门看见，女儿趴在床上似睡非睡。就随口说了一句，'还不赶快写作业！'女儿突然对着父亲咆哮了起来，'就晓得催我写作业，我再也不上学了！'张先生一下子惊呆了，平时听话的女儿这时像变了一个人似的，满脸涨得通红，一副怒不可遏的模样。张先生问女儿为什么不想上学，她死活不说，只是不停地嚷嚷'我不想上学！不想上学！'"

为了弄清楚女儿到底为什么厌学，张先生第一次主动给女儿的班主任打了

电话。通过交流得知，女儿最近的课堂表现很糟糕，无精打采，经常在课堂上看漫画书。几位任课老师纷纷反映，她学习很吃力，没办法及时消化老师所讲的内容。末了，班主任给张先生敲了"警钟"。

对于这样的案例，教育专家认为，初二是初中生产生两极分化的关键阶段，课程多了，学习内容增加了，难度也加大了。在这一阶段，学习好的学生开始显山露水，而学习比较被动的学生则容易掉队。张先生的女儿很有可能是由于学习上的挫败影响到心理，而这样的心理又没能得到及时的排解，压力过大而产生厌学心理。对张先生来说，应该细心疏导女儿的心理，让孩子认识到读书的重要性，争取让她自己提出回到学校，如此才能事半功倍。

在现实生活中，许多孩子一提到上学就感觉浑身难受，出现肚子疼、出汗、失眠等症状，到医院做检查却发现孩子的身体没问题。这时候，作为父母就应该引起注意了：孩子有可能得了厌学症。厌学症是目前青少年诸多学习心理障碍中最普遍的问题，是青少年最为常见的心理疾病之一。

从心理学角度来看，厌学症是指孩子消极对待学习活动的行为反应模式，主要表现为学生对学习认知存在偏差，情感上消极对待学习，行为上主动远离学习。那些患有厌学症的孩子往往对学习失去兴趣，他们没有明确的学习目的，恨书、恨老师、恨学校，严重者甚至一提到上学就表现出恶心、头昏、脾气暴躁、歇斯底里的样子。

心理支招

引发青春期女孩子厌学症的原因很多，大致可以分为主观原因和客观原因：（1）主观原因，许多女孩子自身比较懒惰，怕苦怕累，总觉得学习是一件很苦很累且很乏味的事情，一看到书本就头痛，总想找机会逃避学习。或者，有的女孩子在学习上付出了很大的努力，但每次考试都不理想，她们就觉得自己不是学习的料，开始厌倦学习。（2）客观原因，校外娱乐场所，诸如电子游戏室、网吧等带来的影响。有的则是父母强制女孩子学习，影响到女孩子对待学习的态度。学业太繁重，女孩子每天都沉浸在学习中，没有时间放松，使得她们对学习产生逆反心理和厌倦心理。

1. 降低对女儿的期望

父母总说考试要考第一，但是，"第一"只有一个，不是每个女孩子都可以做到的。因此，作为父母应该正确认识这样的结果。在与女儿交流的过程中，了解她在学习中遇到的困难，帮助她制订切实可行的学习计划。在学习之外，要多与女儿沟通，女儿考试失败了，要对她说"你是最棒的！""你已经尽力了！"帮助女儿重新树立信心。

2. 让女儿体验到成功的快乐

趋乐避苦，这是人之常情。如果女儿在学习上总是摔倒，她们体验不到成功的乐趣，自然不愿意努力学习。那么，父母可以制造机会。比如，女儿英语比较差，你可以让她先做几道简单的习题，让她轻松完成，在体验到学习的乐趣后，再逐步增大习题的难度。

3. 引导女儿积极地进行自我暗示

那些经常给予自己积极的心理暗示的女孩子，往往能避免学习的失败。对此，父母要引导女儿学会积极的自我暗示，经常对自己说一些激励的话。比如，每天早上起来，对着镜子说"我是最棒的""今天又是美好的一天"等。

女孩复习不吃力——引导女儿做好复习计划

家长的烦恼

晚上9点，小雯还在为两道数学题而伤脑筋，这两道题从8点就开始做了，妈妈在旁边看着，心里也很着急。眼看时间一点点过去了，妈妈果断地对小雯说："这两道题太难了，你先放一放，今天先休息吧，明天再看看，也许就能解答了。"小雯满脸沮丧："从8点到现在，我什么都没有干，已经浪费很多时间了。""可是，现在太晚了，你再纠结下去，还会浪费更多的时间，休息好了明天才有精力应付其他科目的复习。"妈妈安慰道，小雯闷闷不乐地收拾东西回自己房间去了。

面临孩子最重要的考试，许多父母都慌了，不约而同地提出同一个问题：怎么样帮助孩子复习功课呢？有的父母甚至觉得自己本来文化程度就不高，现在课本又进行了大幅度地改革，有的问题自己都看不懂，更别说辅导孩子复习了。眼看着孩子如此紧张，自己却帮不上任何忙，心里感到很对不起孩子。其实，父母不能代替孩子学习，但可以从方法、策略、习惯等方面来指导孩子，一旦孩子掌握了正确的方法、良好的习惯、科学的策略，那么复习效果自然就会体现出来。

心理支招

一旦女儿到了学习最重要的阶段，老师讲课速度就会比较快，平时留给孩子们的作业也会比较多。有不少孩子在复习功课时缺乏计划，一会儿背英语，一会儿做数学题，这样杂乱无章的复习，结果哪一科也没能复习好。所以，要想女儿的复习取得事半功倍的效果，父母应该和女儿一起制订一个适合她的水平与进度的复习计划，在复习计划的制订过程中，父母有必要给予相应的提示和建议。

1.引导女儿制定合理且完善的时间表

许多女孩子虽然按照计划复习了，却并没有取得良好的效果，造成这样的结果的原因是多方面的，有的复习计划太过于笼统、不够完善，女儿没有充分支配好复习时间，自然达不到预期的效果；有的复习计划太过于繁琐，细到每一分每一秒做什么，女儿并不是士兵，在这样的复习计划中，也会打击她的积极性。所以，父母要帮助女儿制定一个相对完善的时间表，既要涵盖每个月的整体安排，又要包括每个月、每天、每时的细节规划。

2. 复习计划要紧中有松

针对重要考试所制订的复习计划，时间安排肯定是很紧的，但是复习计划还需要留有一定的余地，切忌"满打满算"。比如，晚上7~8点复习语文，8点就开始复习数学，这样安排就太紧了，在这中间应该有个缓冲时间，7~8点复习语文，8点15分以后再复习数学，这样，语文复习之后可以轻松一下，喝水或者小憩一会儿，稍事休息，而不是"连轴转"，以免女儿身体会承受不了。而且，留有余地还可以保证上一时间段复习计划的完成，万一时间到了，但女儿还有一些问题没有做完，中间这15分钟就可以解决那些遗留的问题，也不至于女儿产生浮躁的情绪。

3. 引导女儿随机应变地执行复习计划

其实，在执行复习计划时也需要懂得适当地放弃。有的女孩子性子比较倔，在复习过程中碰到了一道难题，卡了一个小时也没有思路，却非要做出来不可，结果把一个晚上的时间都浪费了。而且，到最后那道题还是没有解出来，其他的复习计划也耽误了，这样女儿的情绪也会受到影响。所以，父母需要告诉女儿要灵活地执行复习计划，先完成其他科目的复习计划，如果后面还有剩余时间，再回过头来处理"遗留问题"，如果没有时间就放到后面再做。

4. 女儿复习要兼顾全面

有的女孩子有种畏难情绪，对自己喜欢的科目就先复习，对自己不喜欢的科目就放到后面；有的女孩子喜欢先复习自己的强项，再复习自己的弱项。其实，这样对整个学习计划都是有影响的，那些不喜欢的科目、弱项会受到影响，始终没有得到实质性的提高，导致喜欢的科目、强项越来越强。其实，每个女孩子都有自己的强项与弱项，父母要告诉女儿，优势要强化，劣势也要弥补。

另外，父母应该提醒女儿，执行复习计划贵在坚持，不要三天打鱼两天晒网。有的女孩子将复习计划制订得很好，但只执行了两三天，遇到了困难就放弃了，原来的复习计划也就形同虚设。当然，这需要父母在旁边监督，引导女儿认真展开复习工作，让她轻松自如地应对考试。

我为什么要这么辛苦地学习——帮助女儿走出学习的"迷茫期"

家长的烦恼

走进心理咨询室的是一位脚步蹒跚的妈妈，她讲述道："女儿马上就要上初三了，临近高考了，可她的学习越来越不像样，昨天回到家，我叮嘱她好好学习，没想到，她生气地说，'学习，一天就知道让我学习，学习有什么用啊？你没听说过，百无一用是书生吗？那么厚厚的书本能当钞票使吗？'我一听，火冒三丈，吼道，'那你现在这个年纪，不学习能干什么？你想清楚没有，你的未来到底是怎么样？'女儿听我这样一说，立即就变得垂头丧气，她向我抱怨，说读书没用，但是又不知道自己能干什么，对自己的未来很迷茫。你说，我都这把年纪了，我就这么一个女儿，她说不想读书就不想读书，我这个做家长的该怎么办啊？"

近年来，多家心理咨询门诊反映，青少年心理门诊就诊人数逐年上升。这些孩子本应该朝气蓬勃、无忧无虑，但是，他们却总是把"郁闷""纠结""迷茫"这样的词儿挂在嘴边。对此，某心理咨询师关于一项"青少年心理健康"的调查显示：高达85%的初中以上的青少年认为自己"没有梦想"，许多人表示"对于自己的未来非常茫然"。

一位正处于迷茫的青春期女孩这样说："小学的任务就是上好的初中，初中的任务就是上好的高中，上好的高中是为了上好的大学。终于上大学了，我却不知道自己的前方到底是什么？我该何去何从？"差不多与她这个年纪相当的孩子，都表示说"没什么梦想"，根本不知道"何谓梦想"。同时，他们觉得学习没用，有孩子说，"亲眼看到读到博士后的人却过着清贫的生活，不知道这到底是为什么？"一方面，是社会的现实在刺激着他们，让他们开始质疑自己一直以来坚持的东西是否错了；另一方面，从小凡事由父母做主，渐渐地他们已经丧失了追逐梦想的激情。

从古至今，在社会上读书无用论从未消失过。台球神童丁俊晖不读书，照样拿世界冠军；青年作家韩寒，高中严重偏科，后来干脆辍学当起了作家，而且其作家之路可谓是风生水起，等等。这样一些鲜活的例子冲击着孩子们的心理，逐渐使孩子们开始相信"读书是没用的"这一论断。作为父母，不能让女儿只盯着所谓成功的捷径而无视知识对一个人健全成长的重要性。

心 理 支 招

"许多大老板没什么文化，有文化的却只能给人家打工"，这是许多青春期女孩脱口而出的话。对于女儿这种观点，父母十分担忧，甚至不知道该怎么样和她沟通。不过，如果孩子不能及时明白这些道理，她就会一直这样迷茫下去。

1.引导女儿树立正确的观念

从事多年教育工作的韩秀珍老师说："孩子不喜欢读书、认为读书没用，往往有两方面的原因，学习很苦很累以及受父母和周边的影响。如果是受父母和周边人的影响，父母应该告诉孩子这种看法太片面。你可以告诉孩子，'如果某某多读几年书，可能现在的状况会更好'。如果孩子觉得学习太苦而认为读书是没用的，那么，父母应该告诉她，'世界上没有哪个国家的学生会认为读书是一件轻松的事情，现在是打基础的阶段当然会辛苦一点儿，但知识多了，将来应付困难的方法就越多，学习其实就是苦中作乐'。同时，父母不要经常在女儿面前抱怨工作多累多苦，这会给她一个不好的印象，影响她面对挫折时的态度。"

2.帮助女儿找回梦想

大多数女孩子对自己的未来感到很迷茫，那是因为她们失去了自己的梦想。心理专家介绍说，许多青春期女孩不了解"我是谁""我的梦想是什么"，那是因为她们的人生被父母设定了，而她们也失去了自己的梦想。

大多数女孩子并不知道自己拥有什么优势，只是无奈地接受父母或其他人的想法。其实，每个女孩子都有一个梦想，这颗梦想的种子在心灵的土壤中等待被发现。一旦女孩子确定了自己的目标，那颗种子很快就会萌芽、不断生长。对此，父母需要重新审视自己在女儿人生路上充当的角色，耐心问她"你想成为什么样的人""你的梦想是什么"，帮助她找回失去的梦想。一旦她觉得学习是为了实现梦想，那她就不会觉得学习是无用的，当然也不再会感到迷茫了。

第 11 章

青春叛逆期能力拓展：
父母要为女孩创造多方面发展的机会

　　一个人一生可以不成功但是不能不成长，成长的路也不能一味地依赖别人，总有一天他们要独自"走路"。对于女孩而言，青春期是一个各方面能力综合发展的时期，在这一时期，父母需要给予她良好的引导，使其成为多方面发展的全能女孩。

"这个问题怎么解决"——培养女儿独立思考的能力

家长的烦恼

每次考试后，女儿都向妈妈卖后悔药："这道题本来我是选的B，交卷子的时候，听见同学说选A，我就改成A了，结果改错了，原来我的答案才是正确的，唉，这两分实在是冤啊！"有好几次考试都是这样，妈妈刚开始只是笑了笑，告诉女儿："只要是自己选择的答案，除非真检查出了错误再改，否则一律不改。"女儿点点头，可下次还是有这样的情况出现，这让妈妈意识到，女儿的独立思考能力有点儿差。

独立思考是积极主动地思考，而且还具有新颖性、创新性的特点，这应该是每一个女孩子必备的能力。那些不能独立思考的女孩子，就没有独立性，有的父母不想让孩子吃苦，任何事情都包办，不鼓励女孩子去独立思考，导致了她离不开父母。其实，这样的父母应该好好反思，这样长此以往，女儿就会形成性格脆弱的特点。作为父母，要培养女儿独立思考的习惯，父母需要提供机会让女儿自己去思考，让她在独立思考中获取答案，并且培养起明辨是非的能力。

女儿有一定独立思考的能力是思维发展的重要特征，一些女孩经常会说"爸爸，我不知道怎么说""妈妈，你说我该怎么办""爸爸，你去替我做嘛"。女孩子们在遇到困难的时候，本能的想法就是想依靠父母的帮助，帮助她们思考，帮助她们做出判断。这时候，父母可以用日常生活中的具体问题，给女儿提供一个学会独立思考的机会，让女儿自己面对问题，并想出解决问题的方法。

心理支招

思考就像播种一样，播种越勤，收获也就越丰。一个善于独立思考的女孩子一定能品尝到清甜的果实，享受到丰收的喜悦。爱因斯坦曾说，"学会独立思考和独立判断比获得知识更重要"。他还说，"不下决心培养思考习惯的人，便失去了生活的最大乐趣"。

父母要有意识地培养女儿独立思考的习惯，慢慢引导女儿主动发现问题、思考问题，进而在思考中解决问题。如果父母为女儿把什么都安排得十分妥帖、周到，从来不鼓励女儿独立思考，这样下去就会渐渐地扼杀了女儿的思考能力。所以，父母可以用以下方法培养女儿独立思考的能力。

1. 让女儿学会独立思考

父母在与女儿的相处过程中，要以商量的口气讨论问题，多留给女儿自己思考的空间，为女儿提供一个提出自己想法的机会，父母可以依据谈话的内容向女儿发问"你觉得这是怎么样的""如果是你，你会怎么样去做""对这件事，你是怎么想的"。提出一些问题，引起女儿的思考，诱导女儿逐步展开思考。当女儿长时间处于思考中，父母也不要着急，应该给女儿留足够多的思考时间，也不要直接把答案告诉她。即便是女儿答错了，父母也不要加以责备，应该帮助她思考，引导她去发现和纠正自己的错误。

2. 为女儿创造独立思考的环境

父母不能因为女儿小还需要自己的照顾就把女儿当成附属品，并且在各方面都控制她的言行。其实，女儿也有自己的思考模式，她也有自己的世界、自己的空间。若女儿有什么特别奇怪的想法，父母也要允许女儿存在这些想法，并积极地加以引导，给女儿一个独立思考的机会。父母可以与女儿一起逛动物园、科技馆，和女儿一起阅读故事书或者看电视，然后让女儿思考"你看到了什么""你听到了什么"，引导女儿思考事物本身之外的问题，并从思考中获得答案。

比如，有的父母就会通过朗读简单的故事来引导女儿思考问题，可先让女儿读一个故事，然后和女儿一起讨论，由此引发女儿联想出一连串的问题。

很快，女儿就能表现出远胜于同龄孩子的思考能力。这样为女儿创造思考的氛围，帮助她提高独立思考的能力，使女儿在以后的学习中受益匪浅。

3.给女儿独立思考的机会

孔子说过，"学而不思则罔"。这是学习与思考的关系，也说明了思考对于学习的重要性。好奇心是女孩子的天性，她们会不断地发问"为什么"，这时候需要父母正确引导，不要压抑女儿的好奇心，这样她的求知欲就会越来越强，进而提高了独立思考的能力。

有的父母抱怨自己的女儿不喜欢动脑筋、不喜欢思考，这时候，父母应该问自己，在女儿的成长过程中，你有没有给女儿独立思考的机会？当女儿因为好奇心提出问题的时候，父母不要急于把正确答案告诉她，而是要引导女儿积极思考、探索，在思考中自己找出答案，有意识地培养女儿独立思考的能力。

4.鼓励女儿大胆提问

有人曾经问大哲学家穆尔谁是他最得意的学生，穆尔毫不犹豫地回答："是维特根斯坦。""为什么？""因为在我所有教过的学生中，只有他一个人在听我讲课的时候，老是露出迷茫的神色，老是有一大堆的问题。"后来，维特根斯坦的名气超过了罗素，当有人问罗素为什么会落伍时，穆尔坦率地说："因为他已经没有问题了。"由此可见，女孩子的大胆提问有多重要，这能表明她是在积极思考的，鼓励提问是智力教育的一种重要方法。父母应该鼓励女儿大胆提问，她问得越多，知道得越多，就越能刺激女儿的独立思考能力。

▮ "我失败了该怎么办"——培养女孩子的抗挫能力

🧑 家长的烦恼

前两天的一个晚上，女儿初中的好姐妹，同时也是我朋友的女儿来我家里玩。她们两个一起画画，我看到那女孩画得不错，就表扬了一句："你画的房子真漂亮。"女儿听到后，不高兴地走到另外一个房间，我没理她。这时那个女孩说要吃水果，我就把冰箱里女儿最喜欢吃的葡萄拿了出来，后来女儿过来看到后更加不高兴了，又走了，直到客人走了，女儿也没从房间里出来。

后来，女儿莫名其妙地就哭了，哭得很伤心，我问她为什么，她说："您说她画得好，我也画得很好啊，但您为什么不表扬我呢？我要做一个不听话的坏孩子。"我愣了，女儿又很委屈地说，"您拿葡萄给她吃，也不给我吃。"我解释说："因为她是客人，所以妈妈要拿好吃的给她吃。"女儿委屈地说："可我是您女儿，为什么您不拿给我呢？"

现在的女孩子大多数都是在万千宠爱中长大的，在她们身上显现出任性、脆弱、自我、依赖性强、独立性差等一些特点。是的，随着社会的进步，经济的发展，女孩子们的生活条件越来越优越了，但是，她们在享受优越条件的同时，却像极了温室里的花朵，经不起外界的风吹雨打。在这个时候，如果不进行适当的挫折教育，就会使她们的性格越来越脆弱，心理承受能力也会越来越差。因此，此问题应该值得引起每一位父母的重视，因为今天的女孩子需要受挫折，在不断地锻炼之后她们才能够迎接未来的挑战。

心 理 支 招

人们的生活水平提高了，社会中独生子女所占的比例也越来越大，但对女孩子的教育问题却成为了父母最头疼的问题，在家庭教育的过程中，出现了一个十分突出的矛盾，那就是女孩子的生活和受教育条件越来越好，但她们的身心承受能力却越来越差。在我们身边，常常有女孩子因为受批评而选择离家出走或者自杀，其中的关键原因就是她之前的生活太顺利了，缺乏相应的挫折教育。挫折教育就是指家长有意识地创设一些困境，教女儿独立去对待、去克服，让女儿在困难环境中经受磨炼，然后设法摆脱困境，培养出迎着困难上的坚强意志及吃苦耐劳的精神。

1.对女儿，要多肯定、鼓励

当女儿遇到挫折困难的时候，父母应该及时地肯定与鼓励她，给予女儿安慰和必要的帮助，使她不至于感到孤独无助。这时候，父母不要用一些消极否定的语言来评价女儿"你真是太笨了，这么简单的事情都做不好""做不好就不要再做了"等，这些话会强化女儿的自卑与挫败感，下次在挫折与困难面前，她就没有信心去面对了。父母可以采用一些积极肯定的评价，给予女儿自信，使女儿意识到自己的努力是受到肯定和赞扬的，没有必要害怕失败，继而逐渐学会承受和应付各种困难与挫折。

2.引导女儿正确地对待挫折

女儿对周围的人和事物的态度往往是不稳定的，她容易受情绪等因素的影响。因而，她在遇到困难与挫折的时候，也往往会产生消极情绪，不能正确地面对挫折。这时候，需要父母及时地告诉女儿"失败并不可怕，只要勇敢向前，一定是能做好的"，父母有意识地让女儿把失败当作一次尝试的机会，引导女儿重新鼓起勇气再次尝试。同时，父母还应该教育女儿勇敢地面对挫折与困难，增强抗挫折的能力。

3.给女儿适当的压力

父母可以把适当的压力交给女儿，让她自己来处理，让女儿适应人生阶段性的挫折，并从挫折中找到解决的办法。如果女儿面临了压力，父母可以帮助女儿进行心理疏导，但决不能大包大揽，让女儿觉得压力是与自己无关的。有的父母对女儿的赏识教育过头了，让她觉得自己是世界上最好的、无往不胜的，无法承受批评和失败，这样不能接受批评、不能承受压力的女儿，她在未来的生活中必定是会充满着痛苦的，甚至有可能会被压力所吞噬。

4.对女儿给予适当的批评

批评和表扬一样，都伴随了女儿成长的一生。有的父母怕女儿受委屈，即便是她做错了事情，也从来不说是女儿的不对，这样时间长了，就使女儿养成了只听得进表扬的话，而不能接受批评的不良习惯。其实，父母应该让女儿认识到每个人都是有缺点的，有的缺点可能是自己不知道的，但别人很容易发现，只有当别人批评自己时，自己才知道错在哪里。这样让女儿明白有了缺点并不可怕，只要勇于改正就是好孩子。

5.挫折教育也需要顺应女儿的个性

任何教育都要考虑到女儿的心理特点以及个性特点，不同的孩子面对挫折教育会反映出不同的心理。所以，父母对女儿所进行的挫折教育也需要因人而异。有的女孩子自尊心比较强，爱面子，遇到挫折就很沮丧，对这样的女孩子父母不要过多地批评，点到为止即可；有的女孩子比较自卑，父母要多安慰少指责，善于发现她们的闪光点。

另外，父母还要有意识地依据女儿的抗挫能力进行教育，有的女孩子能力较强，父母只要适当的启发，即可放手让她自己去解决问题；有的女孩子能力较弱，父母可以帮助她制订一个计划，使她不断地看到自己的进步，继而逐渐形成克服困难和挫折的能力。

"我应该与她们团结合作吗"——培养女儿团结合作的能力

家长的烦恼

班里最近在组织舞蹈队，个子高挑的女儿成为了其中的一员，天天训练回来都是神采飞扬的，忍不住在爸爸、妈妈面前夸耀班里的舞蹈队。可是，这两天女儿却愁眉苦脸的，一点儿精神也没有，"宝贝，你们班的舞蹈队解散了吗？爸爸还想去看看你们的第一次表演呢。"爸爸好奇地问道，女儿摇摇头，不过，从表情上看她有点儿伤心难过。

妈妈特意打电话问了老师，原来女儿在训练过程中与其他队员发生了不快，这些天女儿正闹着要退出舞蹈队呢。哦，原来这孩子与同学闹矛盾了，爱耍小性子的脾气又来了。

无论是在家里，还是在学校，或者社会这样的大集体里，父母都应该教会女儿懂得团结，并学会从团结中获得力量。团结是一种巨大的力量，它能让女孩子学会处理与同学之间的关系，以友好的态度去拥抱队员，更让孩子懂得如何与人相处。有的女孩子习惯在家里以自我为中心，到了学校这样的大集体里，她就会处处不乐意，与同学相处不好，游戏、活动、竞赛，她也因为种种原因而不参加。实际上，女孩子的交往能力已经受到了阻碍，这时候，父母要教会女儿学会团结，让女儿明白只有团结才能把事情做好，只有团结才能让集体充满温暖与快乐。

心理支招

教会女儿学会团结，就是帮助女儿在团队里立足，最关键的是让女儿除了表现自己，还需要有一颗成人之美的心，继而才能和谐处理队员之间的关系。这些都需要父母有意识地去培养她，在平时的生活中，父母要给女儿多一些锻炼的空间，让她学会体贴别人，学会宽容待人。父母应该让女儿知道每个人都是有自己个性的，对事情也各有不同的看法，而不能一味地要求别人与自己一样，让女儿学会欣赏别人、肯定别人。

1.在家庭中渗透团结的意识

家庭也是一个小集体，若父母参加类似家庭的活动，不妨带着女儿也一起去参加，不要因为女儿小而拒绝她参与大人的活动。比如，父母在外出游玩或拜访亲友时可以带上女儿，这会让女儿产生一种集体感，体会到与家人在一起的快乐。父母也可以邀请同龄的爸爸、妈妈参加自己的家庭聚会，通过参与家庭聚会中的游戏，让女儿体会到团结的力量。

2.鼓励女儿参加集体活动

在学校有许多课外活动，即使在假期也会有夏令营之类的活动，这时候父母都要积极地鼓励女儿多参加集体活动，让女儿在与同龄孩子的相处中，感受团结的幸福与快乐。如果女儿在和同学相处的过程中要小脾气、远离了集体，会让她尝到不团结相处的失落感。父母不要太过于担心女儿，也不要制止她与同龄伙伴的来往，如果你一味地要求女儿待在家里，这也让女儿失去了与他人相处的机会。

3.引导女儿与同学和睦相处

在学校每个班级都是一个集体，有时候，女儿会抱怨"某某同学不好相处"，这时候，父母要正面引导女儿，让她明白自己所在的学习环境就是一个集体，让女儿学会与同学和睦相处，继而团结同学，增强班级荣誉感。

4.引导女儿学会欣赏他人

在班级中，有着许多优秀的同学，女儿也会感到羡慕，甚至是嫉妒，因感觉别人的优秀而暴露出自己的缺点。因此，父母既要鼓励女儿勇敢地表现自己，又要教女儿学会欣赏他人的长处，肯定他人的优点。即便女儿与同学有了意见上的分歧，父母也要引导女儿认可每个人的个性是不一样的，自然想法也就是不一样的，学会认可别人的意见与想法，宽容地对待所在班级的同学。

"我不想交朋友"——培养女孩子的社交能力

家长的烦恼

课间休息时雯雯和乐乐在教室里玩五子棋，雯雯兴奋地与乐乐拉开了游戏的序幕，其他同学则在旁边做裁判。一个回合下来，雯雯玩输了，但她并不服气，嚷着："再杀一盘。"乐乐笑着答应了，两人又杀了一个回合，雯雯还是输了，这下她不依不饶地耍起了小性子，嘴里还哭喊着："乐乐，会玩个五子棋有啥出息，还是要成绩好才是真的牛呢。""罚雯雯一张黄牌，下场。"裁判同学开口了，把乐乐也逗笑了。雯雯叫嚷得更厉害了，乐乐和其他同学开始玩了，两个人都不理她。雯雯见没有人理自己，也就回到了自己的座位上，嘟着小嘴、满脸的憋屈。

每一个家庭都是社会的一个细胞，纷繁复杂的社会就是由一个个家庭组成的，因而家庭也是一个小小的社会。在这个小社会里，父母就可以逐步培养女儿的交往能力。但是，许多父母却忽视了这样一个良好的环境，大多数女孩子在家里是独生子，习惯了以自我为中心，凡事都要顺着自己，她们也没有主动与人示好的想法，但家庭以外的同龄孩子却不是这么想的。

于是出了家门，女儿就成了被冷落的对象。父母都有与女儿玩游戏的经历，通常情况下，父母都会故意输给女儿，这让女儿觉得自己始终享受着胜利的优势位置，其实，这也是很不利于孩子正常社交的，因为社交是建立在平等的基础上的。

心理支招

总而言之，父母对女儿的教育态度以及教育方式，培养了女儿的交往能力。因此，父母不应该忽视家庭这个良好的环境，锻炼女儿的社交能力，可以从家庭这个小社会开始。

1.培养女儿积极主动的交往态度

女儿的交往态度直接影响其交往能力的发展，这就需要父母给予女儿一个充满爱的温暖家庭。在家里，父母要经常与女儿一起游戏、玩耍，在这样一个充满着快乐与笑声的家里，女儿从小就会有一种喜欢与人交往的态度，即便是她在交往中遭遇了挫折，她也能很快地愈合。所以，对于女儿来说，父母营造一个充满温暖与爱的家庭环境是很有必要的。另外，父母应该不局限于在自己的家里，还可以带着女儿探亲访友，扩大其交际面，让女儿有机会把交际能力应用于实际，并体验交往的乐趣。

2.让女儿掌握交往规则和技巧

父母与女儿也是一种人际交往，这时候，父母不要处处让着她，以女儿为中心，这样就很容易让女儿养成乖张古怪的性格，凡事都得依着自己的个性，这样一种性格是难以与他人顺利交往的。在父母与女儿的交往中，父母要引导女儿懂礼貌、会合作、喜分享，这种守规则的孩子就往往很受同伴的欢迎。比如，父母与女儿玩游戏的时候，要保持平等的原则，不要故意输给她；观点不一致的时候，也要互相商量；玩游戏的时候，要遵守游戏规则；输了不要耍赖；想和别人一起玩的时候，需要礼貌地提出请求。

3. 提高女儿的语言表达能力

人际交往是需要一定的语言沟通能力的，这就需要女儿具备一定的语言表达能力。孩子8～9岁是语言发展的重要时期，父母要多注意培养女儿良好的语言理解能力与出色的语言表达能力。比如，可以让女儿多看课外书，多自己编故事，有意识地训练女儿的语言表达能力。特别是对于一些性格内向、不善言辞的女孩子，父母要花大量的时间与她交谈，为女儿丰富语言的表达内容。

4. 教育女儿以诚待人

父母也有缺点，有的父母羞于在女儿面前暴露自己的缺点，觉得那是很难为情的事情。其实，父母可以有意识地告诉女儿自己的缺点，让女儿学会保持宽容的态度，更懂得"取人之长，补己之短"的道理。

5. 鼓励女儿交往

父母要帮助女儿结交朋友，鼓励女儿交往，并给予女儿自由选择玩伴的权利。父母应常常请一些朋友到家里玩，让她们一起做游戏、听故事、唱歌、跳舞、画画，慢慢地培养女儿与同伴交往的习惯。即便在玩耍的过程中，孩子之间出现了冲突，父母也不要强行带女儿回家，更不要责备她，最好的办法就是从中调停，让孩子们自行解决冲突，友好地相处。

6. 培养女儿谦让、包容的性格

女孩子在最开始与人交往时会出现一些不友好的态度，比如她会说"你不要到我家里来"，或者直接把朋友推出去、不愿意把自己的好东西分给朋友玩等。女儿的这些不友好的态度，有的是受成年人的影响，比如父母会对女儿说："这些衣服很贵，别随便借给别的朋友穿。"这样的做法会引发女儿嫉妒、自私、贪心的心理。对此，父母应该正面教育女儿，让她学会谦让、培养礼貌的性格。

7. 鼓励女儿参加体育活动

体育活动是一种直接与人正面接触和竞争的活动，不管是球类还是田径类项目，总是要有两个以上的人参与才有意义。而且，体育活动不但需要智慧和理论，而且需要胆量。父母应鼓励女儿常常参加各种体育活动，这不但有利于提高女儿的身体素质，而且有利于培养她的兴趣，同时还有利于提高女儿的交际能力。女儿一旦喜欢上了体育活动，就会寻找对手，而合适的对手就是友谊的伙伴。

8.经常带女儿一起去旅游

父母可以利用节假日和孩子们一起走出家门、走向社会，这可以培养女儿的兴趣，开阔心胸。旅游是一种开放性的活动，交际也是开放性的，这两者是相通的。交际需要袒露自己，需要主动和热情，假如是一个沉默寡言、性格内向的女孩子，如何能有很强的交际能力呢？而在旅游的过程中，需要买车票、住旅馆、购门票，如果父母有意识地让女儿去做这些事情，那她就可以直接接触到一些新鲜的事情，了解交际内容。

"我要不要当英语课代表"——培养女孩的领导能力

家长的烦恼

妈妈苦恼地讲述了一件事情——

上周六，女儿突然忧心忡忡地跟我说："妈妈，你说我要不要当这个英语课代表呢？"我反问她："你自己觉得呢？"女儿犹豫不决："我不知道，所以才问你。"我对女儿说："你觉得自己有能力当好这个课代表吗？如果觉得没问题，那就去当，妈妈支持你。如果你觉得当英语课代表还有些问题，可以问妈妈。"女儿没吱声，我就已经知道她的答案了。

女儿如愿当了英语课代表，不过她却没有预期的那么快乐。她总跟我抱怨说："那个成绩不好的叮叮又让我拿英语作业给他抄，我是课代表，我怎么能做这样的事情……轮到交作业的时候，又是五六个同学没写完，我又不好使劲儿催，怕他们生气……今天英语老师还批评了我，我当这个课代表，亏不亏啊？"我发现，女儿缺少一种领导能力，她不擅长协调团队成员之间的关系，我该怎么办呢？

女孩子的领导才能是各种能力的综合体现，在她发挥领导才能的过程中，其综合分析能力、创造能力、决策能力、随机应变能力、协调能力、语言表达能力都得到了相应的锻炼。当然，女孩子身上所体现出来的领导才能并不同于成人群体中的领导才能。在女孩子身上，并没有体现出过多的权力因素，而是更多的自信和成就感。一个女孩子如果具备了一定的领导能力，那么她在交往、应变、语言表达能力等方面都会远远超过同龄的女孩子，这样在她身边的孩子就会对其产生一种亲切感、信赖感和钦佩感。

心理支招

领导才能对女孩子未来的发展有极大的帮助，一个习惯于做孩子王的女孩子，她能在未来的人生中扮演独当一面的角色，甚至能带领自己的团队，因为她过早地接触了领导才能的方方面面。另外，对女孩子当下的表现也有很大的帮助，那些具有领导才能的女孩子往往担任着班委的职务，比如，班长、中队长之类的职务。而且，她们在课余活动中表现出来的领导才能，比智力或学习成绩更能准确地预测出她们将来的成就。那么，作为父母，该如何培养女孩子的领导才能呢？

1. 培养女儿的沟通能力

领导者总是吩咐别人去做事，这就需要领导者具有比常人更出色的沟通能力。领导者要有理解别人的能力，与人沟通、协调同伴之间的矛盾和冲突，解决发生在内部的分歧，让大家都朝着一个方向努力，这样，领导者才能赢得别人的尊敬。所以，在日常生活中，父母需要培养女儿的沟通能力，在家庭活动中，培养女儿小主人的意识，让她懂得理解别人、团结别人，培养与别人沟通的能力。

2.培养女儿的自信心

大多数女孩子都有一定的依赖性，这其实是她们丧失自信的一个重要原因。女儿缺乏了自信，因而总不敢单独去完成一些任务。所以，当父母吩咐女儿去完成一件事情的时候，要学会鼓励她："我知道你一定能做得到。"如果女孩子取得了成功，父母要给予夸奖："你果然做到了，真了不起。"当女儿听到了这样的话，自信心就会大增。女儿对自己的能力充满了自信，她就能够独立思考、独立行动，尤其是当女儿参与同龄孩子的活动时，她就会敢于参加，而且有一种必须成功的劲头。女儿有了一定的自信心，她就会有自信去领导自己的团队。

3.培养女儿的责任意识

领导者是有一定的责任意识的，她会对自己的团队的成功与失败负责。对于女儿来说，她的责任意识就表现在她对自己、对他人以及对日常生活中各种事情的态度上。所以，为了培养女儿的责任意识，父母不仅要要求女儿自己的事情自己去做，还需要让她懂得对自己的言行负责。比如，当她要去做一件事情的时候，就必须认真完成，这就是一种负责任的行为。

4.培养女儿的决策能力和创新能力

父母常常把女儿认为是没有想法的附属品，其实，女儿也能够感受到"自我"和"自我存在"，她们也经常会为"什么都得听父母的"而烦恼。在这样一种有着强烈自我意识心态的驱使下，女儿渴望独立行动并开始了决策行为。所以，随着女儿年龄的增长，父母要摒弃事事包办的习惯，尊重女儿的兴趣选择、价值判断等各方面的权利，给予女儿最大的信任，指导并帮助女儿独立自主地发展。

5.培养女儿的创新能力

创新能力是一个领导者不可缺少的素质。其实，创新能力隐藏在每一个女孩子的身上，即便是年龄较小的女孩子，她也有一定的创造力。这时候，父母应以奖赏的方式呵护女儿的好奇心，激发她内心的探索欲望，这样有助于培养女儿的创造性思维能力，也可以不断地增强女儿的自信心。

"我没有时间做这些事情"——培养女儿对时间管理的能力

家长的烦恼

女儿曼曼拖沓的毛病好像从6岁就开始了，到现在已经比较严重了。每天早上起来之后，让她刷牙洗脸她总当耳边风，总是要说个千百遍，还得拉下个脸，她才会不紧不慢地开始做。我简直没办法忍受女儿的磨蹭，我真怀疑给我女儿起名"曼曼"起错了，所以她才会那么慢吞吞的。

其实，女儿也不是凡事都拖沓，对自己感兴趣的事情她总是很积极，比如看书、玩电脑游戏、拼图等，动起来比谁都快，而且做起来很认真。但是，一旦让她刷牙洗脸、洗手吃饭，她就很慢。真不知道她为什么会这样？

养成良好的时间观念是一个人做事成功的基本前提，不过这并不意味着全部。特别是对女孩子而言，良好的行为习惯表现在多方面。父母是女儿的第一位老师，父母的一举一动都对形成女儿的一些习惯行为起着至关重要的作用。不过因为父母的疏忽，总以为女儿小，对女儿所做的事总是不管不问，结果女儿正确的行为缺乏鼓励，错误的行为没有被阻止，时间长了，就养成了许多坏习惯，对此，父母要培养女儿良好的时间观念。

心理支招

父母需要教育女儿从小养成珍惜时间的良好习惯，所谓"一寸光阴一寸金，寸金难买寸光阴"，时间比金子还宝贵，父母都明白这个道理。不过女儿并不一定懂得，父母需要告诉女儿：时间对我们每个人都是平等的，谁有紧迫感，谁珍惜时间，谁勤奋，谁就可以得到时间老人的奖赏。

1.教育女儿提高学习效率

为了让女儿提高效率，需要科学地利用大脑。因为用脑的时间长了，大脑会变得迟钝。通常让女儿学习一个小时左右，她的大脑就会疲倦，如果这时依然让她继续学习的话，学习效率是较差的。所以，父母可以教导女儿交替学习，这样大脑的各个部分就可以得到轮流休息，从而达到提高学习效率的目的。

2. 教会女儿善于利用时间

对于一些事情，最好是用整段的时间一气呵成，最后才能有好的结果。对此父母需要教会女儿善于利用时间，比如女儿在计算一道很困难的数学题，假如每天思考一会儿，又去干别的事情，那第二天再来思考的时候，就又会记不得昨天的思路了，这样就会很耽误时间。

3. 避免女儿养成磨蹭的习惯

女儿只有在体会到磨蹭会给自己带来损失之后，她才会自觉地快起来。所以，父母有时可以让女儿为自己的磨蹭付出代价，让她去体会磨蹭带来的后果。比如，女儿早晨有赖床的习惯，父母不要着急，也不要去帮她，可以提醒女儿：再不快点儿可要迟到了。

假如女儿依然磨磨蹭蹭的，那不妨就让她这样去做，让她亲身体验上学迟到的后果。假如女儿真的上学迟到了，老师肯定会询问她迟到的原因，女儿挨批之后，就会意识到磨蹭给自己带来的害处了。

4. 巧妙地利用倒计时

对于女儿来说，有的事情是硬性的任务，必须在某个时间段内完成，这就需要父母教女儿利用"倒计时"的方法来安排时间。比如，在一个月之内必须做完的事情，可以算算还有多少天，规定每天做多少，当天没有完成的话，需要及时补上。让女儿明白假如不能按时完成，错过了机会那就会前功尽弃。

5. 给女儿适当的压力

缺乏适度的紧张感是很多女孩子做事磨蹭的原因之一，因此父母可以在女儿的生活中给予一些适当的压力，让女儿的神经绷紧一些，让她的生活节奏加快一些。比如，按照女儿的具体情况，可以给女儿的洗漱、穿衣、吃饭和写作业等增加计时活动，做这些事情需要多长时间，事先与女儿一起商量好，然后要求女儿在规定的时间里保质保量完成。假如女儿做得好，可以适当给予一些奖励；做得不好则给予一定的惩罚。

6. 让女儿有一个规律的作息时间

女孩子的心理随意性较强，自我控制能力比较差，经常是一边吃饭，一边看电视。一件事情没有做完，心里已经开始想到另外一件事情了。父母假如不注意引导，就会让女儿养成"拖拉"的坏习惯。而良好的作息习惯是培养时间观念的前提，父母可以和女儿一起制定一张作息时间表，什么时间起床、洗漱需要多长时间、吃早餐需要多少时间、放学后做什么、几点睡觉，让女儿做出合理的安排，只有将作息时间固定下来、形成习惯，女儿才会对时间有一个明确的认识，养成有规律的作息。

"我不想接触陌生的同学"——培养女孩适应环境的能力

家长的烦恼

13岁的女儿马上就要上初中了，本来家里为她联系了一所市里的重点中学。但是，当学校联系好了之后，女儿却支支吾吾地说："我不想去市里上学。"妈妈问："为什么呢？"女儿有些害怕地说："我只想在镇里上学，这里有好多我认识的同学和老师，我也不会感到陌生，我会很习惯这里的。但是我去了市里，我认识谁呢？那些有钱的孩子会不会欺负我呢？我到时候该怎么办呢？我不想离开你们，也不想离开这里的同学和老师们。"

听到这样的话，妈妈惊呆了，这孩子咋这样胆小呢？

"陌生"这个词常常会唤起女孩子们内心的胆怯，她们害怕去接触，更害怕自己从一个熟悉的环境到一个全新的环境。其实，这样的心理是可以理解的，从陌生到熟悉，需要一个漫长的过程。对此，父母可以引导女孩子换一个角度看问题，她就会发现，所谓的"陌生"其实就相当于一个新奇的探索之旅。你可以告诉孩子：在陌生的环境里，你会结识新的朋友，新的邻居；你会有一间跟以前全然不同的房间，或许，你早就厌倦了之前的摆设，趁着这个机会不是可以重新装饰它吗。

心理支招

父母需要让女儿长大，女儿长大了，即将成为一个大孩子了，生活学习不能完全依靠父母和老师，需要慢慢地学会生存、生活、学习和劳动，能自己做的事情自己做，遇到问题和困难自己要想办法解决。同时需要培养孩子适应环境的能力、自我教育能力，以及在学习生活中自我观察、自我体验、自我监督、自我批评、自我评价和自我控制等各方面的能力，还要培养孩子的时间观念，让孩子懂得什么时候应该做什么事情并一定要做好。

1. 多让女儿接触陌生环境

有的女孩子到了陌生环境中会不知所措，没办法很快地融入。对于这样的女孩子，父母要常常带她去陌生的环境，让女儿去发现新鲜、有趣的事情，从而增加女儿适应环境的能力。在陌生环境中，父母可以让女儿多结交新朋友，让她通过与朋友的友好相处，提高自己适应环境的能力。父母可以先让女儿在熟悉的环境里接触更多的人，等到她可以顺利和他人交往的时候，再带女儿走出家门。一旦女儿进入陌生环境感到不适应的时候，父母可以用拉着女儿的手、摸女儿的头等方式鼓励她，让她在充满安全感的状态下去适应陌生环境。

在女儿小的时候，父母需要引导她尽可能地习惯接触陌生人和适应陌生的地方，常常带女儿出去串门，或者去公园和游乐园等，鼓励女儿多参加社交活动，提供女儿和朋友玩的机会。一旦女儿要接触陌生环境的时候，父母要让女儿认识到新环境的有趣性，只要女儿具备了好奇心和勇气，相信很快就会适应新环境的。当女儿在陌生环境认识新朋友的时候，父母要给予鼓励和赞扬，让女儿获得积极的情感体验，自觉地加入到陌生环境中，建立和谐的人际关系。

2. 增强女儿的心理适应能力

心理素质的优劣往往决定孩子生活、学习、事业的成败，而心理素质的核心内容之一，就是心理适应能力。这对于提高孩子的综合素质，能起到关键性的作用。只有孩子具备了良好的心理适应能力，才能更好地适应社会，对自己所处的陌生环境做出积极的回应。

有的女孩子看到自己喜欢的人，就会很快地和他们打成一片，不过对于自己不喜欢的人，就拒绝与之交往；有的女孩子面对新环境时会产生胆怯、不知道该怎么办的情绪，这都是孩子心理适应能力不强的体现。而心理适应能力是女孩的心理品质问题，从中可以反映孩子面对新环境时的思想、情绪、行为的控制能力。如果希望女儿能够更好地融入新环境，那就必须具备较强的心理适应能力。

3. 偶尔与女儿分开一段时间

孩子一旦离开父母，就很容易产生焦虑情绪，这表示女儿对于没有父母的环境感到恐慌，她不愿意在陌生的环境里独自生活。缺乏安全感的孩子，一旦父母离开了自己的视线，就会感到茫然。而这样的心理对孩子的发展是很不利的。因此，父母需要树立和孩子适当分离的意识，偶尔跟孩子分开一段时间。

在平时的生活中，父母可以在孩子附近进行观察，在女儿需要帮助时，给予适当的指导，不过不要干扰孩子们的活动，有时可以短时间地离开一会儿，不过要清楚地告诉女儿，父母只是离开一会儿，这可以让她感到自己是安全的，从心理上接受和父母的分离。比如孩子上学都需要和父母分离，假如女儿对父母过度依赖，她就不容易适应新环境，所以，父母不要时刻守在孩子身边，而是要给孩子留出适当的空间和时间，让孩子在没有父母的环境里学会独立。

4. 教女儿学会调节情绪

孩子的情绪会决定孩子的性格以及做事的态度，同时还会决定孩子的人际交往关系是否和谐、人格是否健全。对此，父母要给予情绪不好的孩子适当的关怀和理解，教孩子学会调节情绪。父母要教育孩子客观地看待世界，只要孩子心胸开阔，情绪就会比较容易稳定。比如有的孩子成绩不够理想，那就需要引导孩子学会正视现实，继续努力；假如孩子有烦恼，就要让孩子学会倾诉，常常和父母以及身边的朋友交流，通过倾诉来调节自己的情绪。

当女儿情绪不好，又没办法调节的时候，也可以让女儿暂时转移注意力，做自己感兴趣的事情，这样也可以调节其不良的情绪。同时，父母还应该让女儿学会控制自己的情绪，等到心情平复下来之后再处理事情。比较理性的孩子一旦学会调节自己的情绪，就会很好地适应各种各样的环境，拥有好的人际关系。

第 12 章

价值观的培养：教导女孩缩减欲望，不被虚荣控制

　　青春期是女孩子价值观、人生观形成的关键时期，作为父母，应从旁引导，循循善诱地引导孩子，切忌讲一些大道理，把正确的人生观、价值观融入教育观中。同时要经常与孩子沟通，不要给予孩子过多的压力，并给女孩子的价值观给予引导。

"我最爱面子"——引导孩子丢弃虚荣心

家长的烦恼

张妈妈一直叹气："没想到这孩子被虚荣心害成这样。"接着，她讲了女儿的事情：我女儿是一个活泼、多才多艺的女孩子。她在读小学的时候，学习成绩优异，表现突出，是老师和同学公认的好学生。在短短六年的小学生活中，她连续被评为校级三好学生，三次被评为区级三好学生。在成绩、荣誉和掌声中成长起来的她，心里常常处于一种骄傲和满足的状态。

但升入高中之后，她面对着众多的竞争对手，失去了往日的那种优越感、满足感，不甘落后的她使出浑身解数但还是不能如愿。上次期中考试，心高气傲的她对全班同学说："这次考试我一定要考进全班前十名。"可是，当卷子发到她手上之后，她傻眼了，最终的结果可想而知。考试后，老师让她统计全班同学的各科成绩，自作聪明的她偷偷地改了分数，她一下子进入了全班前十名。但是，这件事很快被老师发现了，她被学校通报批评，还受到了处分。

从这件事以后，她的情绪受到了很大的影响，整天忧心忡忡、愁眉不展，在家里也是心不在焉，经常一个人望着窗口发呆。

虚荣心是指过分爱面子、贪图追求表面光彩的不良心理，是思想作风不扎实、心理素质不健康的直接表现。虚荣心是自尊心的过分表现，是为了取得荣誉和引起普遍关注而表现出来的一种不正常的心理情感，是一种复杂的心理现象。

生活中讲面子的心理多少会让人变得虚荣，这是可以理解的。每个人都爱面子，尤其是处于青春期的女孩子，她们正处于人生的成长阶段，内心敏感，适度的虚荣心不会对她们造成伤害，反而会促使她们上进。但是，有的孩子会羡慕别人的东西，比如名贵服饰，最后给自己增添了一些不必要的麻烦。

　　虚荣心强的孩子在成长过程中经常会出现这样一些问题：她们为了满足虚荣心理会经常说谎、情绪不稳定、不认真学习、缺乏意志力，等等。虚荣心对青春期的孩子来说是一种可怕的心理。心理学家认为，"虚荣心是以不适当的虚假方式来满足自尊的一种心理状态"。因此，对待那些虚荣心较强的孩子，父母不能掉以轻心，应该采取必要的方法加以纠正。

心 理 支 招

　　有的孩子总是在同学们面前炫耀自己在物质生活上的富足，一味地赶时髦、讲究吃、讲究穿、讲究用，甚至，在很多时候还不顾家里的经济条件，盲目地与同学攀比，追求品牌。其实，张妈妈的女儿之所以有这样的行为，就是虚荣心在作怪。

　　那么，父母应该怎么做才能让女儿丢掉虚荣心呢？

　　1. 引导女儿树立正确的荣誉观

　　只有女儿树立了正确的荣誉观，有了荣誉感，才会激励自己不断进取，不断奋发向上。父母不妨这样告诉女儿："同学们吃大餐、穿名牌、坐名车并不值得你羡慕、嫉妒，因为这不是一种荣誉，只有你的学习成绩优异才是一种荣誉。"

　　2. 鼓励女儿自食其力

　　当女儿为了虚荣心而攀比的时候，你可以告诉她："不是不可以比，而是要通过自己的努力，去创造与别人相同的条件。"从而巧妙地将攀比化成动力。比如，女儿跟别的孩子比手机的档次，父母可以鼓励女儿自己打工攒零花钱购买手机。这样不仅解决了她盲目攀比的难题，还能使女儿养成节约的意识。

"我要的就是这个范儿"——如何引导孩子正确看待"潮流"

家长的烦恼

李妈妈向心理医生说出了自己的忧虑——

我女儿就读于一所重点中学，近半年时间来，本来性格温顺的她表现出一些怪异的行为。她喜欢穿奇装异服，还经常和一些乱七八糟的朋友玩到深夜才回家。我当时很无奈，只好将女儿送到一所行军学校去训练，想借此改掉女儿身上的坏习惯。

女儿从行军学校回来后，我和她的关系变得很僵，她故意不去上学、故意和我作对。她觉得是我害了她，让她一个人在行军学校吃那么多苦，经常为这件事跟我吵架。可最近一个月，她也不和我吵架了，反而窝在家里一声不吭。我看过一些心理书籍，发现女儿患上了严重的抑郁症。我真的很担心她，其实，在女儿3岁的时候，我因与丈夫性格不合，选择了离婚。离婚后，我一个人带着女儿生活，为了女儿，这么多年我也一直没有再婚。

对李妈妈所讲述的事例，心理专家说："大多数幼小的孩子在父母离婚后都是跟母亲生活的，而现在女性的职业压力大，又带着孩子，生活就显得更加艰难。孩子在缺少父爱之后，母亲对孩子往往表现出过分严厉或过分溺爱。本案例中的孩子喜欢穿奇装异服、举止怪异，其实，就是缺乏父爱而造成的叛逆心理。"

在大街上，到处可见一些穿"奇装异服"的女孩，有些孩子还只是初中生，她们刚刚进入青春期。青春期的孩子已经开始发育，并开始注重自己的外貌和打扮了，而她们最大的特点就是喜欢一些惹眼的装扮，让人一眼就能从人群中分辨出她们来。孩子如此"非主流"的装扮，让许多父母很是担忧，那到底是什么原因让孩子这样打扮自己呢？

青春期女孩子追求叛逆、自由的生活，叛逆是青春期心理的一大特征，这一特征让许多孩子喜欢穿奇怪的衣服，企图让人看到他们的与众不同。而且，他们以这种方式来弥补心中的不安。许多青春期的孩子有意穿着奇装异服，潜意识是想弥补心中的不安。

女儿到了青春期，有了强烈的自我意识，她认为怎样打扮自己是自己的事情，她们不允许父母干涉，更讨厌父母对自己评头论足。其实，女儿的选择无可指责，或许，奇装异服能让孩子们找到"特立独行""有个性"的感觉。女儿喜欢这样的服饰，其实是显示出她心里的一种渴求。作为父母，在引导女儿的时候，需要有一定的策略，否则，只会起到相反的作用。

心理支招

心理学专家认为，"如果一个人界限感薄弱的话，除了能感到其与他人的不同之处，还很难把握和他人之间该保持多远的距离"。许多孩子对自己与别人的交往感到不安，对自己的生活也感到不确定，他们为了保持心理的安全感，就很喜欢穿着夸张的衣服，人为地与外界社会划清界限，以此来缓解内心的不安情绪。

1. 了解孩子行为背后的真实心理

女儿总是喜欢穿奇装异服，父母感到疑惑：是孩子的审美观有问题还是自己落伍了？其实，父母应该了解女儿喜欢的东西，比如发型、头饰、服饰，弄清楚那些东西为什么吸引她，当你明白其中的原因之后，再跟女儿沟通自然就会有话题了。

2. 引导女儿选择适合的服装

莎士比亚曾说，"如果我们沉默不语，衣裳和体态会泄露我们过去的经历"。你可以告诉女儿："如果你的打扮让人对你的身份产生不好的联想，那说明你的装扮很不合时宜。无论你是追求个性化，还是追赶潮流，最好还是选择符合自身年龄、身份的装束，这样你才会更加美丽。"

3. 帮助女儿找回自信

如果父母发现女儿特别在意自己的外表，其实那是孩子不自信的表现，她通过穿着奇装异服来证明自己与众不同。对这种情况，父母应该多肯定她、赞扬她，帮助女儿建立自信心。因为一个真正自信的人是不需要刻意来证明自己的，更不会通过奇异的发型与服饰来引起别人的注意。

"我就喜欢金属音乐"——帮助孩子正确理解"摇滚乐"

家长的烦恼

本来女儿喜欢听歌是一种情趣，但是，一位父亲却开始为此担心起来。他说："我女儿正上高二，平时最大的爱好就是喜欢听歌，以前我也没怎么关注她的这些爱好。因为我对音乐也不怎么熟悉，也就喜欢听一点儿80年代的老歌。可前不久，我发现女儿经常会躲在房间里听一些极具震撼力的歌曲，而且，经常把声音开得很大，震得房间都一颤一颤的。我好奇地问女儿'你听的都是什么歌曲啊？'她很得意地回答说'摇滚，老爸，你没听过吧，快过来听听'。可能是年纪大了，听到那声音我的耳膜就受不了，女儿称这是重金属音乐，我也搞不懂其中的差别。"停了一会儿，那位父亲继续说，"其实，当时我也没怎么在意，可能觉得这个年纪估计都在听这类的歌曲。可我问女儿，她说班里仅有一两个同学喜欢听这样的歌曲。我表示很不理解，她却告诉我，音乐是很私人化的东西，能够真正喜欢音乐不容易，音乐不像电影，人人都可以看得懂。女儿喜欢听摇滚乐，这可能不是什么大事，关键是我对摇滚乐又不熟悉，就是担心女儿会听了不好的音乐而影响她的心理，现在，我也不知道该怎么办了？"

对于大多数父母来说，摇滚只是一种模模糊糊的印象，可能他们一辈子也不会关注"摇滚"这个词。不过，走在大街上，经常会听到一些青春期孩子在谈论摇滚乐，这不难看出，摇滚乐深受许多青春期孩子的喜爱。摇滚乐给人们带来的不仅仅是听觉上的冲击，更多的是对思想的影响。摇滚乐有积极向上的，也有消极低调的，有大胆抨击的，但也有掺杂着颓废因素的。如此复杂多变的摇滚乐是否适合青春期女孩？不难看出，本案例中父亲的担心是很有必要的。

摇滚是一种精神，它倡导自由，倡导大家敢于挑战传统观念。鼓励人们发泄出自己对社会的不满，揭露社会的阴暗面，反映出人类内心真正的痛苦、欲求。在现实生活中，许多父母认为摇滚是猛烈的失真、不变的眼神、漠视一切的态度，也正因为如此，许多父母极力反对自己的孩子听摇滚乐，担心孩子会被摇滚的豪放、狂热、不羁所影响。当然，父母的这种看法是片面的，摇滚乐有不同的风格，每种风格都有其特殊的感情表达方式。这需要父母仔细分辨孩子所喜欢的摇滚风格，才能判断摇滚乐是否对孩子有不利的影响。

喜欢摇滚乐的青春期女孩，大多存在这样的心理：（1）叛逆、反对世俗，和大家的观点、想法不一样。（2）心理敏感，很感性。（3）内心深处在某方面很自卑，但在某些方面很自大，看不起很多东西。（4）悲观，尤其是在孤独时会更加失落。（5）心胸狭隘，她们在表达感情或情绪时很直接，不太顾及到他人的感受。（6）喜欢幻想，希望通过幻想来改变这个世界。

心理支招

那些喜欢摇滚的女孩大多数会把摇滚当作一个出口，发泄心灵深处激情的出口。通过摇滚，她们追求自由，发泄心中的不满。青春期是一个充满挫折的时期，女儿在追求独立生活的过程中，往往会遇到一些困难与烦恼。她们内心苦闷，又不愿意将心中的烦恼向父母倾诉。在这样的情况下，摇滚音乐往往能引起孩子们的心理共鸣。

1. 引导女儿听健康音乐

现代的流行乐坛也充斥着一些粗制滥造、庸俗低下、过分凄婉悲惨的音乐，这会使孩子陷入低迷的情绪，有的孩子还会受到歌词的影响，产生颓废的心理。当然，好的歌曲往往催人奋发向上，热情澎湃。女儿在选择听什么音乐的时候，父母可以建议她们选择内容和情调健康的音乐，不要去听那些颓废无聊、格调低俗的音乐。

2.父母要引导孩子正确地看待摇滚乐

美国科学家曾做过一些实验：在摇滚乐的作用下，植物会枯萎下去，动物会渐渐丧失食欲。而摇滚乐对人的危害也是相当大的，不仅能导致人的听力下降，精神萎靡，还会诱发一些身体疾病。听摇滚乐对青春期女孩来说是一种时尚，不过，父母应建议女儿选择适合自己的摇滚乐，而不是盲目地追求所谓的时尚。你可以告诉女儿，"好的音乐才会使你的身心得到健康的发展，反之，只会影响你的身心健康"。

"爱美没有什么错"——引导女儿正确看待美丽和时尚

家长的烦恼

一位母亲说："我女儿正在上初二，个子不怎么高，她平时兴趣爱好很多，比如唱歌、玩滑板、跳街舞，等等。最近，我发现女儿越来越讲究穿着。她总是喜欢穿新衣服、新鞋子，对以前旧的衣服和鞋则很少问津。她每天早上起来得很早，但并不是用来学习，而是反复换衣服，照镜子，直到穿上自己满意的一身衣服才出门。有时候，上午穿一套，下午还会再换一套。

"前不久，她爸爸去外地出差，给她买来一套300多元钱的衣服，看上去挺时尚的。当时，女儿的眼睛都亮了，抑制不住兴奋地说，'明天我就穿着去上学'。我提醒她说，'可你身上这身是今天才换的，怎么换衣服这么勤？'女儿却对我说，'妈妈，这是时尚与美丽，你不懂的啦！'其实，女儿穿哪件衣服，我并不太在意。我比较关注的是她对穿着过于注重的行为以及背后的心理。她太热衷于打扮，过分注重穿着，在同学们中太惹人注意、太花哨，会分散她学习的精力。"

通过这位母亲所讲述的事例，不难看出，青春期的女孩子伴随着自我意识的增强，她们比较"爱美"了，喜欢打扮自己了。在这个年纪，她们已经懂得了什么是时尚与美丽。在青春期以前，大多数孩子的穿着打扮都是父母包办，往往是父母买什么衣服，她就穿什么衣服。但是，一旦孩子进入青春期，她们在关心自己内心世界的同时，也会把大量的精力与时间用在打扮自己上面，比如穿衣、发型等，热衷于追逐时尚与美丽。

人喜欢得到别人赞扬以及不甘心落于人后的愿望，是根深蒂固的。尤其是处于青春期的女孩子，她们把时间用在打扮装饰上，其实是有特殊的心理功效的。有可能是为吸引异性的注意，同时，引起同性女孩子的羡慕。每当出现这种情况的时候，她们就会有一种心理上的满足感。

追逐时尚与美丽已经成为当今社会的一种潮流，时尚文化以其自身独特的方式深刻影响着青少年价值观的形成与发展。青春期的孩子思维活跃，具有较强的接受能力和表现欲，她们往往追求眼下最时髦、流行的生活以及消费方式，部分人甚至把幸福生活更多地理解为时尚生活。作为父母，应该引导孩子理性地看待时尚文化，引导青春期女孩形成正确的时尚观，树立正确的价值观。

心理支招

雨果曾说，"理想无非就是逻辑的最高峰，同样，美就是真的顶端。艺术的民族同时也是彻底的民族，爱美就是要求光明"。心理学家表示，那些懂得自我欣赏、追逐美丽的女孩子，她们往往更自信、乐观，更容易获得幸福与成功。孩子爱美是天性，这并不是什么错误，当然，面对时尚潮流，则需要父母积极引导，帮助女儿树立正确的价值观。

1.让女儿认识美的本质

本来，青春期女孩子爱美、打扮是很自然的事情，这是无可厚非的。但是，由于女儿对美的本质认识还很肤浅，她在追求美的时候往往会出现一些偏执倾向，比如盲目节食减肥以保持苗条的身材，穿着打扮过分追求成人美。于是，她在追随时尚、刻意修饰、矫揉造作，结果却失去了纯真、健美和青春气息。对此，父母不妨告诉女儿，"美的本质就是真实，即使你不打扮，你一样美丽，因为你纯真。相反，你若是过分打扮，反而失去了少年的纯真，这样反倒是不美的"。

2.引导女儿正确地看待"时尚与美丽"

青春期女孩子经常是跟着时尚走，社会流行什么，她就追逐什么。对女儿盲目追逐时尚潮流的现象，父母应该有一定的警惕心理。可以告诉她，"时尚其实就像浪潮，或许，你认为现在流行的是美的，但是，过不了多久，它就会被淹没在大海里，因为新的浪潮又打过来了，而你追逐时尚的过程，其实就是一个永远没有办法停下来的过程。并且，真正的时尚来自于心里，而不是外在的表现，就算你打扮得再时尚，你其实也就是一个中学生"。如此引导女儿在面对时尚潮流的时候，需要选择适合自己的，而不是盲目追逐。

"李易峰是我的偶像"——引导女儿寻找真正的偶像

家长的烦恼

这是一位老师的自述——

我是一位老师，也是一位家长，因为我的女儿是我的学生。在昨天的班会上，我对全班进行了一次匿名式的问卷调查，在这个问卷调查里有这样一个传统的题目，"请你写出最崇拜的对象姓名，限定一名"。问卷调查结束以后，我们就那个传统的题目展开了讨论，我将同学们写出的名字写在黑板上。一时之间，只见黑板上出现了"刘德华""李易峰""张学友""张国荣""张柏芝""谢霆锋"，等等，全班45名同学，竟然罗列出来35位崇拜人物的姓名。

我不知道这是怎么回事？我想不明白的是全班同学竟没有一个人写华罗庚、陈景润，甚至连居里夫人都落了榜。晚上回到家，我问女儿，"你写的偶像是谁？"女儿很自豪地说："李易峰啊，最近他那么火，你不知道吗？简直是帅得掉渣"。听了女儿的回答，我感到很忧心，现在的孩子已经把明星当作自己的偶像了。

　　青春期的孩子正处于生理的发育期，性格还没有定型，心理还没有成熟。他们判断好坏的意识还比较模糊，分辨是非的能力还不强。因此，孩子在价值观的形成上很容易受到外界的诱惑，在树立人生观上很容易受到社会的左右。而在他们这个年龄上所体现出来的特点是"模仿多于自觉，从众多于主见"。尤其是那些明星偶像对青春期女孩的影响力更是巨大：从他们的日常言行，到他们的价值观念；从他们的穿着打扮，到他们对观众的态度都是孩子们模仿和追随的范本。

　　现代社会，在经济飞速发展的同时，人们的价值观念也日趋多元化。不少媒体为了吸引眼球，为了聚集人气就大搞造星、选秀活动，在电视上，天天都是俊男靓女，大款、大腕星光闪耀，明星的举手投足都是新闻，他们的生活细节被无限放大，所谓的"绯闻"占据了整个版面。这些让许多青春期的孩子完全迷失了自我，在他们看来，明星的生活才是最成功的生活，明星的行为才是正确的行为，把明星当作偶像，把明星当作完人，至于什么雷锋、张思德、黄继光等真正的伟人通通都被他们抛到了脑后。

心 理 支 招

　　一直以来，在中华民族的传统中就是把那些威武不能屈、富贵不能淫、忠贞不贰的人当作崇拜的偶像，就是把那些为国立功、为民请命、为社会做出贡献的人当作偶像。古有屈原，今有雷锋；古有民族英雄岳飞，今有用身体堵枪眼的黄继光；古有刚正不阿、执法如山的包拯，今有一生都在平凡岗位上默默为人民服务的张思德。

　　而现代社会的孩子们似乎早忘记了他们，面对孩子疯狂的追星行为，甚至把明星当偶像，作为父母，该如何引导呢？

1. 让女儿明白"崇拜""偶像"的真实含义

许多女孩子喜欢明星的理由竟然是"长得漂亮""帅气""歌唱得好""打扮够时尚"，在这样一些肤浅的理由下，她们就轻易地将明星当成了偶像来崇拜。对此，父母需要告诉女儿："偶像值得崇拜的原因在于他为社会、为人类、为世界做出了杰出的贡献，在他身上有值得我们欣赏的高贵品质，或许，他们身上并没有什么耀眼的光环，他们就跟你们一样，只是一个普通人，但是，他们的一生不平凡……"

2. 让女儿看到明星的不足之处

在女儿追星的时候，父母可以引导她主动说出自己喜欢的明星身上的不足之处，比如明星的发型、服饰、表情、习惯动作、口头禅，等等。比如，有的明星醉酒驾车、有的明星吸毒、有的明星对着记者说脏话，等等。帮助女儿学会分析，引导她以理智的态度来面对明星。让女儿明白，明星也是人，他也有缺点，并非他说的每一句话都是真理，每一种行为都是榜样。

3. 帮助女儿寻找真正的偶像

榜样的力量是无穷的，是每个孩子都需要学习的对象。父母需要做的不是让女儿不再追星，而是让女儿寻找真正的偶像。父母可以引导女儿亲近历史，了解一些中外名人、伟人，让她熟悉更多的科学之星、艺术之星，在潜移默化中让女儿将他们当作真正的偶像。

"她有的我也要有"——引导孩子走出攀比的怪圈

家长的烦恼

几位中年妇女聚在一起聊天，不约而同地谈到了孩子追赶潮流的话题。一位母亲说："我女儿今年上初二了，天天吵着要手机，我看许多学生都有，就答应了她。你猜她怎么说？说一定要买最新款的，不能比别人的差。"另一位母亲附和道："现在的孩子可爱攀比了，在吃、穿上处处和别人比较，他们一半的心思都花在了攀比上，哪里有用功读书啊。"

一直沉默的王女士说："唉，现在的孩子啊！早上我刚刚看了一个新闻，说一个17岁的安徽小伙子在网上接触了一个卖肾的中介，当时他正想买一个iPad 2，在中介的劝说下，他到湖南某医院进行了肾摘除手术。当我看到这条新闻时，真是被吓倒了，现在的孩子一点儿也不让我们省心。"

"说到底，这就是虚荣心在作怪，我家女儿也是，嘴里经常说的都是什么名牌衣服啊、名牌鞋子啊，别人有的，她自己也要有，可我们有什么办法呢？孩子要，我们做父母的，还不是得乖乖地掏钱买。"一位母亲很无奈地说。

随着年龄的增长、心理上的成熟，许多青春期女孩意识到了"金钱"的重要性。除了平时学习之外，无时无刻，她们不是在感受"金钱"带来的虚荣感。小小年纪的她们已经开始欣赏歌星、影星的风采，欣赏迪斯科的节奏，欣赏百万富翁的潇洒，欣赏哪位同学过生日花钱多，欣赏同学的名牌服饰。如此种种的欣赏，其实就是自身在与他人做攀比。

在比较中，女孩子发现别人在某方面远远超过自己，就有可能产生欣赏、羡慕的心理。当然，健康的欣赏可以激发积极向上的动力，而变调的欣赏则会演变成攀比，还有可能诱发不健康的行为。处于青春期的女孩，她们已经开始用眼睛观察身边的生活，一旦看到别人拥有的东西，她们往往不能冷静地分析"我是不是需要"，就急切地想拥有。

"再穷不能穷孩子"，这是曾经被广泛地刷在墙上、写在黑板上、挂在嘴边的一句话，表达了调动一切社会力量办教育的决心。但是，现在这句话有了新的理解。许多父母总是竭尽所能地满足孩子的种种消费需求，父母大力支持的行为助长了孩子们互相炫耀的攀比心理。其实，对于孩子们盲目地追逐虚荣的生活，作为父母应该要反省自己的行为。

心理支招

青春期女孩正处于生长发育阶段，对事物尚缺乏正确的判断、分析，而攀比心理会给女儿的身心健康带来消极的负面影响，甚至女儿的自信心也在攀比中慢慢消失了。对待女儿的攀比心理，父母应该积极引导，具体说来，应该从以下几个方面着手。

1.榜样的力量

俗话说，"大狗爬墙，小狗学样"。青春期女孩有较强的模仿能力，在这样的情况下，父母的一举一动都会给女儿留下深刻的印象。因此，作为父母，应该做好榜样，从自身做起，理性消费，在女儿面前切忌与同事、朋友盲目攀比，以免影响到女儿的心理。

2.对女儿不要"有求必应"

许多父母秉承着"再穷不能穷孩子"的理念，于是女儿想要手机，买；女儿想要名牌包包，买；女儿想要电脑，买。如此对女儿有求必应，很容易养成女儿过度地以自我为中心的心理。如果女儿想要什么就给什么，如此娇生惯养很容易造成女儿攀比的惯性，不利于她心理的健康发展。

3.引导女儿理性消费

有的女孩子只要看见朋友有了新的东西，她就想买，从来没考虑过那些东西是否真的适合自己。在这样的情况下，当女儿再要求买东西的时候，父母应该告诉她："你是否真的需要这些东西？它对你有什么作用？"以此引导女儿正确分析盲目消费的现象，冷静对待虚荣的攀比心理。

"我要去看周笔畅的演唱会"——如何引导女儿的追星心理

家长的烦恼

我女儿正在上初中，她很喜欢周笔畅，还参加了学校里组织的"笔迷"团，支持心中的偶像。她房间的墙壁上贴满了周笔畅的海报，嘴里经常说的都是"周笔畅怎么了"，而且，回到家，还鼓动我和她爸爸为周笔畅投票。我觉得孩子追星太疯狂了，好像有点儿过头了，这孩子到底喜欢周笔畅哪里呢？

上个月，女儿说学校要交补课费了，我想也没想就给了她。结果几天后，她的班主任就打电话给我说女儿请假走了，我一惊：她能去哪里呢？我到处都找遍了，也没找到女儿。没办法我只好打电话给女儿最好的朋友，结果那女孩子支支吾吾地跟我说："阿姨，她请假去北京看周笔畅的演唱会了……"看演唱会？我真差点儿晕了过去。

青春期女孩追星，这是一个普遍的现象。当然，青春期的孩子心理不成熟，容易盲目崇拜，行为情绪化，在追星的狂热中，很容易失去理智，出现疯狂的行为。如此的追星行为会影响孩子的学习和身心健康。面对这样的情况，父母应该加以重视，积极引导，让孩子学会欣赏偶像的内在美。

"追星"行为是指青春期孩子过分崇拜、迷恋影视明星和歌星的行为，心理学家表示，偶像崇拜是青春期女孩的重要心理特征之一，是青春期心理需求的反映。而青春期孩子"追星"的心理是多方面的。

（1）替代满足心理：在青春期，孩子的性意识日益发展，他们对异性的情感也日益丰富。这让他们开始幻想自己恋人的形象，不过由于条件不成熟，渐渐地他们把对异性的幻想转移到明星身上，以此获得满足。

（2）从众心理：青春期是一个追逐时尚的时代，在这一时期，孩子们有较强的好奇心和模仿能力，他们喜欢标新立异，追赶时髦。一旦时尚潮流袭来，他们就极力模仿，希望自己不要落伍。而对于这些孩子来说，明星则是创造时尚、领军潮流的代表人物。

（3）炫耀心理：一些孩子刻意模仿明星们的作风，收集明星的资料，而他们把这些作为与同龄孩子交谈时炫耀的资本，以此抬高自己的身价。一些对明星了解较多的孩子，他们在谈论这些问题的时候，往往会体验到一种自豪感、满足感，觉得自己有了面子，在同伴面前有了地位。

心理支招

中国教育家孙云晓说："我们每个人都有自己的偶像，父母也一样，所以父母千万不要嘲笑孩子的偶像。"青春期女孩需要引导，在追星方面更是如此。

1.巧妙发挥名人效应

"名人效应"产生的心理基础是孩子对明星的崇拜心理、移情心理。在家庭教育中，父母可以巧妙地利用名人效应，这可以解决不少难题。比如，你希望女儿养成好的习惯，但孩子却总是不听。那么，你可以告诉她："你喜欢的某某明星小时候就是这样""你崇拜的偶像就是这样认为"。她听了，往往会如父母所愿，自觉地改掉坏习惯。

2.与女儿一起"追星"

喜欢娱乐是孩子的天性之一，孩子追星是一种天真的理想，同时也是一种盲目的激情。如果看到女儿追星，就采取扔掉明星的CD、撕掉明星的相片，这非但不能让她回头，反而会酿成悲剧。父母只有了解女儿所喜欢的"明星"，才可以与她谈"明星"。而父母对"明星"的一些客观评价，对女儿的价值观往往能起到潜移默化的作用。

第 13 章

人生观引导：教导女孩坚守信念，让青春精彩灿烂

青春期女孩要想树立正确的人生观，最重要的是父母要以身作则。父母是孩子的第一任老师，再好的教育假如遇到不同的现实，都会让女孩产生迷茫和不知所措的感觉，父母的行为比对女孩子的任何语言教导都要有用，影响都要深远。让女孩子确立一个正确的人生态度，正确对待人生中的每一个顺境和逆境，要有乐观的精神和积极的行动。

"我有错吗"——鼓励女孩自我反省

家长的烦恼

女儿每次考试失利都不懂得反思自己存在的不足，反而一味地向妈妈抱怨"这次老师改卷子太严了，不然那两分都不会被扣""这次真倒霉，我随便蒙了一个答案都错了，只能说我运气太差了"。如果妈妈说："难道你自己就没原因吗？"女儿则会一脸无辜地说："我最大的原因就是太认真了。"

平时女儿会向妈妈抱怨："最近娜娜又不跟我联系了，也不知道她是怎么回事，平时娇里娇气就算了，没想到脾气也这样臭，真是不可理喻……"妈妈问："难道你自己就没有做得不对的地方吗？"

海涅曾经说，"反省是一面镜子，它能将我们的错误清清楚楚地照出来，让我们认真地思考自己的行为，并给我们改正的机会"。自我反省就是常常冷静地思考自己的言行，寻找自己所作所为中存在的不足和错误。一个人会不断地取得进步，就在于他能够不断地自我反省，善于认识到自己的缺点和不足之处，并及时采取措施进行弥补。自我反省是一种良好的行为习惯，也是每一个处在成长期的孩子所需要具备的一种良好习惯。如果一个女孩子不懂得自我反省，她就会一次又一次地重复犯相同的错误，在原地踏步，难以取得进步。相反，如果女孩子懂得了自我反省，她就会认真思考自己身上的不足之处，会更加注意下次绝对不会犯同样或类似的错误。

心理支招

爱默生曾说，"人类唯一的责任就是对自己真实，自省不仅不会使他孤立，反而会带领他进入一个伟大的领域"。女孩子总是习惯性地为自己找借口，害怕承认自己的错误，这时候需要父母有意识地培养女孩子养成良好的自我反省的习惯，鼓励女孩子对自己的行为进行反思，看看自己的所作所为是否违背了社会规范，是否存在着种种不足。自我反省的习惯对于孩子一生的发展都是有着积极意义的，所以，父母应该在家庭教育中有意识地鼓励女孩子进行自我反省。

1.女儿犯错，理性应对

当女儿犯了错之后，父母不要对她横加指责，而是应该允许女儿做出解释，当父母了解了事情的真相后，只需要平静地指出女儿的错误，引导她进行自我反省。这样可以激发女儿想纠正错误的行为，在以后的生活中，她就会少犯或者不犯类似的错误。有的父母在女儿犯了错误以后，往往会耐不住性子，对女儿不是打就是骂，实际上这样很不利于女儿自我反省能力的提高。父母千万不要一上来就斥责、恐吓孩子，不要对孩子的错误横加指责，这样只会让自己的暴躁脾气扼杀了孩子的自我反省能力。父母只有冷静、理智地对待孩子的错误，才有利于孩子养成自我反省的习惯。

2.父母要为女儿做好榜样

女孩子有着一定的模仿能力，父母的言行也会成为她们模仿的对象。在日常生活中，父母要做好榜样，即便是父母犯了错误也要自我反省，这样会给女儿树立良好的榜样，有利于培养孩子优秀的自我反省能力。有的父母认为自己毕竟是大人，做错了事情羞于认错，而且认为在女儿面前认错是件难为情的事情。其实，并不是这样，父母做错了也要敢于承认，及时进行自我反省，特别是在女儿面前，这样才能积极地影响她。比如，有时候父母也会误会孩子，这时不要试图在孩子面前敷衍了事，而应该真诚地向孩子道歉。

3.培养女儿自我反省的好习惯

子曰："吾日三省吾身——为人谋而不忠乎？与朋友交而不信乎？传不习乎？"父母可以引导女儿每天都反思一下自己的所作所为，总结一下自己的行为表现，想象自己有哪些是做得不对的，哪些是需要改进的，且应该怎样改正那些错误，挽回损失。让女儿养成这样一种习惯，时间长了，女孩子就不会犯同样或类似的错误，而且也能够分辨是非真伪了。

4.鼓励女儿正确地应对批评

虽然，在很多时候我们都提倡鼓励教育，总是说"好孩子是夸出来的"，但一味地鼓励与夸奖也不会培养出好孩子来的。另外，如果女孩子经常得到表扬，时间长了，她就很难接受别人的批评了。因而，批评与赞赏一样都是父母需要的教育方式。当然，无论是赞赏还是批评都是适当的，父母不要大声斥责，只需要让女儿知道自己错在哪里就可以了。父母要正面引导女儿坦然接受别人的批评，以"有则改之，无则加勉"的心态来接受批评。

"我永远是最优秀的"——谦虚的女孩惹人爱

家长的烦恼

玲玲是一名初一的学生，她学习成绩好，且担任着班里的学习委员。而且她在各方面都比较优秀，不但模样长得漂亮，学习成绩好，而且还会弹钢琴，书法也不错。不过近来老师反映说玲玲越来越骄傲了，她总是瞧不起别人。

平时在学校，不主动和别人接近。当同学向她问问题的时候，她会觉得很烦，且明显表现出不愿意搭理别人的意思。前阵子，玲玲买了一条漂亮的裙子，同学小柔第二天也穿了条一模一样的裙子。小柔走到玲玲面前，本想让玲玲惊奇一下，谁知道玲玲看见后十分生气地说："哼！烦死了！一天到晚跟着别人学……"小柔听了脸一红，低下头。小柔从此再也不主动接近玲玲了。

谦虚是一种优秀的品质，一个人的生命是有限的，但知识却是无限的，再勤奋的人也不可能把所有的知识都学完，因为任何一个人都不可能拒绝学习。因此，在知识面前一定要谦虚，凡是取得成功的人，他们在一生中总是谦虚地学习，不断地提高自己。现在的孩子们处在一个优越的环境中，获得了一点儿成绩就很容易骄傲。然而，今天获得的成绩并不代表明天成绩优秀，一个优秀的孩子应该是全面发展的孩子。孩子的身心都处于发展的时期，许多品质还没有得到固定，这很容易使孩子们走进骄傲自负性格的误区。所以，作为父母，就是要帮助孩子克制自满的情绪，让孩子变得谦和。

骄傲会让女孩子夸大自己的优点，不去正视自己身上的问题，甚至容易把别人看得一无是处，这样的女孩子听不进别人善意的批评，总是处于盲目的优越感之中，从而放松了对自己的要求，渐渐地，她就变得不那么优秀了。对此，父母可以有意识地制造一些困难让孩子去克服，让孩子认识到做好并不容易，人生道路并不平坦，从而促使女孩子虚心学习，不断进步。

心 理 支 招

女孩子从小就要培养她们谦虚的品质，当她们在学习上获得优异的成绩时，要帮助她们克服自己骄傲自满的情绪，让女孩子保持一颗平常心，不要沾沾自喜，自以为是。告诉女儿：如果自己有了一点儿成绩便觉得自己很了不起，这是很不好的。优秀的女孩子更需要虚心接受老师与父母的教诲，需要倾听朋友的意见，这样才有可能会走向成功。

1. 让女儿明白自己的不足之处

女孩子从小就处在父母的夸奖中，受到许多人的关注，成长在一个受表扬和鼓励的环境中，会变得更加自信。但是，在夸奖声、赞美声中，女孩子只看到自己的优点，却看不到自己的缺点，这对于女孩子的成长是极为不利的。所以，父母需要引导女儿比较全面地了解自己，鼓励她们勇于接受批评，看到自己的缺点，虚心接受父母与老师的教育，这样女儿才能全面、健康的发展。

2. 帮助女儿找到"偶像"

任何一位成功人士都是非常谦虚的，父母可以通过书籍了解名人的故事，以名人的事例来激励女孩子懂得谦虚。当女儿有了自己崇拜的成功人士，并且了解了他们成功的经历，就会逐渐使自己养成谦虚的好品质。父母应该让女儿明白只有谦虚的人才会不断地提高自己，自己才能在学习上取得更大的成就。

3.引导女儿学会克制自己的情绪

女孩子还处于学习知识、积累经验的阶段，对于内心蔓延出来的自高、自大，她们并不懂得如何去克制。对此，父母应该保持警惕心理，鼓励女儿多读书，任何一个人都没有骄傲的资本。让女儿清楚地知道"谦虚使人进步，骄傲使人落后"，鼓励她做一个谦虚的女孩子。

"我不需要感谢谁"——引导女孩学会感恩

家长的烦恼

前天是母亲节，晚上十点多了，一个母亲向心理咨询师哭诉着："老师，我女儿上初中了，最近越来越不像话，她奶奶七十多岁了，每天做饭、洗衣，可她居然还嫌弃奶奶做的菜很难吃，常常跟奶奶赌气、顶嘴。这么大的女孩子，从来不会为父母着想，如今的孩子怎么会这样，一点儿都不懂事？"

类似这样的家长不少，许多人表示非常苦恼：自己含辛茹苦地把孩子抚养大，可到头来孩子还天天和父母顶嘴，对父母所做的一切都视为理所应当，不懂感恩。现在的孩子究竟是怎么回事？该怎么办？

教育孩子的根本目的是什么呢？是让孩子怀着一颗感恩的心生活，怀着感激的心情去学习，感恩成为了他学习的动力，因而他的心里充满了爱和温暖，也使自己成为人见人爱的孩子。对于正在成长路上的女孩子，她需要一颗感恩的心，父母不要让孩子认为什么都是别人应该做的，而是教育孩子理解父母或理解他人，以一种感恩的心态来面对父母、对待他人。这时候，父母就犹如孩子的一面镜子，自身应该在孩子面前做好榜样。

心理支招

　　如果一个孩子连最起码的感恩都不懂得，你会指望他去爱谁呢？现在的孩子大多数是独生子女，从小就在宠爱中长大，他一个人得到了家人的所有关爱。这时候，如果父母不教导孩子学会感恩，那么时间长了，在孩子心里就会形成这样一种观点：自己接受多少都是应该的。这样的孩子长大以后，就会表现出缺乏爱心，成为人们避之唯恐不及的人。

　　"感恩教育"的缺失是多方面的原因造成的，作为家庭教育的施行者也有一定的责任，现在的父母过多地注重女孩子的学习，而不注重孩子的心理品质，女孩子就会因为纵容而变得越来越任性。

　　1. 在女儿面前不要过多地谈论自己的苦恼

　　许多父母常常会在女儿面前说："爸爸、妈妈这么辛苦都是为了你啊！"这从表面上看是希望通过诉苦这种方式来强化父母付出比较多，其实却恰恰相反，这容易给孩子造成心理负担，它暗示了"我付出这么多给你，你要偿还"，这种教育下的孩子只会用"形式对形式"来感恩。所以，父母在向女儿灌输"感恩教育"的时候，要适当地谈论自己的苦恼，而不是过多地谈论，这样就会使"感恩"变了味道。

　　2. 对女儿不要全权包办代替

　　随着女儿年龄的增长，她学会了做很多事情，也可以独立地完成一些事情，这本来是一种很好的习惯。一旦父母对女儿保护太多，干预孩子太多，为孩子打理了一切事务，那么女儿就会渐渐习惯父母的包办代替，甚至认为父母这样做是理所当然的。时间长了，女儿就很难再感谢父母为自己所做的一切了。所以，对女儿的事情，父母不要事事包办代替，不要为孩子打理一切事务，学会让孩子独立地去做一些事情，一方面能锻炼她的独立生活能力，另一方面可教导孩子学会感恩。

　　3. 在女儿面前展现自己感恩的一面

　　身教的力量远远大于言教，父母在面对自己的父母，要表现出尊敬和孝顺，感谢父辈的养育之恩。家里有好吃的要先给老人吃，逢年过节要给老人送礼物，如果老人离得比较远，也要经常打电话。这时候，不仅仅让女儿看到父母对自己有爱，对长辈一样有爱。父母要经常告诉她，要关心和孝顺长辈，孩子虽然还小，但长期的耳濡目染，也会在她那幼小的心灵里洒下感恩的种子。

4.对女儿不要有求必应

面对女儿提出的要求，父母应该首先考虑是否合理，如果是不合理的就要坚决地拒绝，并告诉女儿哪里不合理，不要对孩子有求必应，而是应该让孩子自己去争取所需要的东西。当孩子通过自己的努力去获得所需的东西时，她就会懂得珍惜，也明白了自己的生活是幸福的。有的父母给女儿提供很丰富的物质条件，久而久之，孩子会觉得这一切来得太容易了，甚至认为是她本来就应该拥有的，于是不懂得去珍惜。

"为什么所有的事情都不顺"——培养女孩乐观的心态

家长的烦恼

女儿彤彤平时最喜欢说的一句话就是："为什么所有的事情都是这样，就没有一件顺利的。"妈妈安慰她道："你换个角度看问题，或许就不一样了。"彤彤没好气地说："事情都这样了，我能怎么看啊，唉，真是烦死了。"

这天彤彤因上学时忘了带手机，结果她一整天心情都不好。一回到家就抱怨："为什么所有的事情都不按照我想的那样发展，总有这样的烦心事。"妈妈问："又发生什么事情了？"彤彤很不耐烦地说："别问我了，烦死了！"说完就摔门而去。

其实，影响孩子情绪的都是一些日常生活中的小事情，如果父母能够引导孩子换一个角度去看待它，也许就没有那么悲观了，孩子也会以乐观的心态来面对生活。对于正在成长中的孩子来说，乐观具有深远的意义，它会渗透到孩子的一生中，影响孩子一生的幸福。乐观的心态可以诱发孩子采取行动的强烈动机，也可以给孩子提供充满勇气、战胜困难的力量。在家庭教育中，父母就是要赐给孩子希望和乐观的心态，让孩子能够带着积极乐观的心态面对人生。

心理支招

一位教育专家曾说，"培养笑容就是培养心灵。把孩子培养成面带笑容的孩子，就是把孩子培养成为乐观、进取的人的最重要的条件之一"。乐观的心态，自信的笑容，这对于任何一个人来说都是不可或缺的财富。

父母在培养女孩子的心理素质和性格的过程中，乐观心态的培养是一个必不可少的基本成分。女孩子乐观开朗的性格并不是天生的，所以，父母的教育和培养对女孩子养成乐观的性格是十分重要的。女孩子的乐观心态首先源于父母，源于家庭，所以，培养孩子乐观的心态，首先就要从父母自身做起。

1. 避免在女儿面前表现出伤心的样子

父母不要因为女儿一时所受的挫折就表现出难过的情绪，比如女儿成绩下降了，父母若是表现得过分紧张和难过，就会影响孩子的情绪，也会增加女儿的心理压力。所以，父母不要在女儿面前表露出难过的情绪，也不要对她的受挫进行处罚、挖苦以及责骂，父母不妨以幽默的方式，尽可能地把自己的乐观情绪传达给孩子。

2. 引导女儿以乐观的态度看问题

一个女孩子的成长健康与否，与她的心态有很大的关系，女孩子良好的心态会给她带来健康的身体、健全的人格。如果父母能够有意识地培养女儿广泛的兴趣和爱好，就可以让她对生活充满向往。父母要鼓励女儿去做自己感兴趣的事情，对于她不感兴趣的事情，父母不要勉强她，尽可能地让她自由发展，让女儿参加集体活动，让她感受来自同伴的积极力量，将孩子的锻炼与兴趣结合起来。女儿拥有越来越多的成就感后，就能极大地增强其自信心，逐渐就会形成乐观的心态。

3. 在女儿面前展现父母的乐观心态

孩子的模仿能力极强，她可以把父母的优点和缺点一起吸收。如果父母是悲观主义者，孩子就会受其影响以悲观的态度来看待问题；如果父母希望孩子以乐观的态度来看待问题，就要改变自己的思想和行为习惯。父母不仅要在女儿面前表现出乐观的心态，更重要的是真正拥有乐观的心态。

4. 换一种角度向女儿解释事情的真相

有时候，当事实无法改变的时候，父母可以给女儿不一样的说法。当父亲对女儿说："现在爸爸要起草一份材料，爸爸的工作很忙。"这样会让女儿觉得爸爸很能干，工作也很重要，如果父亲对女儿说："真可恶，爸爸还得起草一份该死的材料。"女儿会觉得爸爸是不情愿写材料的但却不得不写，这就会留给孩子一个阴影。

著名教育学家塞利格曼曾说，"父母教育孩子的方式正确与否，显著地影响着孩子日后的性格是乐观还是悲观"。所以，作为父母，一定要传达给女儿积极乐观的情绪，让孩子在乐观中找到自信，让孩子以乐观的心态去看待身边的每一个问题。

5. 为女儿营造乐观、自信的家庭氛围

一个乐观自信的家庭，总是能够培养出言行乐观的孩子，因为父母总是能够为孩子营造出积极乐观的氛围。也许，有的女孩子天生就比较乐观，但有的孩子则相反，但一些心理学家认为乐观的心态是可以培养的，即便孩子天生不具备乐观的心态，也可以通过后天来培养。

因此，培养女儿乐观的心态，就需要父母为女儿营造出乐观、自信的家庭氛围，让女儿快乐地学习生活，教会女儿正确面对批评和挫折，帮助女儿克服悲观情绪，多给女儿鼓励与赞赏，多给女儿温暖与笑容，这样女儿就能逐渐形成开朗的性格。

"我不喜欢她碰我的电脑"——引导女孩子学会分享

家长的烦恼

周末，妈妈带着潇潇去商场挑选了一台崭新的笔记本电脑，并打算将这台电脑送给女儿学习用。潇潇可高兴了，一回到家就开始玩自己的电脑，一会儿查资料，一会儿听歌，一会儿看电影，一会儿玩游戏，简直玩得不亦乐乎。

不过，问题很快就出现了，每当妈妈和爸爸需要借用她的笔记本电脑的时候，潇潇总是拒绝说："不是说给我学习用的吗？家里另外有电脑，干嘛用我的。"这时爸爸、妈妈都很无奈，这女儿太宝贝那台电脑了。

这天，她的表妹来了，听说表姐有了一台新的笔记本电脑，高兴极了。希望可以玩玩，潇潇一听，刚才还高兴的脸马上就变了，说："不行，这是我学习用的，外人一概不准用。"小表妹嚷着要玩电脑，妈妈劝潇潇说："让小表妹玩一下，又没有什么关系。"潇潇嘟着嘴："她什么都不懂，万一给我玩坏了怎么办，她赔得起吗？"妈妈有些生气了："这孩子，表妹玩个电脑，你就不高兴了，像你这样，怎么交得到朋友啊。"潇潇不说话，但还是不让表妹玩电脑，妈妈很苦恼，孩子怎么会变成这样了？

在日常生活中，许多女孩子都有着这样的特点：表现得非常霸道，独占欲很强，喜欢一个人玩，在游戏中经常把许多东西放在自己的周围，并常常对那些企图玩自己东西的朋友说，"这些东西都是我的！你不能玩！"这样的女孩子不会与他人分享，也自然体会不到分享的快乐。其实，造成这样的情况，大多数都是与家庭环境和家庭教育有着极密切的关系。

现在绝大多数女孩子都是独生子女，因而她们都成了家里的"中心人物"，父母以女儿为中心，独生女缺乏与伙伴分享、交往等是造成孩子"霸道"、不会分享的根源。但是，只要父母从这些根源出发，对症下药，就能让女儿体会到分享的甜头，继而学会分享。

心理支招

虽然,那些不喜欢分享的"小气"孩子并不少见,而且"小气"也不算是什么大的缺点,但如果一个女孩子什么都不愿意与他人分享,独占意识很强,她是很难与别人有良好的人际关系的,这对于女孩子今后的发展也有极为不利的影响。让女儿学会分享,首要任务就是要让她体会到分享的甜头,让她在与他人的分享中获得快乐。久而久之,女儿就会主动与他人分享东西,也就能养成喜欢分享的良好行为习惯了。

1. 不娇不溺,家人共享

父母不要溺爱女儿,让女儿吃独食,这样娇惯下的孩子是不愿意与他人分享的。有的父母出于对女儿的爱,就把那些好吃的、好玩的全让给女儿,即使女儿会想着与父母分享,父母也会推辞,让女儿一个人独享。时间长了,就强化了女儿的独享意识,女儿理所当然地把那些好吃的、好玩的据为己有。所以,父母不要娇惯和溺爱女儿,也不要以女儿为中心,甚至无限制、无条件地满足女儿的任何需求,而是要让女儿学会感恩,学会把自己喜欢的东西拿出来与家人共享,让女儿体会到分享的甜头。

2. 不要对女儿特殊化

在日常的家庭生活中,父母要形成一种"公平"的态度,这对防止女儿滋长"独享"意识有积极的意义。父母教导女儿既要看到自己也要想到别人,懂得人与人之间相处是建立在平等的基础之上的。让女儿明白好东西应该与大家一起分享,不能只顾自己而不顾别人。

3. 让女儿在分享中获得互利

许多女孩子之所以不愿意与别人分享,是因为她觉得自己分享了就意味着失去,这时候,父母应该理解女儿这种不愿意失去的心情,慢慢引导,让女儿明白分享并不是失去而是一种互利,分享体现了自己的大度与关怀,自己与别人分享了,别人也会回报自己的大度与关怀,这样在分享中能获得一种快乐。一旦女儿在分享中获得了互利与快乐,她就会乐于与别人分享自己的东西。

4.鼓励女儿学会与他人分享

父母可以积极创造机会让女儿与其他小朋友一起玩，让女儿在与同龄孩子的游戏中变得大方，教给女儿与人交往的技巧，帮助女儿养成关爱他人、谦让友好的行为习惯。另外，还要鼓励女儿与他人分享，当女儿表现出分享的行为时，父母应该给予及时的鼓励和赞赏，让女儿感受到分享的快乐，让女儿看到来自父母的肯定与认可。

"她有的东西，我也要"——教会女孩子拒绝攀比与浪费

家长的烦恼

乐乐好像从来不珍惜自己拥有的东西，觉得一切都是应该的。比如，很贵的水果吃两口就会丢在一边去玩耍，鲜美的虾子吃两口后说不吃就吐在地上，发脾气时还会故意把东西扔在地板上。看到乐乐这样子，爸爸、妈妈真担心她长大后会养成奢侈浪费的坏习惯。

玩具堆满乐乐的小公主房，但她好像一点儿也不爱惜，喜新厌旧不说，最喜欢做的事情就是把玩具砸坏。比如几百元钱的名牌车模硬是要父母买回家，结果摆在家里的小柜子上瞧也不瞧一眼；正品的小熊维尼被撕毁拉链挖出了内芯；价格昂贵的芭比娃娃被她在地板上摔来摔去。爸爸妈妈希望能够给孩子提供一个物质丰富的快乐童年，尽管有点儿心痛，不过只要买得起，还是会忍不住给孩子不断地购买新的高档玩具。

随着社会的不断进步，人们的经济水平也日益提高了，继而增强了消费意识。在这其中，青春期女孩子成为了社会消费的主力军，她们的消费水平在不断地增长，没有限制地攀比、浪费现象层出不穷。现在，大多数孩子都是独生子女，被父母视为"掌上明珠""小皇帝"，父母的过分宠爱对女孩子的身心

发展会形成一种消极影响。

尤其是助长了女孩子浪费的不良习惯，使女孩子勤俭节约的意识薄弱，许多女孩子都存在着不珍惜劳动成果、不爱护公物、铺张浪费等不良习惯，为此必须引起每一位父母的重视。

心理支招

爱默生曾经说，"节俭是你一生中食用不完的美丽宴席"。但在我们身边，有着太多这样的声音"这个玩具太旧了，扔了""我要买汽车、遥控飞机，我要买很多很多玩具""我觉得衣服太少了，我要买很多很多新衣服"。女儿虽然还很小，但花钱如流水的习惯已经养成了，其实，作为父母应该明白即使生活富裕了也不能丢了"勤俭节约"这个传家宝。

实际上，让女儿从小养成勤俭节约的习惯是很重要的，问题并不在于有没有钱给女儿花，而是要让孩子懂得钱来得不容易，应该用在刀刃上，而不是过度地挥霍，这样只会培养败家子。那么，如何培养孩子勤俭节约的习惯呢？

1.培养女儿勤俭节约的意识

父母可以通过讲一些故事教育和引导女儿从小就要勤俭节约，不贪图享乐，不爱慕虚荣。在家里经济条件许可的情况下，吃得好一点儿穿得好一点儿是可以的，生活和学习的环境舒适一点也是可以的，但不能让女儿忘记了勤俭节约。父母要教会女儿量入为出，给女儿讲勤俭持家的道理，使她懂得一粒米、一滴水都是辛勤劳动而来的。衣、食、住、行的费用也是父母花力气挣来的，培养女儿勤俭节约的意识，这也是塑造良好品德的开端。

2.父母要做好榜样

要想女儿养成勤俭节约的习惯，父母自身就要勤俭节约，如果做父母的花钱也是大手大脚，那女儿爱浪费就不足为奇了。喜欢模仿是女儿的特点，女儿的许多行为都是从模仿开始的。父母是女儿的第一位老师，你的一言一行、一举一动都对女儿的性格、品德的发展形成潜移默化地起着作用。父母在平时的生活中要勤俭节约，为女儿做好榜样。比如，随手关灯、不浪费自来水、爱惜粮食，等等。以自己良好的行为举止为表率，去感染女儿，使女儿真正地养成勤俭节约的良好行为习惯。

3.让女儿体验劳动

父母可以引导女儿进行一些力所能及的劳动，通过劳动来收获来之不易的果实。比如在农忙的时候，父母可以带着女儿一起去拾稻穗，让她理解什么是"谁知盘中餐，粒粒皆辛苦"。继而培养女儿的劳动热情、勤俭节约的习惯。另外，父母可以让女儿搜集家里的旧物品，将卖废品的钱存起来，然后捐助给那些贫穷的孩子；那些使用过的东西可以重复使用，比如用易拉罐做一个花篮，这样既让女儿体验了劳动，也可以培养女儿勤俭节约的习惯。

4.引导女儿合理利用金钱

父母一般都会有给女儿零花钱的习惯，但给女儿零花钱要有计划，适当地限制数额，不要有求必应，应该依据女儿年龄的大小、实际用途和支配能力来给予。另外，引导女儿学会记账，设计一本"零花钱记录本"将自己的零花钱的去处进行记录，父母还可以与女儿一起讨论，哪些钱是该花的，哪些钱是没有必要花的，让女儿明白钱要花在刀刃上。

"你的事情不关我的事"——引导女孩学会帮助他人

家长的烦恼

女儿今年13岁了，她有个很大的毛病，就是总以自我为中心，不会关心别人。奶奶生病时让她做点儿事情，她都会很不高兴，更别说平时了。有时候爸爸因工作忙累了，对孩子说："宝贝，我觉得好累！"这时女儿也会冷淡地说一句："那是你自己的事情，关我什么事！"有时候看到女儿这样，我们真的很伤心。

在学校里她也不会关心同学、老师，甚至在公共汽车上给老人让个座都不愿意。在我们家里，每个人平时都会关心别人，在公司也会热心助人，可为什么我们的孩子却这样自私呢？难道是我们平时对她的关心不够吗？我们的教育方法不对吗？

心理学家认为，应该让女孩子树立这样一个观念，即理解他人、想及他人、关心他人。告诉孩子当你给予他人关心的时候，温暖了对方，同时也将会温暖你自己。因为被人关心是一种美好的享受，而关心他人也是一种高尚、美好的品德。我们的生活是与他人的相互交往而构成的。告诉女儿：学会关心他人，就是要求我们善于理解他人，需要随时准备去支持他人，并从行动上去关心他人。得到他人的关心是一种幸福，关心他人更是一种幸福，正如歌谣中所唱"只要人人都献出一点儿爱，世界将变成美好的人间"。

心理支招

父母是女儿接触最早、最多的亲人，父母在生活中不仅要对她进行品德的教育，还需要做好榜样。让孩子们互相学习、互相促进。主动帮助别人是一个高素质人必备的重要品质，其要求我们善于理解别人的处境、别人的情感和需要，多从行动上去关心别人。养成女儿从小就学会主动帮助别人的良好习惯，这有助培养女儿健全的人格。

1. 让女儿成为家里的"小帮手"

父母有必要让女儿干家务。一位妈妈的手受伤了，无法干家务活，而且爸爸又外出了，这时候，孩子按着妈妈的吩咐自己做了稀饭，并且在吃完饭以后主动刷碗，受到了妈妈的称赞。其实，在家里一些简单的家务活儿是难不倒孩子的，但父母不要强行要求女儿去做，而要循循善诱，激发孩子的同情心，让女儿主动帮忙，成为家里的"小帮手"，再给予孩子赞赏，这样她会认识到在帮助别人的同时自己也能体会到快乐。

2. 营造温馨的家庭环境

如果女儿长期生活在一个温馨的家庭里，她总是喜欢乐于助人，更愿意为他人着想，也更容易同情别人。因而，父母要为女儿积极营造温馨的家庭环境，经常鼓励女儿主动帮助别人，在这种心态下，女儿是很容易主动去帮助别人的，因为她的心里充满了爱。

3. 父母以身作则

要想教会女儿主动去帮助别人，最关键的是父母要以身作则，为女儿做好榜样。在女儿面前，父母要尽可能地表现得体贴大度，时常主动帮助别人，示范给女儿看，把这样的观念渗透在言行中。如果父母只是教育女儿帮助别人，自己却言行不一致，那么她就会模仿你的行为，言教也就失去了效果。

4. 鼓励女儿去完成一些任务

父母可以多让女儿参加公益活动，比如植树、除草，同时，鼓励女儿主动帮助邻居取牛奶、拿报纸，让女儿在做事情的同时感受到乐趣。父母还可以鼓励女儿去做一些有益的事情，比如照顾小妹妹，或者帮助小弟弟制作玩具，这可以培养女儿主动帮助他人的品质。当然，有时候女儿并不是自愿地去做这些事情，这时候父母就需要去鼓励她，甚至有时候需要用温和的态度强制她去做，不断地鼓励女儿去完成一些任务。

第 14 章

交友观修正：教导女孩分辨虚情与假意，广交挚友

青春期，由于女孩子生理及心理的变化，使得她们的心理变得异常敏感，很容易患社交恐惧症。她们害怕与人交流，尤其是面对陌生人或者异性的时候，更是会束手无策、面红耳赤，连一句完整的话都说不出来。对此，作为父母，应该帮助女儿广交挚友，做好青春期女孩交友的正确引导工作。

"我害怕与人交往"——帮助女儿走出社交恐惧症

家长的烦恼

在电话的另一端，李妈妈讲述着自己女儿的病例："我女儿今年17岁了，是一所普通高中二年级的学生，我和她爸爸都是大专毕业，在机关工作，我们家族都没有精神疾病病史。因为家里就她一个孩子，全家人对她都很疼爱，不过她爷爷对她要求严格，希望她将来可以干出一番大的事业。女儿从小就很腼腆，不喜欢说话，家里来陌生客人时，她也是经常躲而不见。在上学时，她都没什么朋友，平时不上课就窝在家里。

但现在女儿读高中了，读的是寄宿学校，开始感觉到很多事情不顺利，她很苦恼，常常向我抱怨，一副不知所措的样子。前不久，听她说在学校里一名男生无意中用余光瞄了一下她，她就觉得对方在警告自己。从此，她更害怕与人打交道了，尤其是遇到异性，她就会很紧张，注意力无法集中，学习没有效果。后来，严重时，发展到与同性、与老师不敢有视线接触。她常常对我说："妈妈，我很痛苦，好苦恼，可又不知道该怎么办？"看见女儿这样，我真的很痛心。

人际交往障碍是处在青春期的女孩子最常见的心理问题，是导致各种神经症状的主要因素。不可否认的是，人际交往障碍影响了孩子的正常学习和生活。在本案例中，长期宠溺的家庭生活使得孩子很难适应独立的学校生活，生活自理能力很差，形成了孩子不良的人格特征。而又由于她处在青春期这个特殊的生理、心理发育时期，身心变化巨大，对于孩子来说，一方面十分渴望获得友谊和建立良好的人际关系；另一方面又有很强的自我意识与独立性。再加上孩子第一次离开家庭，她的心理健康水平比较低，自我调整能力差，以至于形成了一些不正确的认识和观念。所以，她很难适应新的学校环境以及比较复杂的人际交往关系，从而导致了人际交往障碍。

许多处于青春期的女孩子都有人际交往障碍，她们心里有很多的苦恼："我性格内向，不愿和别人交往，我挺烦的，怎样才能做一个善于交际的人呢""我是一个女孩，我想说的是，我无论和男的或女的说话时，都不敢看对方的眼睛，手一会儿挠头一会儿揣兜，不知道该怎么办""我很在乎别人对我的看法，和别人沟通时，我都担心别人怎么看我，尤其是面对比较重要的人，我还有点自卑""我觉得我自己心理上有问题，很多时候很想跟别人聊天，但又不知道有什么好聊的，很多时候我很害羞，说话也不敢大声，我感觉自己好胆小、好内向"。从孩子们的心声中，我们可以看出她们中的大多数人只是性格内向不善于交际，或是不懂得社交的艺术，而导致在社交过程中出现不适，而并非她们不愿意与人交往。

心理支招

心理专家称，在青春期，女孩子们很容易患上社交恐惧症，严重的还会发展成社交恐惧症。在青春期，一个人的生理和心理都要发生急剧的变化，如果在这一阶段遇到的心理问题没有解决好，就很可能影响她们将来的升学、求职、就业、婚姻等一系列的社会化进程。

1. 父母在女儿面前做好榜样

父母之间要和睦相处，有浓厚的社交兴趣，需要有相当的社交能力给女儿做出示范。在生活中，一些神经症或精神病患者的家庭往往父母不和、经常吵架，或者两人对女儿的教育意见出现了分歧，等等。这些情况都会让她表现出不安、犹豫、没有信心、胆小怕事的性格特点。即使父母的意见不能完全统一，也不要暴露在女儿面前。

2. 鼓励女儿与同龄孩子交往

现代社会，大多数家庭都是独生子女，虽然许多女孩能受到父母良好的教育。但是，如果她们缺乏与同龄孩子的交往，其身心将不能健康成长。女儿在与同龄人的交往中，会遵守共同的规则，学会交往，学会尊重别人的权利。而且，从中还可以学到如何与人合作，如何交朋友。

"我总是一个人"——引导内向的女儿大胆交朋友

家长的烦恼

小娜以出色的成绩考上了一所重点中学，可才上学没几天，小娜突然对妈妈说："我不想上学了。"小娜是一个内向的孩子，不愿意与人交往，在她的记忆中很少与人主动打招呼，在同学中与她关系比较好的也只有那么一两个人，她平时独来独往，显得很不合群。而来到新的学校，一切对小娜来说都是那么陌生，她没有伙伴，感到自己备受冷落，认为自己不被别人喜欢，心里非常难过，小娜说自己似乎不是这个班集体的人，没有人理会自己。

当小娜说了自己的情况之后，妈妈也没在意，只是鼓励她说："你要主动与同学交往，与他们交朋友。"过了一段时间，小娜基本上不与同学来往，很少参加集体活动，与同学之间的感情越来越淡漠，她在日记里写道："我感觉在学校里没有人可以了解自己、信任自己、帮助自己，孤独感和自卑感时刻笼罩着我。"妈妈也感觉到小娜情绪很不稳定，时而抑郁，时而焦虑，痛苦至极。由于情绪不稳定使得她学习时精力很难集中，效果非常差，成绩也急剧下降。看见女儿这样，妈妈很着急。

当心理医生给小娜作"我是什么样的人"自我评价的测试时，小娜只写出了三条自己的优点，其余的都是自己的缺点和不足。从这些可以看出她对自己评价很差，缺少内在的自我价值感。通过沟通，心理医生了解到小娜的爸爸不喜欢女孩子，一直想要一个男孩，所以，爸爸从小到大都很少欣赏、鼓励、赞美她，正是爸爸重男轻女的偏见，造成了女儿的自卑和痛苦，也间接形成了小娜的人际交往障碍。

人是生活在群体中的，与人交往，是人的一种心理需要，交往对青少年的成长有着特殊的意义。心理学家指出，"人们总是希望有人与他进行交流，从而摆脱孤独与寂寞；希望参与具体活动，希望加入某一群体，并为之接纳，从而获得归属感。这样，快乐时有人与你分享，痛苦时有人为你分担，迷茫时有人给你指点方向，困难时有人给你帮助，忧伤时有人给你安慰，气馁时有人给你打气。通过交往，人们能够寻求心灵的沟通，能够寻找感情的寄托。"

心 理 支 招

通过大量的研究发现，在良好的人际关系中成长起来的女孩子，在成年之后更容易获得成功。许多教育家也认为，学生时代的友谊会影响一个孩子交友的习惯、自尊心，其程度几乎相当于父母的关怀。如果女儿没有朋友，或者说不被同伴所接纳，那么，即使她后来取得了很大的成功，但她心里还是有一种不安全感和不满足感。

1. 利用互惠心理，引导女儿交朋友

一位心理学教授曾做了这样一个实验：在一群素不相识的人中随机抽样，给挑选出来的人寄去了圣诞卡片。结果，大部分收到卡片的人，都给他回了一张。那些回赠卡片给教授的人，根本没有想过去打听这个陌生人是谁，他们回赠卡片的原因在于他们不想欠别人的情。

对此，父母可以建议女儿在朋友过生日时送份礼物，过年、过节时给朋友发一个问候的短信。教导女儿要慷慨大方、殷勤好客，乐施小恩小惠给自己渴望结交的朋友。比如，帮对方做事、送礼物给对方、邀请对方看自己新买的书，等等。

2. 为女儿制造结识朋友的机会

如果女儿经常是独来独往，缺少朋友。那么，父母可以为女儿穿针引线，制造一些结交朋友的机会。现代社会，一个家庭往往只有一个孩子，而她总是独自一个人在家，自然不容易交到朋友。父母不妨做一个中间人，比如邀请朋友、同事或邻居的孩子到家里玩，让女儿热情招待他们。孩子们玩起来的时候，父母应回避，如果女儿玩过了头，父母应温和建议"玩得太久了，要不约个时间下次再玩，好吗？"

3.引导女儿处理交际中的问题

女儿在与朋友交往的过程中，难免会出现这样或那样的问题。这时父母应留心观察，耐心地给予指导，如果女儿与朋友之间发生了矛盾，父母应及时了解原因，帮助女儿分析，引导她自己去化解矛盾、处理问题。

虽然，心理比较自闭的女孩子需要父母的引导，但是，父母也应给女儿一定的自主权，让她在合理的范围内自己做决定，这样才有利于女儿的健康成长。在选择朋友方面，父母不要干涉太多，否则，效果会适得其反。

"我自己决定交什么样的朋友"——不要限制女儿交朋友

家长的烦恼

一位妈妈讲述了这样一个故事——

那天，我们一家人坐在家里看电视，我还特意去弄了一盘水果。正看得起劲儿的时候，电话铃响了。15岁的女儿一下子跳起来，喊道："我来接。"她跑进自己的房间，拿起电话还不忘跑到门边把门关起来。这一系列的动作让我和她爸爸惊愕不已，我们交换了一个眼神，彼此看到一个个问号：这个电话就像是早就预约好的？为什么要到自己房间去接听呢？为什么要关上门呢？难道是……我和她爸爸从来没这样的"心有灵犀"过。

她爸爸用眼神示意我拿起桌上的电话，我急忙跑了过去，拿起电话听到一阵快乐的笑声，或许因为太紧张，我不自觉地咳嗽了一声。这时，女儿在屋里大声说道："先不说了，我们家有窃听器！"然后，"啪"的一声，电话被挂断了。我惊恐地望着女儿的房门，但是，那扇门却久久没有打开。

后来，过了很久，女儿才开始跟我说话，当我们再次谈到这件事的时候，女儿眼里噙着泪，她说："其实那个电话是一位女同学打来的，我们并没有说什么不能让人听的话，我还准备听完电话就把那件好笑的事情告诉你们，但是，你们为什么不相信我，为什么要干涉我交朋友的自由呢？难道我没有自由交友的权利吗？"听了女儿的话，我陷入了沉思。

孩子成长的每个阶段都需要朋友，古人云："近朱者赤，近墨者黑。"许多父母都明白这个道理，他们担心孩子结交了不好的朋友，或者陷入早恋，于是，在孩子的交友过程中，父母或多或少都会进行干预或指导。对于父母来说，你们都是世界观和价值观已经成熟的过来人，但是，在面对孩子交友方面，却一味摆出强硬的姿态，干涉孩子交朋友的权利，如此，产生的效果只会适得其反。

对于父母限制自己交朋友的权利，孩子们有话要说。一位初三的女孩子说："我爸妈经常叫我跟学习好的同学玩，但跟我玩得好的成绩都很一般。我喜欢跟活泼开朗的同学交朋友，他们性格阳光、容易相处，也跟我一样喜欢运动，我们相处得很开心。"另一位初二的女孩子也说："我爸妈管我很严，每天放学回家都要向他们汇报在学校的一切情况，我很烦他们问这问那，更烦的是他们每次都不忘教育我要跟成绩好、品德好的同学一起玩。我其实很叛逆，我反而跟那些成绩差的同学玩，我觉得他们很有趣，也够义气，所以，经常跟他们打成一片。我讨厌父母的干涉，越干涉我就越叛逆。"

心理支招

心理学研究表明，青春期女孩子的思维、行动受到过多的限制，活动范围狭小，接触的事物单纯，不与同龄人交往，很容易使心理发生变异、形成孤僻、难以与人沟通和相处的性格。在生活中，有的父母对孩子管得太严，限制干涉太多：参加活动要限制时间、交往要限制对象、外出限制地域、娱乐限制范围，等等，但他们从根本上忽视了正在走向独立的孩子有怎样的心理需求。

1. 对女儿交友，应当劝阻，不应包办

父母替女儿把好"交友关"确实很重要，尤其是当女儿沉溺于手机、网络聊天的时候，父母应适当劝阻。但是，父母不应该太自私和功利，仅仅凭着成绩的好坏来帮女儿挑选朋友。如果自己女儿的成绩好，更有责任去帮助那些成绩不好的孩子，这是培养孩子的社会责任感。一味地让女儿远离同学，很容易养成她自私的心理。

2. 与女儿成为朋友

交友，交友。首先，父母就应该做女儿的知心朋友，敞开心扉与女儿聊天。通过聊天，女儿才能把心里的疑惑和成长的烦恼告诉父母。而且，这样的聊天是平等，而不是居高临下的，你可以问女儿："你对朋友有什么要求啊，看我合不合格呢？"融洽与女儿的关系，自然会帮助女儿解决交友的问题。

3. 尊重女儿的隐私

许多父母抱怨说："我生你养你，你是我的，我当然有权利知道你的一切，包括你所交的朋友。"实际上，这对女儿来说是一种伤害。父母应该尊重女儿的隐私，当然，这并不是放任，而是在接触女儿的隐私时寻找出最佳的途径。比如，女儿打了电话后，你可以问："电话打那么久，是不是有人要你帮忙？"

"他好有魅力"——引导女儿远离社会青年

家长的烦恼

小文，高二年级的学生，她是那种性情随和，喜欢交朋友的女孩子。但父母担心的地方就是这一点。小文花了很多时间在朋友身上，如果有朋友叫她帮忙做什么，即便她自己有事也不会推托，会先帮朋友的忙然后再做自己的事情，小文认为这样很有成就感，能够帮朋友做事自己也很开心。

父母不赞成小文广交朋友，希望她能够把所有的时间都用在学习上。其实，小文的成绩并不差，平时学习也比较用功，年级排名在中等偏上，她就读于一所普通中学，还是班里的学生干部。但是，望女成凤的父母并不满意她的现状，对她有更高的要求，为此常常和她发生冲突。小文觉得很困惑，她觉得自己已经够努力了，为什么父母还是没完没了地指责她呢，对自己一点儿也不理解。心情苦闷的她花了更多的时间来交朋友，最近，她还认识了不少社会上的青年，认为那些社会青年十分有魅力。父母听说后吓坏了，不停地劝阻她不要和社会青年来往，但叛逆的小文就是不听。

上周，小文突然宣布不想上学了，理由是成绩下降了，读不进去了。实际上，父母明白小文的心已经不在学校，她和外面的一些不良社会青年结交朋友，讲"义气"。从上周末到现在，父母一直在帮小文做思想工作，但效果就是不明显，没想到孩子陷得如此之深，这是父母始料未及的。

对于父母来说，青春期的女孩子最难管教，她们已经不再是父母翅膀下的小鸟，她们有了自己的圈子。父母都明白，朋友圈子是一种认同和归属，也是一种制约和束缚。于是，站在圈子之外的父母就开始担心尚未真正成熟的孩子是近朱者赤，还是近墨者黑。

女孩子为什么会结交社会青年呢？

一位结交了社会朋友的女孩子回答说："我觉得结交一些社会朋友挺好的，但是，要看我们如何界定'社会朋友'这个词儿。我正准备高考，我所认识的都是已经大学毕业的大朋友，我对大学的向往使得我对他们颇有好感。现在，我面临着学习方面和父母方面的压力，虽然，这些可以找同学诉说，但同龄人面对的问题几乎是相同的。我们可以交流，但提不出有建设性的意见。相反，那些大朋友是经过磨练的，他们的意见往往很实用。通过与他们交流，我觉得自己离目标更近了，心里也少了一些浮躁。"

还有的孩子，则完全是出于一种好奇的心理。青春期女孩尚未真正地进入社会，她们对于社会中的人和事都充满着好奇。如果在某些场合结识了社会中的人，她们会毫无防备地带着好奇心理陷入其中。针对这样的情况，孩子就很容易结识一些不良社会青年，极易被人利用，从而走上歧途。

心理支招

《颜氏家训》中有一段话："人在少年，神情未定，所与款狎，熏渍陶染……是以与善人居，如入芝兰之室，久而自芳也；与恶人居，如入鲍鱼之肆，久而自臭也"。在青春期，女孩子的思想与个性尚未定型，很容易受与之亲近的朋友的熏陶，父母应该对此加以重视。有的父母对女儿不闻不问，结果孩子交友不慎，荒废学业；而有的父母则害怕女儿结交坏人，因噎废食，禁止她接触社会人士，结果导致孩子养成了孤僻的性格。其实，父母对于女儿结交社会青年，既不能听之任之，也不能粗暴干涉，而要热情关心、具体指导。

1.不要误导女儿"不要和陌生人说话"

对于青春期的女孩子来说，应该学会交际，特别是与陌生人的交际，这是一项生存的法则。因为当她们成年之后，她会不可避免地接触到越来越多的陌生人，而在纷繁复杂的社会交往中，能轻松与陌生人交流，成为了一种本领。

许多父母教导女儿"不要和陌生人说话"，其实，有时候会误导孩子。如果是父母都熟悉的陌生人，是否也应该不说话呢？只是，在引导女儿的时候，要提醒女儿"在与社会青年接触的时候，要提高警惕，对于那些有着不良嗜好、品性败坏的人，最好远而避之"。

2.给女儿多一点儿关怀

父母在与女儿交流的时候，要以朋友的身份来交流。其实，某些孩子结交社会青年很可能是因为在父母身上无法获得安全感，在她看来，社会青年很有魅力，她会认为这些朋友能保护自己。对此，父母要多给女儿一点儿关怀，多进行心灵沟通，了解其心理需求。

"我需要什么样的朋友"——了解女儿的择友心理

家长的烦恼

已是过来人的秦妈妈讲述了自己与女儿之间的故事——

我是离过婚的女人，一个人带着17岁的女儿过日子，我的愿望是让女儿上个好大学。从小，女儿学习就很好，一直当班长，我经常教育女儿要学会帮助别人："假如自己有一样东西，要把最好的给别人，帮助别人是一件快乐的事情。"

女儿交朋友我不会干涉，但会密切关注孩子与哪些朋友一起玩。女儿上高二的时候，班上转来一名北方的男孩，个子高高大大的，但比较消沉，学习成绩不怎么样。女儿每次回家都会提到那个男孩子的名字，我小心翼翼地问："你为什么总是那么关注他呢？"女儿笑着回答说："班主任让我课后辅导他的英语，所以我们走得比较近。"我没作声，但有些担心。后来，我跟大多数父母一样做了一些蠢事，我偷看了女儿的日记，并跟踪了女儿几次。女儿发现后，开始像敌人一样看待我。

在心理医生的帮助下，我先跟女儿道歉，然后与她倾心交谈。谈话中，我了解到女儿的孤独和烦恼，同时，了解到那个男孩子因为刚刚遭遇家庭变故才变得消沉，女儿是因为与他同病相怜才去安慰他的，他们也因此成为了知心朋友。女儿表示以后不会让我伤心，好好读书，但要求放松家规，信任并尊重她。我答应了，直到现在，女儿与那个男孩子依然是很好的朋友，我很庆幸当初没做更坏的事情。否则，我一定会后悔终生。

离异家庭中成长的孩子有着敏感的心理，他们害怕自己被人看不起，更容易被那些同病相怜的人所打动。在这个案例中，秦女士及时咨询了心理医生，挽回了与女儿的危机关系。而恰恰是在倾心交谈之中，秦女士才意识到原来女儿是那么的孤独和困惑。其实，在现实生活中，许多父母只关注孩子成绩好不好、生活好不好，但却忽略了孩子的心理问题，而这些问题可以通过孩子的择友体现出来。

青春期是个体从性机能没有作用发展到性机能成熟的阶段，其发展变化迅速而短暂。随着生理在激素作用下的急剧变化，孩子产生了性心理适应问题，其中包括了与异性交往的心理。

在青春期，少男少女产生了一种特殊的情感体验，开始进入心理学的异性期，开始对异性感兴趣，并产生思慕心理。在这个特殊的年龄阶段，男女同学之间如果互相产生了好感，他们会一起学习，结伴参加各种集体活动。心理学家认为，孩子热衷于与异性交往是成长中正常的心理现象，这种感觉是每个人都会经历的，这不是早恋。

心理支招

青春期之前，女儿心里所依赖的是家长，进入青春期以后，她们内心的依赖感开始转移，重心将放到朋友身上。女儿开始交朋友，为了朋友，她们可以去学校门口等，可以和朋友一起逛街，可以和朋友留在学校打篮球，甚至是去打架，不在乎回家晚了父母的脸色。是什么力量让孩子变成这样了呢？其实就是女儿心理需求的问题。

1. 正确看待女儿与异性交往

由于青春期是求学的黄金时期，某些父母总是担心女儿幼稚、冲动，影响学业，对她结交异性朋友，常常持反对态度，戴着"有色眼镜"，任凭主观臆测，给女儿施加压力，用"早恋"来界定孩子们的这种情感需求，限制孩子与异性交往。其实，这样做不仅伤害了女儿的自尊心，还容易造成心理偏差，影响女儿以后的人际交往和社会适应能力。

青春期的女孩子出现对异性的朦胧好感是很正常的，通过与异性的交往认识异性，这也是成长的必经过程。对此，父母不要神经过敏，而是应站在孩子的立场上，跟女儿一起讨论"男女生交往怎么样才妥当"的问题。

2. 了解女儿的朋友交往需求

在青春期，女儿时而浮想联翩，时而忧心忡忡，这些感情不适合与父母分享，父母不是女儿吐露心声的选择，而最好、最安全的是身边的朋友。对于女儿的择友，父母只需要提出交友底线就可以了，比如，"带你做坏事的人不能做朋友""很自私的人不能做朋友""自以为是的人不能做朋友"，等等。

"我觉得好累"——引导女儿学会拒绝

家长的烦恼

这是一封不愿意透露姓名的母亲的来信——

老师，您好！我最近一直很担心女儿的社交问题，她一向很听话，从来没让我们着急过，但是，最近我发现了她做事优柔寡断、不懂得拒绝别人，常常搞得她自己很苦恼。前不久，女儿透露说，班里有一个男生给她写了一封信，我和她爸爸都很开明，就对她说："这件事，你自己得与那个男生沟通，委婉地拒绝他。"当时，她答应了，可过了几天，我再次问她的时候，她却说："我不知道该怎么拒绝他，万一伤害了他怎么办？"我们建议她想好了话再说。没想到，这件事情一拖再拖，这不，那男生又写了第二封信给她，她很苦恼。但是，我觉得完全是因为她优柔寡断、不懂拒绝的个性，将本来很简单的事情复杂化了。

平日里，我们都教育她要热情善良、大度礼让、乐于助人。但是，没想到她这样的个性在学校过得并不舒坦。她上高中一年多，由于同学的要求，她经常帮同学们借书、买饮料、跑腿、锁自行车、拿衣服……将她自己舍不得花的零用钱借给同学，同学没再提还的事情，女儿也不好意思要，只能在家生闷气。她每天回来都跟我说："妈妈，我觉得好忙、好累。"刚开始的时候，我并不知道真实情况，后来，问她才知道她对于同学们的要求从来都是不拒绝的。看见女儿越长越高，我怎么就不明白了，她怎么会那么优柔寡断，不懂拒绝人呢？要真是这样，将来怎么能成大事呢？

在这封信中，父母告诉孩子要热情善良、大度礼让、乐于助人，这样的教育是正确的。但是问题在于，父母只重视了其道德教育，却忽略了孩子的社会化教育。社会化教育的缺失让孩子在与人交往时显得心智不成熟。作为一个社会人，我们每一个人都不能脱离社会而独自生活。假如孩子不懂得果断做决定、不懂得巧妙地拒绝别人不合理的要求，如何巧妙地表达自己的不满情绪，那么，孩子在整个社交活动中只会感觉到很累。

心理学家认为，一个人遇事反反复复、犹豫不决，总拿不定主意的现象是意志薄弱的表现，它直接影响着一个人选择能力的形成，而选择能力的强弱又对人的成功与否起着至关重要的作用。在人生中，有的选择会直接影响自己或他人一生的命运，而优柔寡断、犹豫不定正是选择的大敌。

心理支招

将来，女儿要独立面对纷繁复杂的社会局面，那时身边没有父母的话可以听，而自己又拿不定主意，不懂得拒绝别人，那可能是要误事、吃亏的。因此，做父母的要尽量教会女儿有自己的主见，懂得巧妙地拒绝他人，教会女儿学会对自己负责，锻炼她们"拍板"的能力。

1. 不要培养"听话"的女儿

一直以来，父母的教育目的就是为了让女儿听话，听话的孩子就是好孩子，无论大事小事，都需要孩子服从。对此，心理专家说："胆小怯弱的孩子所接受的家庭教育，要么是父母管教比较严苛，要么是父母两人的教育态度不一致，一方太强，一方太弱。"父母在设置了一些禁令之后，只会让女儿服从、听话，而不告诉女儿为什么要这样去做，很少倾听女儿的意愿。

在家里被要求听话的女儿，难免会将这种人际交往方式迁移到与他人的交往中。她们总是处在一种人强我弱的位置，对于他人提出的不合理要求，她们也不懂得拒绝。因此，父母不能总是要求女儿做这做那，而是要倾听她的意愿："你打算做什么样的决定？"

2.鼓励女儿做决断

有的孩子遇事犹豫不决，一个重要的原因就是总怕自己考虑不周全。虽然，考虑周全是无可非议的，但追求万事完美，就会错失良机。父母应该让女儿懂得，凡事有七八分把握，就应该下决心了，这样可以锻炼女儿形成果断的性格。

3.教会女儿以商量的口吻拒绝朋友

拒绝别人，有时需要和对方磨嘴皮子，一直到对方认可自己为止。比如，碰到比自己小的孩子想要玩比较危险的游戏时，你可以教会女儿这样拒绝："你太小了，还玩不了这么大的车，太危险了，碰着你会流血的，等你长大了，我再教你玩，好吗？"

4.引导女儿坦然表达自己的不满情绪

学校里有许多同学在家里做惯了"小皇帝"，总是指使身边的同学做这做那，如果女儿不懂得巧妙拒绝的话，那就可能要受欺负了。因此，对于那些不合理的要求，父母可以引导女儿巧妙地表达自己的不满情绪，比如"刚才做了那么多作业，我已经很累了，不好意思"。

"朋友是一辈子的吗"——引导女儿树立正确的交友观

家长的烦恼

孩子上了高中之后，朋友开始多了起来，我和她爸爸都感到很高兴，因为我和她爸爸也是喜欢交朋友的人，家里经常会有朋友来拜访。不过，没过多长时间，女儿就带着满脸困惑提出了许多问题"妈妈，朋友之间是不是完全毫无保留""妈妈，刚认识一天的朋友向我借钱，我该怎么办呢""妈妈，你说朋友是一辈子的吗"等。在关于女儿交友这件事情上，我跟她爸爸商量过，我们不会让女儿结交一些不三不四的朋友，也不会同意女儿做伤害朋友的事情。

不过，女儿提出这样一些问题，我该怎么跟她解释呢？

在青春期，孩子"渴望被接纳、寻求伙伴"的这一心理发展特点十分突出。对此，作为父母，应该指导孩子树立正确的交友原则，包括"君子之交淡如水""人生难得一知音"，等等。一方面，引导孩子寻求朋友、接纳伙伴；另一方面，培养孩子坚强的意志品质和自控能力，不要轻易将内心的痛苦、不悦吐露给朋友。

古人在谈修养时曾讲到有几慎，其中最重要的一慎就是"慎交友"。所谓"近朱者赤，近墨者黑"，这句话已经成为我国流传久远的至理名言，它生动形象地告诉我们交朋友要慎重、讲原则。这些道理，作为父母都是很明白的，孩子结交的朋友素质如何，对孩子的成长起着很大的作用，这是一种看不见的潜移默化的感染力，尤其是年龄相仿的孩子之间的相互作用会更大。

心理支招

许多孩子说出自己的交友三标准"一是要成绩优秀、二是要有权、三是要有钱"，如此的交友原则令父母大跌眼镜。心理专家认为：孩子产生这样的观念可能是受家庭、同伴和社会不良风气的影响。作为父母，应言传身教，给女儿营造一个良好的家庭环境，树立正确的交友观念。

友谊是朋友之间的一种亲密感情，是道德品质的重要内容。对于许多人来说，一生中最温暖而又真情永驻的友谊是在少年时期培养起来的。因此，作为父母应该积极主动、认真负责地帮助女儿树立正确的交友原则。

1.引导女儿树立正确的择友观

马克思曾说，"一个人的发展取决于和他直接或间接进行交往的其他一切人的发展。"女儿交什么样的朋友，对她以后的身心健康与发展起着很重要的作用。随着社会的发展，孩子的交友观念有了很大的改变。由于女儿尚未成熟，缺乏社会知识和辨别能力，在择友上出现了一些不良的现象。有的孩子交友就是希望能跟着吃点儿、喝点儿、好玩儿点；有的则是自己不愿意学习，总想抄朋友的作业；还有的是讲哥们义气，为了自己不被欺负而交朋友，等等。对此，父母要引导女儿树立正确的择友观，告诉女儿"朋友应是志趣相投、志同道合的"。

2. 为女儿做好榜样

一般来说，父母是女儿模仿的第一对象。父母对自己的朋友怎么样，在潜移默化中女儿就学会了对朋友怎么样。如果父母自己尽交一些酒肉朋友，经常做一些伤害朋友的事情，朋友有困难了也不闻不问，那女儿在结交朋友的时候，也会变成一个不分好坏、自私的人。

3. 教会女儿掌握交友的原则

引导女儿交良友、益友，好的朋友能使孩子得到友谊和快乐，与此相应，父母应结交一些良友、益友，远离酒肉朋友；教女儿学会体谅朋友，朋友之间若是发生了误会、口角，要"宰相肚里能撑船"，对待朋友要尽量忍让和谅解；"难得是净友，当面敢批评"，鼓励女儿自我批评，学会接受朋友提出的意见。

第 15 章

金钱观引导：富养女孩，培养女孩对金钱的正确态度

　　许多父母总强调女儿要富养，以为给足够的钱，让她不为金钱迷惑就足够了。实际上富养的实质是丰富其思想精神、使其气质高贵、见多识广、优雅聪明，更重要的是懂得财商。富养女孩，不仅仅是让她精神上得到富足，更重要的是懂得如何收敛财富，这才是父母送给女孩一生最好的礼物。

"钱可以用来做什么"——引导女孩对"金钱"有正确的态度

家长的烦恼

在小学，媛媛学习了元、角、分的概念，以及一些物品价格的简单估算。回到家后妈妈问媛媛："钱可以用来做什么？"她回答："可以买东西、买玩具、买好吃的。"上了初中，妈妈问她："那你知道钱是从哪里来的吗？"媛媛回答："每个月你和爸爸都会发工资，有人会按时发给你们。"妈妈觉得媛媛对钱的认识还停留在表面上，她决定把自己的金钱观念传达给孩子。

有时候，妈妈要加班工作，她就会很清楚地告诉媛媛："妈妈很辛苦，也很累。"媛媛毫不在意地说："那你可以休息几天。""可是，我休息了，工作就耽搁了，而且这个月的工资也会减少的。"媛媛不解地问："为什么？老板不让你休息吗？你休息了，老板会扣你的工资吗？"

许多父母认为教会女孩子认识金钱，就只是简单地教会孩子如何辨认钞票的金额，其实，金钱带给孩子的影响远远不止这些。虽然，在成年人看来，金钱只是一种工具，但如果没有对女孩有效地进行认识金钱的教育，那么，女孩就极有可能养成花钱大手大脚的习惯，不能正确面对贫富之间的差别、树立起拜金主义的金钱观及缺乏理财知识。这对于女孩子而言会影响她一生的财富观。

金钱本身就会赤裸裸地出现在女孩的面前，即便是没有父母的指导，女孩也会在日常生活中学习一些与金钱相关的知识。当孩子大概两岁的时候，她就明白了金钱的力量。另外，在家里父母的理财观也会影响到孩子。有的父母面对孩子的索要总是来者不拒，从来不会与孩子讨论赚钱，也不会教育孩子懂得节约；有的父母就是纯粹的拜金主义，孩子耳濡目染，也逐渐把父母的金钱观据为己有了；有的父母是购物狂，孩子会因为模仿其行为成为小小的购物狂。

心理支招

总而言之，面对金钱，父母要以身作则，给女儿做好表率作用，否则女儿就会成为你的克隆版。作为父母，应该大方地与女儿谈论金钱、谈赚钱，从小就培养她赚钱的意识和能力，让女儿学会理财，让她学会节约。

1. 教女儿正确地认识金钱

在经济高速发展的今天，许多女孩子都认识到了金钱的力量，她们嘴里毫不掩饰对金钱的喜爱，其实，这并不是一件坏事，也是一种社会进步的表现。但是，许多女孩子对金钱的认识很肤浅，这就需要父母逐渐引导女儿正确地认识金钱。让女儿明白钱可以用来做些什么、钱是从哪里来的，更为重要的是，让她明白金钱并不是万能的，钱对于我们来说是很重要的，但若比起亲情等更珍贵的东西来说，它又是没有任何价值的，让女儿树立正确的金钱观，抑制拜金主义的滋生。

2. 培养女儿赚钱的意识和能力

在女儿面前，父母不要羞于谈赚钱之道，而是大方地与女儿分享自己的赚钱心得，并且在家里为女儿创造赚钱的机会。父母可以制定"做家务付报酬"的方案，让女儿在做完自己的事情之后，帮助父母做一些家务，依据强度的大小来支付酬劳，比如洗碗、除草之类的家务活儿，这时候，报酬要支付得合理，不能为了心疼孩子支付过多，让女儿明白自己所挣的钱与劳动质量是成正比的。在这个过程中，培养女儿赚钱的意识和能力，也让她能更加珍惜来之不易的财富。

3. 让女儿学会理财

过年、过节时，女儿都会有一笔不小的收入，如何来支配这些钱财呢？这就需要父母正面引导，父母可以把大部分作为"教育基金"，在银行为孩子成立小金库，现在学费减免，学生读书的费用也减少了，父母就可以把女儿平时学习上的开支从小金库里支出。若还有剩余的则可定期买稳定的成长基金，做长远的理财投资，并把这方面的理财知识逐渐告诉女儿，让女儿享受理财投资的乐趣与成功。

另外，父母还要教会女儿管理零花钱，培养孩子的金钱意识，教会孩子对金钱的支配能力。在这个过程中，父母对孩子的支出要进行监督和引导，让孩子学会记账，引导孩子哪些地方是该花的，哪些地方是不该花的。作为父母，教会孩子管理自己的零花钱，这也是对孩子理财教育的一部分。

4. 让女儿正视贫富的差距

现代社会，人们把高消费当作一种骄傲的资本，这样一种消费观念势必会导致攀比之风。即便是读小学的女孩子，她们也懂得谁家比较有钱，谁家没有钱，在外界的影响下，不少女孩子不能正视贫富之间的差距，总是认为"凭什么他们家就有钱，我们家就比较穷呢"，有时候，女儿也会在家里说某某同学又买了什么东西，心里隐约会透露出不平衡。

遇到这样的情况，父母可以把家里的经济状况告诉女儿，让她正视社会的贫富差异，让她试着理解人们因为不同的分工，造成了有的收入高一些，有的收入低一些，但只要是自己劳动获得的报酬，就是最光荣的。这样让女儿逐渐摆脱金钱带来的困扰，能够正视自家的经济状况。

5. 培养女儿勤俭节约的习惯

女孩子认为金钱是很容易得到的，所以，她们花钱总是大手大脚的。有的父母抱着"宁愿自己吃苦，也不愿苦了孩子"的心态，对女儿的不合理消费总是给予满足，其实这是害了孩子。节俭是一种美德，在对女儿的教育中，父母要把这样一种观念传递给她，让女儿明白钱是来之不易的，让她懂得节约，培养女儿勤俭节约的习惯。当然，在这方面父母也要做好榜样，合理支配家庭收入，女儿通过耳濡目染就会逐渐形成一种节约的习惯。

"钱总是不够花"——如何引导花钱大手大脚的女孩

家长的烦恼

13岁的女儿很喜欢花钱，而且不懂得克制，几乎每天都会伸手向我们要几元零花钱。这些钱几乎都用在了学校旁边的小商店购买一些便宜的零食和玩具，自然花钱只是一方面，关键是那些零食都是垃圾食品。对此，我和她爸爸十分担心，女儿再要钱时就坚决不给，她便开始耍脾气，每天为零花钱都要与我们纠缠几个回合。更气人的是，上个星期我去学校开家长会，发现女儿在向我们要求无果的情况下，竟然开口向同学借钱，都欠下20元钱了。尽管数目不算多，但对花钱大手大脚、不懂节约的女儿，我真是着急，该怎么办呢？

　　许多父母反映孩子花钱大手大脚，特别是到了高年级后，只要孩子口袋里有些零用钱，放学后就会互相请客。许多父母还发现孩子会想方设法地骗取、偷窃家里的钱财，少则几十元，多则几百元，这令部分父母苦恼不已，却又找不到合适的解决办法。

　　现在的家庭独生子女比较多，这些孩子习惯了有求必应、锦衣玉食、无忧无虑的生活，自然对金钱没有太深的概念，花钱大手大脚成为了许多独生子女的通病。孩子从小花钱没有节制，慢慢就会习惯于花钱之后的满足感。实际上，在这些青春期女孩子的概念中，钱不过是可以兑换物品的东西，她们并不了解钱的真正意义和劳动的艰辛，也不容易养成勤俭节约的好习惯。也有一些女孩子虚荣心强，喜欢跟别人攀比，追求物质上的享受，花钱大手大脚，用这样的方式来为自己挣面子，让同学羡慕自己，她们花钱大部分不是根据自身的需求出发，而是一种享受、一种攀比心理。

心理支招

　　随着社会经济的发展和人们生活水平的提高，父母向女孩提供的零花钱也在水涨船高。许多父母认为，自己小时候过的是穷困的日子，不能让孩子再受苦，于是无限度地溺爱孩子，满足女孩的一切要求，对孩子百依百顺。孩子小时候没有建立起劳动和金钱的关系，自制力和计划性又比较差，时间一长就不会把钱当回事了，于是开始大手大脚地花钱。对此，父母可以这样采取以下几种做法。

1. 父母要坚持两个原则

许多父母认为现在家庭条件好了，满足女儿一些额外的物质需求不算什么事。不过需要注意的是，女儿对物质的需求会越来越高，一味地满足，不利于培养她正确的金钱观和消费观。对女儿提出的物质要求，父母需要坚持两个原则：一是不合理的物质需求不能满足；二是对孩子学习用品和生活用品首先要注重实用性，而不是装饰和外表。第一个原则有利于女儿形成节约用钱的意识，第二个原则可以帮助女儿形成正确的消费观。

2. 营造勤俭节约的家庭氛围

在平时的生活中，父母要以自己的勤俭节约行为影响女儿，用自己朴素的生活作风感染女儿，比如将洗衣服的水留下来冲厕所、爱惜家庭小物品、小心存放不用的东西，等等。

3. 引导女儿理解节约的价值

父母可以用勤俭节约的故事教育女儿，让女儿知道节约是美德，同时也是生活所必需的品质。同时，在平时的生活中，父母要赞赏节约的行为，批评奢侈浪费。父母可以让女儿理解生活的艰难，理解人在生活中难免会遇到各种困难，而勤俭节约可以做到有备无患，并且还可以帮助别人渡过难关。

4. 给女儿适当的零花钱

给女儿订立零花钱标准，每月或每周给女儿适当的零用钱，数目不要太大，且相对固定。教会女儿合理地支配，让零花钱花得有意义，渐渐地让女儿养成习惯。当规定的零花钱花完之后，假如女儿再需要零花钱，只能允许从下一次的零花钱中扣除，且不能连续两周超出规定的标准。

5. 引导女儿有计划地花钱

父母最好是和女儿一起制订出一个消费计划，在父母给女儿钱的时候，可以向她提出一个支出原则，让女儿自己去订计划，父母不必直接干预，不过要对女儿的计划进行监督、检查，这样女儿在日常生活中才能养成好习惯，懂得预算、懂得把钱花在刀刃上。

6. 给女儿学习"生活开支"的机会

父母可以从现在开始，就给女儿一些机会，比如让她们去买菜、交电话费等，让女儿知道家里的钱是怎么花出去的，父母每个月都需要支付哪些费用。这样，女儿就有了了解家中"财政"的机会，当她长大成人之后，也会综合考虑家庭开支，不至于顾此失彼。

"我该如何理财"——教女孩学会理财

家长的烦恼

小艾生活在一个幸福的家庭，爷爷、奶奶有劳保，爸爸、妈妈都在公司上班，一家人的小日子过得幸福而充裕。可能是因为家境好，小艾养成了花钱大手大脚的坏习惯。什么好买什么，什么是名牌买什么。花钱从不算计，更别谈节约了。小艾在好朋友丹丹过生日时，一下子就送了200多元钱的礼物，吓得朋友收也不是，不收也不是。平时父母一个月给小艾500元钱，她总会花得一干二净，而且还总是不够花。今年小艾的父母做了亏本生意，一下子把钱都赔进去了。小艾没有了以前的零花钱，每天磨着妈妈要，可是妈妈兜里也没钱了。妈妈想知道怎么改变女儿花钱无节制的缺点，让她也学会理财呢？

北京最近进行的一项调查显示，绝大多数的女孩子都有零花钱，九成以上的孩子存在乱消费、高消费、理财能力差的问题。在相当多的家庭，青春期女孩消费水平高于家庭人均消费水平的情况是客观存在的，特别是独生子女的家庭中。这些女孩子不仅在高消费，而且在家庭消费决策中影响力也越来越大。

随着独生子女的增多，一些孩子在消费方面存在许多问题，比如不知道钱财来之不易、花钱大手大脚、盲目攀比名牌、追求时尚等，这些都不利于她们健康成长。为了能让女孩健康成长，教育她们提高理财能力是十分有必要的。《富爸爸，穷爸爸》的作者罗伯特·清崎在自己的著作中写到，"今天我们的教育体制已不能跟上全球变革和技术创新的步伐，我们不仅要提高年轻人在学术上的技能，还要教给他们理财的技能。这不仅是他们在这个世界上生存下去的本钱，而且是生活得更美好所必须具备的技能。"

心理支招

在当今市场经济的新形势下，每个父母都很有必要让女孩从小树立正确的金钱意识，懂得金钱需要用劳动去获得而且要学会节约用钱，绝对不能胡乱消费，从小就要有意识地培养女孩自主理财的能力。其实，理财教育只是一种工具和手段，教育的目的并不是让女孩学会攒钱，或一定让她经商，而是让她成为一个能干的、健全的、有自制力的人。

1. 让女儿有计划地花钱

现代社会的女孩子大部分是短暂快感的追求者，通常的家庭是父母给多少钱孩子就花多少钱，花没了再找大人要。结果女孩子是钱越花越多，越觉得钱不够花，花起钱来更是没有节制。因此，女孩子使用零花钱的计划性也比较重要，父母可以提出原则，具体内容由女儿负责，父母不要直接干涉，不过需要监督、检查。教女儿使用零花钱是让孩子学会怎样预算、节约和自己做出消费决定的重要手段。这样做可以防止孩子乱花钱，同时还能培养女儿把钱用在刀刃上的好习惯。

2. 给女儿有限的零花钱

不管女儿的年龄多大，家庭经济条件怎么样，为女儿花钱都不能没有节制，父母给孩子零用钱不要心中无数、没有计划。零花钱的多少需要有个限制，按照女儿的年龄以及一周的消费预算来确定。比如买零食、日常必需的开销、午餐、车费和买学习必需品的费用，可适当增加一些额外的钱以防万一。对于女儿过年时所领取到的零花钱，数额会超出女儿平时零用的金额，父母可以建议孩子将钱存入银行，以避免孩子无节制地使用。

3. 为女儿示范理智购物

父母给女儿买东西，可以带着女儿一起去，最后通过货比三家，教会女儿买到物美价廉的东西。当然，在这个过程中，父母可以告诉女儿这其中的差价成为可知的盈利证据。对于年龄稍大一点儿的孩子，这样的示范购物可以让她们在自己支配零花钱时更节约。

4. 让女儿可以适当支付自己的生活费用

许多孩子生活在一个非现实的经济世界，因为家里有许多的生活开支没有让他们承担。而等到他们长大之后，他们不得不自己付房租、交水电费、买食物和衣服以及支付交通费，这时则会因缺少经验而束手无策。对此，父母可以让年龄大一点儿的孩子为自己买日用品，为家里买菜、交电话费，等等。父母还可以翻开账簿，告诉女儿家里的钱是怎么花的，这样帮助女儿了解该怎样管理家里的财政大权。

5. 教女儿学会储蓄

美国有一本畅销书叫作《钱不是长在树上的》，这本书的作者戈弗雷在谈到储蓄原则时指出：孩子们可以把自己的零花钱放在3个罐子里。第一个罐子里的钱用于日常开销，购买在超市和商店里看到的"必需品"；第二个罐子里的钱用于短期储蓄，为购买"芭比娃娃"等较贵重物品积攒资金；第三个罐子里的钱则长期存在银行里。为了鼓励孩子存钱，可以陪孩子一起去银行存钱，并以孩子的名义开一个户头。当孩子在铅印的存单或存折上见到自己的名字时，他们会感到自己长大了，变得重要了。

在通常情况下，女儿到六岁的时候，就应当能够懂得，银行并不是"要拿走"她的钱，而是把她的钱安全地保管起来，并且还会给她支付利息。在银行以女儿的名义开一个账户，让孩子自己拿着存折，如何使用由她自己决定。父母的这种做法，可以帮助女儿养成终生储蓄的良好习惯，使她长大后能够妥善地保管好自己的钱。

6. 让女儿给自己的开销记账

很多女孩子花钱没有计划，甚至于花过多少钱、都干了什么、丢没丢失，都不知道。所以父母应该教会孩子"记账"。这个"记账"并不是说要查女儿的账，但至少要知道钱到底花到什么地方去了，这样有助于女儿形成花钱的计划性。而且，在花零用钱之前，女儿应该把必需品大致列出来，这样就不至于买了一大堆东西，钱都花完了，才发现真正需要的东西还没买。

7. 与女儿共同承担开销大的消费品

当女儿提出合理的要求，而且花费又比较高时，父母可以建议，父母出大部分，孩子也从她的积蓄中拿出一点儿，共同满足女儿的要求。这样女儿觉得其中有自己的功劳，会特别高兴，并会进一步培养自己节约积蓄的良好习惯。

8. 让女儿体验当家的感觉

俗话说，"不当家不知柴米贵"。父母可以公开每周家庭的生活费用，甚至可以适当地让女儿当一周的家，让女儿支配一周的生活费，让她体验一下生活，分配金钱的支出结构，会有助于女儿建立正确的消费观。

9. 让女儿体会父母的辛苦

当父母第一次给女儿零用钱时，就必须告诉她，"这些钱是父母辛苦工作挣来的，要珍惜它，不要随便浪费掉"，让女儿明白金钱得来不易，父母还应把自己的工作情况告诉女儿，如果情况允许，还可以带女儿去自己的工作地点看看，让她知道要生活就要工作，钱是通过爸爸、妈妈辛勤的工作换取的。

否则，女儿不知道父母怎样获得家庭收入，看不到金钱背后父母的付出，就不容易养成节约的习惯。不要在财务上对女儿保密。有些父母因怕泄露出去而不愿对女儿谈家庭的财务情况。父母可以在举行家庭财务会议上申明要女儿保密，否则会失去参加下次会议的资格。告诉女儿家里的财务情况可以使她了解家里每月各种各样的开支，而且可以促使她主动思索自己的需求是否恰当。

"财商是什么"——如何培养女孩富于智慧的思想

家长的烦恼

王女士的女儿小佳正在上初一，别的同学穿了新衣服、靴子，买了新书包，小佳回家就会又哭又闹，缠着妈妈也给她买。这样一来，小佳一个人一个月的花销差不多就是妈妈一个月的工资了。经过慎重考虑，妈妈决定采用"哭穷"教育。去买东西时，故意让小佳看看自己空空的钱包，并叹气说："没钱了。"该买菜时，妈妈故意让小佳跟着，看着自己将钱交到别人手里。一个月后，小佳果然开始节约起来了。

"哭穷"教育收到良好的效果，妈妈很高兴。可没过多久，新问题就出现了。小佳是明显节约了，可慢慢变得吝啬了。和同学玩时，她不愿意花一分钱，理由是：我家里没钱。女儿的抠门行为让妈妈看了很头疼，而且她又发现家里不要的塑料瓶越来越多，都快变成垃圾场了。"我家没钱，我把它们捡回来好卖钱。"小佳一脸无辜地说。

实际上，父母的这种"哭穷教育"方法在教育的开始阶段，可能会起到节约的效果。不过时间一长，女孩子会变得吝啬起来，有的女孩子甚至会担心家庭的经济情况而变得敏感、变得自卑。女孩子因为担心要用钱，变得不喜欢和同学一起玩，时间长了，这会对女孩子的交往、心理造成负面影响。在对待"钱"的问题上，父母要保持健康的心态，教会女儿合理用钱。当女孩子已经有了一定的生活能力后，有的父母依然把钱管得死死的，这就不妥了，这会剥夺女孩子许多学习、锻炼的机会。

从女孩子呱呱坠地，所接触到的成人通常都是父母，父母具有什么样的观念，对于女孩子的未来发展起着关键性的作用。父母，就是女孩子一生最重要的老师。未来的社会是一个更加文明、现代的社会，具有财富，是保证高质量生活的基础。大部分父母都希望自己的女儿在未来可以获得足够的财富、幸福地生活。不过，现在的教育系统在财富教育这方面并不是非常重视，假如把希望寄托于学校对自己女儿进行财富知识的教育，那几乎是不现实的。

心理支招

对于培养女孩子的财商，父母起着关键的作用。遗憾的是，许多父母对于自己获取财富、运用财富增值等方面的知识知之甚少，许多父母的主要收入来源还仅仅是工资。假如父母不希望自己的孩子也像自己一样辛苦一辈子，赚不到多少钱，老的时候只能靠政府资助，那父母就应该从自己做起，自己先主动学习这方面的知识，然后再把正确的观念教给女儿，或者与女儿一起学习，共同进步。

1. 让女儿学会精打细算

一个在中国生活的犹太人，从一个看门人，逐渐变成一个靠出租房子赚钱的小房地产商，有钱以后，他处处精打细算。一个修鞋匠在他的房产附近支了一个小鞋摊，他也要每个月收人家5元钱的租金；别人都是按阳历来收房租，而他却是按阴历来收，因为他发现阴历每个月只有29或30天，每三年有一个闰月，这样，他就可以平白无故地多收一个月的房租。就这样，短短几年的时间里，他赚取了大量的财富。

当然，让女儿学会精打细算并非要她吝啬，不愿意花钱，而是要她懂得把钱花在刀刃上，而省去一些不必要的开销。同时还要教育女儿多注意观察生活，说不定商机就隐藏在里面，只是需要我们发现并加以利用。

2. 不要占据太多的休息时间去赚钱

犹太商人的赚钱头脑不仅体现在他们的事业上，更体现在他们的休息时间中。他们不会占用自己的休息时间去赚钱，因为如果休息时间被占据，他们的寿命就会减少；而不占用休息时间，他们的寿命就会延长，这样他们就有更多的时间去赚钱。延长寿命赚的钱要比他们加班赚的钱多，于是他们不会为了赚点儿加班费而占用自己的休息时间。为了让自己头脑中的赚钱想法越来越多地变成现实中的钱，他们是不会透支自己的健康的。有了好身体，自己头脑中的钱才会源源不断地变成真的钱；没有身体作为保障，一切都是零。

父母需要告诉女儿，身体健康才是革命的本钱。不仅需要学会赚钱，同时还需要注意休息，假如因为赚钱而把身体累垮了，那是得不偿失的。所以，从小就要教育女儿懂得珍惜自己的身体，该休息时则休息，不要疲于拼命地去赚钱。

3. 引导女儿拓展人脉网

人缘的功效不是可以立竿见影的，而是一种厚积薄发、左右逢源的人际渠道。平时生活中，父母需要引导女儿拓展人脉，多交朋友，平时与自己一起赚钱的小伙伴需要经常联系，以免错过合作的机会。虽然，在赚钱时，不建议多人合伙，但是对于女儿而言，还是可以找人合作的，毕竟她们年龄还小，可能考虑事情时不会太周全。

"富养就是给我很多的钱"——理解"富养女"的真正含义

家长的烦恼

女儿只有周末才回家，每至周末，全家就好像过节一样。爸爸周五不再出去上班，而是专门到学校接女儿，妈妈则在家里准备丰盛的晚餐。这本来是一个温馨的家庭，但每当他们一家人享受周末时，似乎总是有一些阴影，因为他们贫穷。

尤其在女儿上了一所重点中学之后，这样的阴影似乎再也挥之不去了。女儿总感觉到贫富之间的差距，她身边的同学大多数都是有钱人家的孩子，父母不是公司老板就是总经理，或者是局长，而自己的爸爸只是一名普通的司机，母亲还下岗了。尽管父母每个月给她的零用钱已经不少了，不过在同学们看来却是寒碜得很。

女儿的自卑心理越来越严重，她的脾气变得越来越大，每次回家总是闷闷不乐的，父母一旦问起，她总是有一大堆的埋怨，不是嫌自己的衣服太寒酸，就是嫌给自己的零用钱太少。在她的眼里全是这个家庭给自己的困扰，对父母她已经充满了怨恨。

富养女儿，通常世俗一点儿的说法是，富养女儿就是要让女儿吃好用好、开阔眼界，以后不会贪图小利，被金钱所蒙骗，面对诱惑能掌控自我。通常讨论这些话题的父母，都是有些家底的，他们重视子女教育，有能力为孩子提供更好的生活环境和教育资源。不过，有的父母对富养存在误区，或是以为舍得花钱、要什么给什么就是富养，或是热衷于各种兴趣班，钢琴、舞蹈一窝蜂，总以为这样就可以培养出淑女。

实际上，富养女儿指的不止是金钱，除了物质财富，还有精神财富。宋默在《男孩穷养，女孩富养》一书中指出，"富养女孩，并非惯养女孩，而是要在物质上开阔其视野，精神上丰富其思想"。在她看来，富养的真正内涵是"气质高贵"，富养出来的女孩见多识广、聪慧伶俐，而且独立自主。

心理支招

儿童教育类畅销书《好妈妈胜过好老师》的作者尹建莉是一位教育研究者和实践者，她自己就培养出了一个优秀的女儿，她说："把富养理解成舍得花钱就行，这太简单了。而是要用心呵护，对女儿理解，给予她足够的关爱。富养就是尽量不给她制造障碍，让她在生活上无忧无虑、幸福感强，精神富足才是真正的富养。"

富养女儿，最主要的意义就是从小要培养她的气质、开阔她的视野、增加她的阅世能力、增加她的见识。富养的女儿，见多识广、独立、有主见、有智慧，很明白自己要的是什么，什么是真正值得追求的东西。等女儿到了花一样的年龄时，就不容易被各种浮世的繁华和虚荣所诱惑。女孩子最应该培养的是善解人意，让她有一个好的性格，可以控制自己的情绪，对给予她帮助的人都心存感激，成为一名真正的淑女。

1. 鼓励女儿

有父母感到苦恼：教育女儿的方法太多了、太繁杂了，有没有"最完美""最容易""最简单"的方法，可以顺利引导女儿成长为一名优秀的女性。实际上，女孩最需要的就是来自父母的鼓励。与男孩相比，女孩生活在一个关系的世界里，她们更需要别人的肯定和认可，需要别人在后面推她一把。对女孩子而言，别人的肯定和认可，就是她们自信、独立、坚强的动力之源。

父母应记住，在女儿的成长过程中，多说一句鼓励的话、多做一个鼓励的行为，往往会创造出教育的奇迹。可以对女儿说，"妈妈相信你""爸爸爱你""在爸爸妈妈心目中，你是最棒的"。当女儿伤心的时候，给她一个拥抱；女儿胆怯的时候，拍拍她的肩膀；女儿忧郁的时候，给她一个微笑。

2.给予女儿更多的疼爱

女儿健康成长的富养内涵是爱，就是源自父母的疼爱。什么是真正的疼爱？疼爱并非是溺爱，假如父母不想培养出娇气、蛮横无理，甚至颐指气使的小公主，就应该杜绝溺爱。父母对女儿的疼爱应该是光明的、乐观的，用其去占据女儿最初、最柔弱而单纯的心灵。

3.养育女儿需要一份责任

有的父母总会对女儿说"这婚事我不同意，以后后悔了别来找我，也别怨我""你喜欢什么就报考什么，不用问我"。本来，女儿与母亲是最贴心、最亲密的，为什么会出现这样的情况呢？父母不妥之处在于对女孩子的养育太过"顺其自然"，而缺少一种"负责任"的态度。

父母对女儿负责任，就需要在女儿成长的过程中帮助她。比如，女儿性格内向，甚至有些自卑，那就带女儿多去交际，鼓励她、赞美她；女儿爱好少，父母就带女儿去逛乐器行以及舞蹈学校，引导并培养她的爱好；女儿遇到重大的抉择左右为难时，父母可以把利与弊分析给她听，旁敲侧击、潜移默化地影响她。消极的父母，对女儿的养育顺其自然；积极的父母，对女儿的教育是创造"自然"。

参考文献

[1] 穆阳.引导青春期女孩全书：10～18岁女孩的父母必读[M].北京：商务印书馆国际有限公司，2012.

[2] 肖骁.10～16岁叛逆期6，父母引导女孩的100个细节[M].北京：朝华出版社，2010.